中國學術思想 研究輯刊

二七編

林慶彰 主編

第15冊

「氣」在魏晉「人物美」中的呈顯
——「道、氣、象、物」之融通

巫穗雲 著

花木蘭文化事業有限公司

國家圖書館出版品預行編目資料

「氣」在魏晉「人物美」中的呈顯——「道、氣、象、物」之
融通／巫穗雲 著 — 初版 — 新北市：花木蘭文化事業有限公
司，2018〔民107〕
目 4+234 面：19×26 公分
（中國學術思想研究輯刊 二七編：第 15 冊）
ISBN 978-986-485-385-4（精裝）
1. 魏晉南北朝哲學 2. 美學
030.8   107001876

ISBN-978-986-485-385-4

中國學術思想研究輯刊
二七編　第十五冊   ISBN：978-986-485-385-4

「氣」在魏晉「人物美」中的呈顯
——「道、氣、象、物」之融通

作　　　者　巫穗雲
主　　　編　林慶彰
總 編 輯　杜潔祥
副總編輯　楊嘉樂
編　　　輯　許郁翎、王　筑　美術編輯　陳逸婷
出　　　版　花木蘭文化事業有限公司
發 行 人　高小娟
聯絡地址　235 新北市中和區中安街七二號十三樓
　　　　　　電話：02-2923-1455／傳真：02-2923-1452
網　　　址　http://www.huamulan.tw 信箱 hml 810518@gmail.com
印　　　刷　普羅文化出版廣告事業
封面設計　劉開工作室
初　　　版　2018 年 3 月
全書字數　207907 字
定　　　價　二七編 25 冊（精裝）新台幣 48,000 元

「氣」在魏晉「人物美」中的呈顯
——「道、氣、象、物」之融通

巫穗雲　著

作者簡介

巫穗雲，從小喜歡問「爲什麼」的我。一女中畢業後一心想念哲學。怎奈師大無此科系。在就讀國文系的課程中唯獨鐘情於「中國哲學史」。從建國中學退休後，在外子鼓勵支持下，報考哲學研究所，幸蒙政大錄取。旋又攻讀輔大博士班。畢業後賦閒在家，未曾對所學再作深入研究。著實汗顏。育有二子一女，皆成家立業，四孫繞膝，其樂融融。平日除讀書、寫字、唱歌、運動外，也常在言談行事中把哲學理念與邏輯思維融入生活，與兒孫分享。寄望下一代能在哲思的沐浴下，享受感性與理性平衡的幸福生活。

提　要

本論文以「氣」的探討爲主軸，論述它在「人物美」上的呈顯。

「氣」在人物上的作用，除了賦予肉體生命外，更透過意識，表現出人的神情、器度、個性、氣質……這些精神層面的探索是本論文的寫作取向。

「氣」的大化流行，之所以能使萬物表現出各種不同的形象，尤其人物的氣象，該是「道」的化育。「氣」若倚「道」而行，即生正氣，背之則爲邪氣。「氣」有正邪，其所形構的人物，理當有正、邪之分。這是本論文要表達的意向。

因此，本論文以「道、氣、象、物」的內在聯結作爲核心議題，從存有學切入，討論四者的內在關係：「道」轉化爲「氣」，「氣」以明「道」；「氣」寓居於「象」，「象」以顯「氣」；「象」表徵事「物」，「物」以載「象」；「物」隱藏於「道」，「道」以成「物」。透過這層循環的內在聯結，說明本體界和現象界互通共融的情境。終將「道、氣、象、物」四維度，壓縮成一個點；貫串成一通「氣」，使其結出「美」的果實。

這美的果實，就是劉劭的《人物志》。劉劭談人才，即以「氣」之厚薄、靜躁、偏全作導向，完成其理論體系。企圖落實理論，筆者選擇了《世說新語》作素材，驗證「氣」在「人物美」的作用。將倚「道」而行的「氣」分率眞、祥和、靈秀、沉穩四個面向，證驗於人的眞、善、美、智四種德行中。而離道的情僞則落入了造作、瘋狂、墮落等非理性行爲，成了美學探究的新對象。

結語的展望，陳述著願景——落實美育、培養正氣、重拾慢活。其間特別強調實踐的最好方法就是「聽之以氣」，果眞如此，必能營造出一個「氣韻生動」的人生。

第一章 緒　論 …………………………………………………… 1

　　第一節　研究動機與目的 ……………………………………… 1

　　　　一、問題的提出 …………………………………………… 2

　　　　二、問題的路向 …………………………………………… 3

　　第二節　研究範圍和目標 ……………………………………… 4

　　第三節　研究方法和理路 ……………………………………… 5

　　　　一、直觀默想 ……………………………………………… 5

　　　　二、分析推衍 ……………………………………………… 7

　　　　三、文獻詮釋 ……………………………………………… 8

　　　　四、提問追蹤 ……………………………………………… 9

　　第四節　目前學界研究成果 …………………………………… 10

　　　　一、以「氣」本身為探討對象的 ……………………… 12

　　　　二、以「文氣」為探討對象的 ………………………… 14

　　　　三、以「書畫」為探討對象的 ………………………… 15

　　　　四、以「人物品藻」為探討對象的 …………………… 16

　　第五節　各章提要 ……………………………………………… 17

第二章　速寫中國美學 ………………………………………… 21

　　第一節　中國人的審美旨趣 …………………………………… 21

　　　　一、美在生活中 ………………………………………… 23

　　　　二、審美意識源於觀照，終於妙悟 …………………… 24

　　　　三、追求盡善的美 ……………………………………… 26

　　　　四、享受情景交融的愉悅 ……………………………… 27

　　　　五、懷抱天地同體的胸襟 ……………………………… 27

　　　　六、小結 ………………………………………………… 28

　　第二節　中國美學最重要的課題 ……………………………… 29

　　　　一、與大自然的和諧 …………………………………… 30

　　　　二、與社群的和諧 ……………………………………… 34

　　　　三、與自己的和諧 ……………………………………… 35

　　　　四、小結 ………………………………………………… 37

　　第三節　有待發展的美學面向 ………………………………… 37

　　　　一、藝術生活化 ………………………………………… 37

　　　　二、創建美學理論 ……………………………………… 38

第三章　魏晉美學的建構與發展 ……………………………… 41

　　第一節　魏晉美學的建立 ……………………………………… 41

目

次

一、時代造就 ……………………………………………… 42
　（一）政治走向 …………………………………… 42
　（二）經濟供求 …………………………………… 43
　（三）社會態勢 …………………………………… 43
二、古典文化的異化 ……………………………………… 44
　（一）對漢儒解經的不耐 ………………………… 44
　（二）對災異譴告的質疑 ………………………… 45
三、個體性的彰顯 ………………………………………… 46
第二節　魏晉美學的發展——「美」與「玄」的
　　　　內在聯結 ………………………………………… 47
一、美在「有」「無」之間 ……………………………… 49
二、美在「言」「意」之外 ……………………………… 51
三、美在「情」「性」之中 ……………………………… 53
四、美在「形」「神」一統 ……………………………… 56
五、小結 …………………………………………………… 58
第四章　「道、氣、象、物」之義涵 ……………………… 59
第一節　道論 ……………………………………………… 60
一、就字源說論道 ………………………………………… 60
二、就哲學意涵論「道」 ………………………………… 60
　（一）本體論 ……………………………………… 61
　（二）生成論 ……………………………………… 67
　（三）小結——本體論和生成論的融合 ……… 77
第二節　氣論 ……………………………………………… 78
一、就存有學角度談氣的存在 …………………………… 78
　（一）就「質」上說 ……………………………… 78
　（二）就「能」上說 ……………………………… 84
二、從宇宙論角度談氣化作用 …………………………… 87
　（一）「陰」「陽」命名探討 …………………… 88
　（二）氣化作用 …………………………………… 89
　（三）小結 ………………………………………… 97
第三節　象論 ……………………………………………… 98
一、就字源說論象 ………………………………………… 98
二、就哲學義涵論象 ……………………………………… 99
　（一）型態義 ……………………………………… 99

（二）象徵義 ⋯⋯⋯⋯⋯⋯⋯⋯⋯⋯⋯⋯⋯ 100

（三）「道」中之「象」義 ⋯⋯⋯⋯⋯⋯ 100

第四節　物　論 ⋯⋯⋯⋯⋯⋯⋯⋯⋯⋯⋯⋯⋯⋯⋯ 102

一、就字源說論物 ⋯⋯⋯⋯⋯⋯⋯⋯⋯⋯⋯⋯ 102

二、就哲學義涵論物 ⋯⋯⋯⋯⋯⋯⋯⋯⋯⋯ 103

（一）形下之器——認知客體 ⋯⋯⋯⋯ 103

（二）形上之氣——宇宙本體 ⋯⋯⋯⋯ 105

第五章　「道、氣、象、物」的融通 ⋯⋯⋯⋯⋯⋯⋯ 109

第一節　道與氣——道轉化爲氣；氣以明道 ⋯ 109

第二節　氣與象——氣寓居於象；象以顯氣 ⋯ 113

第三節　象與物——象表徵事物；物以載象 ⋯ 115

第四節　物與道——物藏隱於道；道以成物 ⋯ 118

第五節　跨入美學範域的探討 ⋯⋯⋯⋯⋯⋯⋯ 123

一、哲學範疇何以能轉化爲美學範疇 ⋯⋯ 123

二、道、氣、象、物在人物涵養上的意義 ⋯ 124

（一）體道 ⋯⋯⋯⋯⋯⋯⋯⋯⋯⋯⋯⋯⋯ 126

（二）養氣 ⋯⋯⋯⋯⋯⋯⋯⋯⋯⋯⋯⋯⋯ 128

（三）造象 ⋯⋯⋯⋯⋯⋯⋯⋯⋯⋯⋯⋯⋯ 130

（四）化物 ⋯⋯⋯⋯⋯⋯⋯⋯⋯⋯⋯⋯⋯ 132

（五）小結 ⋯⋯⋯⋯⋯⋯⋯⋯⋯⋯⋯⋯⋯ 134

三、道、氣、象、物在藝術創作的滲透 ⋯ 134

（一）以形媚「道」 ⋯⋯⋯⋯⋯⋯⋯⋯ 136

（二）「氣」韻生動 ⋯⋯⋯⋯⋯⋯⋯⋯ 139

（三）澄懷味「象」 ⋯⋯⋯⋯⋯⋯⋯⋯ 146

（四）神與「物」遊 ⋯⋯⋯⋯⋯⋯⋯⋯ 148

四、美感境界的追求 ⋯⋯⋯⋯⋯⋯⋯⋯⋯⋯ 152

（一）創作歷程 ⋯⋯⋯⋯⋯⋯⋯⋯⋯⋯ 153

（二）鑑賞歷程 ⋯⋯⋯⋯⋯⋯⋯⋯⋯⋯ 155

五、小結 ⋯⋯⋯⋯⋯⋯⋯⋯⋯⋯⋯⋯⋯⋯⋯⋯ 157

第六章　理論的落實

——「氣」在人物美上的呈顯 ⋯⋯⋯⋯ 159

第一節　觀物取象，氣在其中——談《世說新語》

中的人物美 ⋯⋯⋯⋯⋯⋯⋯⋯⋯⋯⋯ 159

一、眞——率直之氣 ⋯⋯⋯⋯⋯⋯⋯⋯⋯⋯ 162

二、善──祥和之氣 ································ 167
（一）施政之仁 ······························· 171
（二）行事之義 ······························· 173
（三）宅心仁厚 ······························· 174
三、美──靈秀之氣 ································ 176
（一）形體美──看殺魏玠 ··············· 177
（二）神韻美──風塵外物 ··············· 182
（三）才情美──文生於情 ··············· 190
（四）境界美──天地同體 ··············· 192
四、智──沉穩之氣 ································ 194
（一）捷悟 ····································· 195
（二）妙悟 ····································· 197
（三）明智 ····································· 199
（四）僞智 ····································· 202
第二節　氣象萬千，倚道而行──談《世說新語》
中的「情」「僞」 ························· 203
一、「情」是何物！ ······························ 203
二、道、性、情之關係 ··························· 204
三、魏晉的「一往有深情」 ····················· 204
（一）自然與造作 ························· 205
（二）理性與瘋狂 ························· 208
（三）感性與墮落 ························· 209
四、小結 ··· 212

第七章　結　論 ·· 215
第一節　重申「用心」 ····························· 215
第二節　展望未來 ······························· 217
一、落實美育 ····································· 217
二、培養正氣 ····································· 218
三、重拾慢活 ····································· 218

參考文獻 ·· 221

第一章 緒 論

第一節 研究動機與目的

　　「美」實在是個叫人心醉的對象，當你和這個對象發生感通的剎那，不是一陣淋漓的快感，也不是一個激情的讚嘆，而是一種默默的、淡淡的無言而會心的愉悅，像漣漪般的慢慢的從心湖裡盪開，讓你整顆心浸在軟軟的香甜中。這就是理性的人類對美的感受，一種說不出的感覺。不幸，在西元 1750 年，德國普魯哈列大學哲學系教授鮑姆嘉通（Alexander Gottlieb Baumgarten，1714～1762）硬要把這份「感覺」說出來，把它當作一門學科來研究，並命名為「Ästhetik」意思是「感覺學〔註1〕」。黑格爾（Georg Wilhelm Friedrich

---

〔註1〕 朱光潛提及：「鮑姆嘉通接著伍爾夫對於布來尼茲的理性哲學進行進一步的系統化，他看到人類心理活動既然分成知情意三方面，相應的哲學系統之中就有一個漏洞，因為研究知或理性認識的有邏輯學，研究意志的有倫理學，研究情感即相當『混亂的』感性認識的卻一直還沒有一門相應的科學。他建議應設立一門這樣的新科學，叫做『埃斯特惕卡』，這個字照希臘字根的原義看，是『感覺學』。從此可見，這門新科學是作為一種認識論提出來的，而且是與邏輯學相對立的。來布尼茲的『明晰的認識』所區分的『明確的認識』（理性認識）與『混亂的認識』（感性認識）於是在科學系統裡都有了著落，前者歸邏輯學而後者歸美學。鮑姆嘉通在一七三五年發表的《關於詩的哲學默想錄》裡就已首次提出建立美學的建議，到了一七五○年他就正式用『埃斯特惕卡』來稱呼他的研究感性認識的一部書。從此，美學作為一門新的獨立的科學就呱呱下地了。」朱光潛《西方美學史》上卷，台北：漢京文化事業有限公司，1983，頁279。

Hegel，1770〜1831）卻認爲「這個名稱不完全恰當」，但也不妨「姑且」用之〔註2〕。即便如此，中國人至今仍沿用廿世紀傳入，日人中江肇民譯的「美學〔註3〕」。不過，有人認爲譯作「審美學」較爲妥貼〔註4〕。無論如何，名稱無損於它的魅力，「說出來」也不至於削弱它的美麗，它仍然叫人心醉！這就是筆者所以選擇「美」作爲研究對象的初衷。

一、問題的提出

葉朗先生認爲「老子（按：生卒年不詳）美學是中國美學史的起點。」〔註5〕換句話說，寫中國美學史要從《老子》寫起。因爲「老子提出了一系列的範疇，如：道、氣、象、有、無、虛、實、味、妙、虛靜、玄鑒、自然等等對於中國美學形成自己的體系和特點，產生了極爲巨大的影響〔註6〕」，這個論點大概沒有學者會否認。筆者想知道的是：這些哲學範疇到底對美學產生了什麼影響？它們是獨立存在的？還是相互依存的？如果是後者，它們又是怎樣聯結的？最粗枝大葉的臆想是：這些範疇的聯結可以形成一個立體的維度：我們奉「道」爲最高範疇，「氣」按照「道」的規律運作，形構了萬物。

〔註2〕 黑格爾在《美學》一書序論開宗明義就說：「這些演講是討論美學的；他的對象就是廣大的美的領域，說得更精確一點，他的範圍就是藝術，或則毋寧說，就是美的藝術。對於這個對象，『伊斯特惕克』（Ästhetik）這個名稱實在是完全不恰當的，因爲『伊斯特惕克』的比較精確的意義是研究感覺和情感的科學。就是取這個意義，美學在沃爾夫學派之中，才開始成爲一種新的科學，或則毋寧說，哲學的一個部門；在當時德國，人們通常從藝術作品所引起的愉快、驚贊、恐懼、哀憐之類情感去看藝術作品。由於『伊斯特惕克』這個名稱不恰當，說得更精確一點，很膚淺，有些人想找出另外的名稱，例如『卡力斯惕克』（Kallistik）。但是這個名稱也還不妥，因爲所指的科學所討論的並非一般的美，而只是藝術的美。因此，我們姑且仍用『伊斯特惕克』這個名稱，因爲名稱本身對我們並無關宏旨，而且這個名稱既已爲一般語言所採用，就無妨保留。我們的這門科學的正當名稱卻是『藝術哲學』，或則更確切一點，『美的藝術的哲學』。」黑格爾，《美學》（朱孟實譯），台北：里仁書局，1981，頁3。

〔註3〕 「美學一詞也是日人中江肇民在《維氏美學》中用漢語的譯創。」彭修銀、劉悅笛〈文化相對主義與東方美學建構〉，《天津社會科學》，1999年5期，頁80。

〔註4〕 杜學敏，〈美學：概念與科學——「美學」面面觀〉，載於《人文雜誌》，2007年6期，頁113〜118。

〔註5〕 葉朗，《中國美學史》，上海：上海人民出版社，2009，頁19。

〔註6〕 同上。

而每個個別的「物」，又依照「德」的原則，產生個別的「象」。這是由「道」下於「物」的動線走向。同理，「物」要呈顯具個體性徵的「象」，就要靠「氣」的流動，而「氣」又依於「道」，行其大化作用。這是由下而上的逆推原理。這種環環相扣、循環不已的流行運動，就是生命生生不息的美。筆者希望透過本論文的討論研究，可以說明這個臆想的合法性。因此，「道、氣、象、物」的融合，作爲「美」的「意象」（人物）的探討，是本論文的核心議題。其餘的範疇，該是另一面向的問題。它們遊走於「道、氣、象、物」之間，或許是一個審美理論，或許是一種審美方法，或許是一層審美意境，終歸是一種審美體驗。它們和美學的結合，是不言而喻的。

二、問題的路向

筆者認爲在各種美之中，以人物美最讓人醉心，也最生活化。君不見追星族的瘋狂、粉絲的癡迷，那種致命的吸引力，幾乎接近神話，但卻是眞眞實實的人間場景。也許這類的煽情，不合乎康德（Immanuel Kant，1724～1804）對美的界定：「純粹鑑賞判斷是不依賴於刺激和激動的。（CPJ§13）」〔註7〕，至少表示人生也有情。「有情」就是有感覺，是建構「美」的必要條件，不論是美的本身還是鑑賞判斷。

荀況（約335～253 B.C.）說：「水火有氣而無生，草木有生而無知，禽獸有知而無義；人有氣有生有知且有義。」〔註8〕《荀子・王制》。句中有「知」指有「知覺」，有「義」指有「理性」，可見人是有感覺有理性的。先蘇時期的普羅塔哥拉斯（Protagoras of Abdera，484?～411 B.C.）提出「人爲萬物的尺度或權衡」〔註9〕，以表達人欲掌控萬物的野心，正是一種務實的覺悟。

不幸這個命題被解釋爲「一種感覺主義，主觀主義甚至相對主義的觀點」〔註10〕。難道主觀主義、相對主義沒有理性的成分在內？所幸亞里斯多德（Aristoteles，384～332 B.C.）替人類找到了本質性的定義：「人是理性的動

〔註7〕 康德著，鄧曉芒譯，《判斷力批判》，北京：人民出版社，2008，頁58。第一部分審美判斷力批判，第一章審美判斷力的分析論，第一卷美的分析論，第三契機§13。

〔註8〕 熊公哲注譯，《荀子今注今譯》，台北：台灣商務印書館，1980，頁158。而後，凡《荀子》文字皆引自此書，只在文中注篇名及頁次，不再列注。

〔註9〕 傅偉勳，《西洋哲學史》，台北：三民書局，1994，頁63。

〔註10〕 同上。

物。」〔註 11〕從此，人是感性和理性的綜合體，正式出現於東、西方的文獻之中。而「美」正是要建立在感性與理性交融的基礎上。因此，在人世間只有人能創造美和鑑賞美。因而，我們對人物的心儀，當然是一種審美的活動。

在這種審美活動中，作爲審美客體的人，很容易落入審美主體的「意識型態」中。尤其政治人物，一旦落入框架，百口莫辯，百身難贖。試想羅貫中（1330～1400）筆下的曹操，和閱讀他詩文時所感受到的曹操有多大的差距？爲求儘量客觀，筆者選擇最沒有政治色彩的《世說新語》作實例。

第二節　研究範圍和目標

所謂「人物美」，包括個人的容貌、體態、姿勢、談吐、才情、個性、人格、智慧等等不一而足。如果每項名目的表現都能給審美者愉悅感。笑問人間何處尋？所以筆者只好在有限範圍內，分項討論。

「魏晉時代對於美的自覺，和古希臘時代有相似之點，即是由人自身形象之美開始，然後再延展到文學及書法、繪畫等方面去。」〔註 12〕可見人本身是審美最原始的素材，何況宗白華（1897～1986）曾說：「中國美學，竟是出發於人物品藻之美學。」〔註 13〕帶點驚訝的語氣，更激發筆者的好奇，在這樣的前提下，魏晉人物的鮮明個性，該是最稱意的研究對象了。

「漢末魏晉六朝是中國政治上最混亂，社會上最苦痛的時代，然而卻是精神史上極自由、極解放、最富於智慧、最濃於熱情的一個時代。因此也就是最富有藝術精神的一個時代。」〔註 14〕這裡的混亂、苦痛、自由、解放、智慧、熱情、藝術精神，都是人的產物。一個生動的時代一定能活出一群生動的人；一群生動的人一定能創造出一個生動的時代。而鮮活生動就是流動不居，能變能化的「氣」的屬性。這種出神入化的「氣」，如何靠「象」去呈顯？用什麼方式？什麼樣態？什麼邏輯？「象」又靠什麼力量去達成任務？解決這些問題，就是本論文的目標。

〔註11〕傅偉勳，《西洋哲學史》，台北：三民書局，1994，頁 126。
〔註12〕徐復觀，《中國藝術精神》，台北：台灣學生書局，1992，頁 157。
〔註13〕宗白華〈論《世說新語》和晉人的美〉收錄於《美學散步》，上海：上海人民出版社，2005，頁 358。
〔註14〕同上，頁 356。

第三節　研究方法和理路

本節將說明筆者思考的取向與歷程，以及開顯這個問題意識的方法。

一、直觀默想

「直觀源自拉丁文 intueri，它由 in（對）＋tueri（注視）兩字合成，直譯就是『對⋯⋯的注視』。它最廣義的意義可視爲『直接的領會』。」〔註15〕故多數人譯爲「直覺」（intuition）。「海德格（Martin Heidegger，1889～1967）認爲本質直觀（對一個『對象』的意識）究其實乃源自悟性（understanding）」〔註16〕可見直觀也是要用理智了解。

中世紀哲學大家多瑪斯（Thomas Aquinas，1224～1274）區分了理智（intellectus）和理性（ratio）。他說：「理智藉單純的直觀來認識，而理性則需藉助某物到他物的推理程序來認識。」〔註17〕我們先就「理智藉單純的直觀來認識」作解說。筆者作兩個面向的理解，一則把「理智」作兼詞用，既是主詞，亦是受詞，也就是解作「理智借單純的直觀來認識它自己」。另一則是受詞（外物）被省略：「理智借單純的直觀來認識外物。」但不論哪一種理解，都充分表示出「直觀」絕非單純的感情用事，它是蘊含「理智」成分的。而美既是情理交融的產物，直觀就成爲一種領悟的好方法。

柏格森（Henri Bergson，1859～1941）從另一個角度體會，他將直觀視作同理心，是意志的運作，不需要理智參與。在《形上學導論》Introduction to Metaphysics 中，他說：「直覺就是一種感應，由於這種感應把我們自身投入客體對象之內，以便與其特有的，也就是不能表達的事物相契合。」〔註18〕這種排除「理」而專於「情」的論調和中國美學「物我感通」、「情景交融」的基調極其相契。

當代新士林哲學家馬里旦（Jaeques Maritain，1882～1973）卻持異議，他認爲直觀「是理性活動的最高形式，是加之於理智的天賦，它是一種極精細

〔註15〕《哲學大辭書》，新北市：輔大哲學出社，1995，頁2317。
〔註16〕同上，頁2318。
〔註17〕同上，頁2317。
〔註18〕Bergson, H. 著，莫詒謀譯，《柏格森的理智與直覺》An introduction to metaphysics：the creative mind，台北：水牛出版社，2001，頁32。

的理性技能。」〔註19〕這種重理性的傾向，紹承多瑪斯。咸以爲「直觀」是一種和理性認識相融的精神活動。只不過他的「直觀」範圍比多瑪斯擴大些，把「推理」這項理性活動也概括在內，但仍以天賦的「理智」作基礎。誠如康德所說：「要顯示概念的實在性永遠需要有直觀。」〔註20〕

蘇珊‧朗格（Susanne Langer，1895～）的直觀理論說得較完備：「1. 直覺是對事物的直接洞察力，它不同於推理，不藉助概念，卻又包含著情感、想像和理解，它是基本的理性活動。2. 直覺是邏輯的開端，是語言和藝術產生的根源。3. 直覺不能離開經驗，它以全部人類精神爲基礎。」〔註21〕可見「直覺」是情、理交融的產物，它是審美主體透過理智和審美對象相遇時的瞬間乍現。而朗格理論中的第三點，足可駁斥「美，完全是主觀存在」的論點，也最得到筆者的認同。

如果說直觀是審美第一時間的觸動，那麼默想就是接續的審美思維，它們雖有先後，卻是一氣呵成。「在美學的研究上，所謂的『美』或『藝術』究竟是什麼？當我們決心要尋找美之爲美，或藝術之爲藝術的時候，這個問題的解答其實需要我們在心靈當中沉思默觀或凝神觀照。」〔註22〕本師尤煌傑教授所說的沉思默觀就是我所說的直觀默想。直觀默想眞的給我們如實的領悟嗎？是的，一定可以的，只要能做到「超越的反省」：

> 所謂超越的反省，即對於我們之所言說、所有之認識、所知之存在、所知之價值，皆不加以執著，而超越之；以翻至其後面、上面、前面或下面，看其所必可有之最相切近之另一面之言說、認識、存在或價值之一種反省。〔註23〕

比如：筆者後文論及「氣」如何呈顯美？必然的，要先對美作出認定，由於美的本質不可定義，於是，我們是不是不能執著於美的概念去言說，而要超越它去認知美的形式，從美的東西之中尋找美的感動！說實話美的本身眞的是只能會意不可言傳，說出來已經落入「言語障」了，但對美學的研究

〔註19〕《哲學大辭書》，新北市：輔大哲學出社，1995，頁2319。

〔註20〕康德著，鄧曉芒譯，《判斷力批判》，北京：人民出版社，2008，頁198。

〔註21〕蘇珊‧朗格（Susanne Langer）著，劉大基、傅志強、周發祥譯《情感與形式》，北京：中國社會科學出版社，1986，頁26。

〔註22〕尤煌傑，《美學基本原理——士林哲學的美學理論建構》，台北：哲學與文化月刊雜誌社，2004，頁23。

〔註23〕唐君毅，《哲學概論》，台北：台灣學生書局，1961，頁191。

卻惟恐言之不盡。本論文只是盡心盡力，竭盡多瑪斯所說的「理智」所及，把它說出來。根據尤老師對《哲學百科全書》「直覺」條所列的四種意義的理解：

> 第一種直覺是屬於本能性的，不需任何合理的理由來交代它的存在。第二種直覺適用於一切有意識的反省，如：我存在、我寫字等命題，無須經推理來證明。第三種直覺適用於單純的概念，如：「長」之概念無法再加以定義。第四種直覺則大多數是涉及特定知識理論而提出的，作為康德哲學、柏格森哲學、費希特哲學等哲學理論的特殊功能。〔註24〕

本論文的直觀默想法就是根據第三種意義應用的。因為美確實是一種單純的概念，直觀默想該是最超脫的方法。

二、分析推衍

在哲學範疇中，分析法可推至亞里斯多德的《工具書》（Organon）。書中的分析前論及分析後論的解說，其目的在於透過邏輯的推衍幫助人們獲得眞理。前論裡的三段論法由大前提、小前提推至結論。兩千多年來一直是邏輯推理的固定形式。不論大前提的內容是否為眞，由於其推論的形式必然為眞，故其結論所得的命題必定為眞。比如：行星是繞太陽運行的（大前提，陳述一理論），地球是行星（小前提，陳述一事實），所以，地球是繞太陽運行的（結論）。這樣的推論過程是無誤的，所以推衍的結果，應該得到一眞新命題。

然而，這類命題的大前提必須是眞，結論才眞，否則只能保證推論的過程無誤而已。而大前提怎麼來的？多半是從經驗累積下歸納的結果，或者是科學證實的判斷。如前述，行星是繞太陽運行的，至少到目前為止，科學家是如此宣稱的。因此，結論當然眞。

來布尼茲（Gottfriend Wilhehn Leibinz，1646～1716）以「一切眞的命題，皆分析命題。以一切眞命題中之賓辭之意義，均涵於主辭所指之存在事物之概念中」〔註25〕，如上述的賓辭「繞太陽運行的」意義就在主辭「地球」的概念中。這樣的命題，只在推衍時派得上用場。比如：來布尼茲論靈魂不朽，

〔註24〕尤煌傑，〈直覺的意義與觀念的發展〉，收錄於《哲學論集》，1989年23期，頁50。

〔註25〕唐君毅，《哲學概論》，台北：台灣學生書局，1961，頁185。

就是用這種方式：「人之靈魂，不是物理的東西，不佔空間，不佔空間是不可分解的，不可分解的是不可毀滅的，不可毀滅的是不朽的，」〔註 26〕所以靈魂是不朽的。同理，「人的靈魂不是物理的東西」，必須是個眞命題，推衍的結論才眞。可見分析命題的功能在於提供理性的推衍。

我們用這個方法討論魏晉人物，可以在劉劭（約 180～245）的《人物志》〔註 27〕裡找例證，〈九徵第一〉有一句：「夫色見于貌，所謂徵神，徵神見貌，則情發于目」；人的神情表現在容貌上，完全靠眼睛流露。如果我們要證成嵇康（223～262）「形神相親」〔註 28〕命題，不妨這般推衍：人的精神靠眼睛外現，眼睛是形體的一部份，故人的精神靠形體外現，可見精神和形體是不可分離的，不可分離就是相親的意思。「形神相親」的命題得以成立。本論文主要論述的就是「氣」和「道」、「象」、「物」的聯結。這種分析推衍的方法，隨處可用，以上只是舉一例略加說明而已。

三、文獻詮釋

詮釋是理解後再行解釋的意思，它不同於譯注，只讓讀者了解作者行文的意思。詮釋者必須從文本中找出作者當下的思緒，文字所表達的義涵，也就是說不只是要理解文本，更要理解「理解的本身」〔註 29〕。理解的本身包括：理解作者的時代背景、肩負的歷史任務以及當下的情境。總之「復原它們所表徵的原初生活世界」〔註 30〕。這樣的詮釋，需要用「發生論的哲學方法，探討文本在歷史之發展歷程中如何出現，及其出現後對此等歷程之促進的功用」〔註 31〕以釐訂它的價值。同時關注到創發某一概念時的當下情境，及當事者的心理意識。本論文花了很長的篇幅去追溯歷史背景，就是這個緣故。

〔註 26〕同上。
〔註 27〕伏俊璉，《人物志譯注》，上海：上海古籍出版社，2008 年版。而後，凡《人物志》文字皆引自此書，只在文中注篇名及頁次，不再列注。
〔註 28〕梁・昭明太子撰《昭明文選附考異》〈嵇叔夜養生論〉，台北：文化圖書公司，1979，頁 727。
〔註 29〕章啓群《伽達默爾傳》，河北人民出版社，1998，頁 94～95。
〔註 30〕同上。
〔註 31〕唐君毅，《哲學概論》，台北：台灣學生書局，1961，頁 183。

　　如果文獻溯源已到盡頭，無從查考。伽達瑪（Hans Georg Gadamer，1900～2002）提供了一個方法：「體驗。」〔註32〕他認為「通過體驗才能理解。體驗不是主體對客體的體驗，而是兩者水乳不分的一種生活狀態」〔註33〕，這和中國哲學講「感通」的意義相近。但，就目前而言，有些文獻距今已兩千多年，在時空迴異的情勢下，如何「體驗」？伽達瑪又提供了一個方法：「想像」〔註34〕。

　　想像，在美的創作上是一個必要的元素，在康德的《判斷力批判》中，「想像提供審美理念作為理性理念得以演示的條件，想像力的自由，在審美鑑賞與天才的藝術中，表現得淋漓盡致。」〔註35〕可見想像是理性的產物，以想像詮釋文本並非捏造子虛烏有。何況詮釋的目的是要開顯藝術品的內在精神世界，不僅止於感官的知覺，而是可以從中體驗到人生的豐富性。而本論文企圖對記載魏晉名士生活的《世說新語》作文本的詮釋，呈顯他們的人格特質，看他們如何展示美以及如何鑑賞美。

四、提問追蹤

　　哲學的研究除了去思考問題進而去解決問題外，最重要的是提出問題，當然提出問題的目的仍是要解答此問題。儘管蘇格拉底在雅典街頭巷尾用「反諷法」或「催生法」去質問希臘青年，何謂真理？何謂正義？何謂幸福？其實，他心裡早有個底了。所以提問法的意義在追蹤答案，不斷的提問，持續的追蹤，答案就像〔水落石出〕。

　　想想魏晉名士追求的美，是不是符合現代美學所界定的美？古典中國的美和傳統中國的美〔註36〕方向是否一致？當時人的審美觀有何異同？人對美

〔註32〕 德・加達默爾著，夏鎮平、宋建平譯，《哲學解釋學》，上海：上海譯文出版社，1988，頁 12。

〔註33〕 同上。

〔註34〕 同上。

〔註35〕 克勞福德（Donald W. Crawford），Kant Theory of Creation Imagination 轉引自蔡幸芝 Imagination in Kant Aesthetics，國立政治大學哲學研究所博士論文，2008，頁 7。

〔註36〕 「古典中國」和「傳統中國」是杜正勝提出。在何懷宏，《選舉社會及其終結——秦漢至晚清歷史的一種社會學闡釋》，北京：生活・讀書・新知三聯書店，1998，頁 39。所謂「古典中國」是先秦典籍所代表的時代，「傳統中國」指自秦漢至晚清。

的追求是否隨社會型態起舞，而成為時代潮流，也就是今日所謂的時尚？更有甚者，到底美是什麼？人為什麼有美的感受？人為什麼需要有美的感受？人為什麼要追求美？這些更根本的問題。當然和本論文關係最密切的，莫過於我們鑑賞藝術品的時候能感受到藝術家賦予其中的「氣」之流行嗎？藝術家在創作作品時需要灌入「氣」這個元素嗎？如果主體有此感受，客體有此需要，那麼主客體之間如何能相互感通、水乳交融地融成一氣？唯有透過不斷的反思，主體的審美體驗才能進入客體的精神世界裡，完成一次審美的經驗。更務實些，我們在鑑賞人物美時，是不是也把他們當成上帝的傑作，視作最最生動的藝術品？諸如此類，都是筆者企圖追究的問題，期盼在論文中透過追蹤獲得解答。

第四節　目前學界研究成果

　　目前學界對美學中氣論的探討不很熱烈，管見所及，除了美學史中零星提到外，袁濟喜於 1999 年由北京大學出版的《六朝美學》，在「文氣說」上強調氣的作用，也廣及「人物品藻」及「樂論」，算是談得最多樣的了。此外，吳中杰主編的《中國古代審美文化論》〈範疇卷〉的第二章，講「氣：文本的第三狀態」〔註 37〕，花了七十頁篇幅說明氣在美學中價值及其實現方式，結論將氣的最終型態歸於文本，而關鍵在於「下字使辭」〔註 38〕，倒是灼見。2000 年高華平在巴蜀書社出版的《魏晉玄學人格美研究》寫的是魏晉玄學對人格美的影響，從本體、實踐和意境三方面討論，也未涉及「氣」的運作。直到 2001 年，涂光社的《原創在氣》詮釋了很多「氣」與創作間的關係，舉凡文學、音樂、繪畫、書法，無所不包，大概是討論「氣」與「美」結合最全面性的作品，算得上是專書了。

　　學位論文在台灣有張靜二 1976 年於台大外文所的博士論文《中國文學批評上「氣」的研究》，以英文書寫，主要介紹曹丕的「文氣說」，及「養氣」的工夫論。吳秉勳 2009 年於東海大學中研所的碩士論文《魏晉氣化思想研究》的第四章〈魏晉學者對「氣」概念的兩極化看法〉中所引的材料，如劉劭的

〔註37〕吳中杰主編《中國古代審美文化論》，上海：上海古籍出版社，2003，頁 73
　　　　～143。
〔註38〕同上，頁 143。

《人物志》，阮籍的〈樂論〉〈大人先生傳〉，嵇康的〈養生論〉〈答養生論〉〈聲無哀樂論〉等勉強可以和「美學」扯上一點關係，全文仍著重「氣」的論述。賴麗蓉在 1996 年於國立台灣師範大學國文研究所發表的博士論文《魏晉「人物品鑒」研究──創造性審美活動的完成》，重點放在「品鑒」的本身，僅在討論「才性」問題時提到王充的「用氣爲性」，著墨不多。

其他就是海峽對岸的作品，例如：王興旺 2004 年於復旦大學的博士論文《中國美學發生學研究》，作者從原始宗教、原始科學及道德哲學迂迴進入美學領域，在第四章中討論中國美學的起源及其規律。以「心」作爲審美的主體，和以「象」呈顯的審美客體怎樣的融合，得到「樂」的審美體驗，成就「天人合一」的審美精神。對整個審美過程作了追根究底的論述，可惜對《管子》等書以「氣」爲中介，把心、志、神統一起來的論點未作闡述，只區隔了先民對心和志的不同理解，在文獻詮釋上做出了貢獻。

碩士論文有五：鐘兆惠 2007 年於安徽大學的《從「世說新語」看魏晉人的審美理想》，作者企圖把這份「審美理想」和魏晉人士的生活銜接，透視怪誕行徑背後的「濃情」。作者自謂「最具有獨創性」的第三章「魏晉生命美學中的審美範疇」，討論了「神」和「氣」的議題。在「神」方面，作者偏向於將「神」作形容詞用：神情、神意、神姿、神色……等概念的舉證。在「氣」方面，從葉朗對氣作爲美學範疇的內容中脫胎出三個維度，其中將氣的清、濁解析的晶瑩剔透。可惜到最後的小結仍看不出「神」和「氣」如何產生內在的聯結。

至於文氣方面：孫寧 2002 年於西北大學的《文氣的生命內涵與美學意蘊》，以文氣是生命的律動爲主軸，發展成和諧的整體美，特別強調在創作過程中，「氣」要以一貫之，以免影響藝術作品的整體質量。同時在「理論回顧」中，作者對「氣」的探討，從「天地之氣」到「文氣」的發展作了仔細的「回顧」，其間以解析荀悅的氣→形→神→情的思維邏輯，最能呈現「氣」的主導性。

音樂方面：王夏 2009 年於杭州師範大學的《聲樂表演藝術中的氣與韻》，強調聲樂藝術中「氣」的運作影響到「韻」的表達。尤其對於氣韻在藝術作品反映藝術家的文化、思想、人格之修養作了深層的探索。孫婧 2009 年於中南民族大學的《氣韻與意境的共通性探析》，作了氣韻和意境同一的理論研究，通篇解析「氣韻」和「意境」的涵意和表現方式都是不同的，只在表現

的目標相同：體「道」。鑑賞者的角度相同：品「味」。如此，初始點和終結點的一致性，使兩者能「共通」。

在藝術風格上：余振齊 2009 年亦於中南民族大學發表了《氣韻：藝術風格學的支點》，詮釋「整個風格的個性特徵是特定氣質的表現」的命題。其中「藝術家的特定的先天之『氣』，使其有相應的創作個性，創作個性體現在作品中，就有了作品風格的獨特性。」〔註39〕是筆者最服膺的一句話。

期刊論文也以海峽對岸發表的較多。茲以探討對象分類，略作論述。

一、以「氣」本身為探討對象的

1. 于民，〈在不同的養生氣化中展示出不同的審美觀——論戰國時儒道對美和美感的認識〉，《長沙水電師院學報（社會科學版）》，1989 年 3 期，頁 46～53。

2. 于民，〈論中國美學思想的基礎——氣化論、諧和論的產生〉，《文藝研究》，1988 年 6 期，頁 4～11。

3. 王兵，〈中庸和諧傳神風骨——談中國傳統藝術的美學特徵〉，《藝術研究》，2006 年 4 期，頁 47～48。

4. 王衛東，〈「氣」：中國古典美學的基石——古典美學精神之二〉，《雲南藝術學院學報》，2003 年，頁 9～14。

5. 余開亮、蔡永海，〈古代氣論的三種型態及其美學意蘊〉，《北華大學學報（社會科學版）》，2001 年 2 卷 3 期，頁 69～72。

6. 李勝利，〈「氣」論與中國古典美學〉，《復旦學報（社會科學版）》，1994 年 4 期，頁 83～88。

7. 李獻惠，〈氣論的當代美學價值〉，《武警學院學報》，2003 年 19 卷 6 期，頁 87～90。

8. 肖曉明，〈論殷璠「氣說」〉，《赤峰教育學院學報》，2001 年 2 期，頁 15～17。

9. 夏文仙，〈論中國藝術中的自然精神與「氣化」思想〉，《曲靖師範學院學報》，2006 年 25 卷 5 期，頁 127～128。

10. 張林，〈略論「氣」之美學概念的演變與發展〉，《東疆學刊哲學社會科學版》，1987 年 4 期，頁 47～51。

〔註39〕余振齊，《氣韻：藝術風格學的支點》，中南民族大學碩士論文，2009，頁 14。

11. 許家竹、周緒杰，〈作家之氣的內涵新探〉，《青年思想家》，2002 年 2 期，頁 103～104。

12. 許家竹，〈氣化流行生生不息——重建中國的氣論美學〉，《山東師範大學學報（人文社會科學版）》，2005 年 50 卷 3 期，頁 89～94。

13. 陳德禮，〈氣論與中國傳統美學精神〉，《內蒙古社會科學》，1998 年 5 期，頁 56～62。

14. 喻雲濤、張麗娃，〈「氣」：哲學範疇與美學範疇的結合和轉化〉，《學術探索》，2001 年 5 月，頁 128～130。

15. 程國安，〈論「氣」的轉化功能及其美學特徵〉，〈中南民族學報（人文社會科學版）〉，1985 年，1 期，頁 113～119。

16. 黃柏青、朱登武，〈莊子的氣論及其哲學、美學意義〉，《湖南工程學院學報》，2004 年 14 卷 2 期，頁 47～50。

17. 趙建軍，〈論魏晉「氣」範疇的美學蘊函〉，《常熟理工學院學報》，2005 年 1 期，頁 78～82。

18. 慶飛、蔡萍，〈「氣」的審美意蘊〉，《青島科技大學學報（社會科學版）》，2004 年 20 卷 3 期，頁 31～34。

19. 蔡健，〈中國美學中「氣」的兩重涵義〉，《華南師範大學學報（社會科學版）》，1990 年 1 期，頁 15～17。

20. 陳昌明，〈形、氣、神——中國人獨特的美學〉，《國文天地》，1994 年 2 期，頁 18～22。

21. 曾春海，〈「氣」在魏晉玄學與美學中的理論蘊義〉，《哲學與文化》，2006 年 387 期，頁 67～86。

22. 曾春海，〈由氣韻生動論宗白華的意境美學〉，《哲學與文化》，2011 年 38 卷 5 期，頁 53～69。

以上廿二篇談的是「氣」在美學中的運作及其主導性，大抵都認為「氣」是「美」的靈魂。王兵更在〈中庸和諧傳神風骨——談中國傳統藝術的美學特徵〉一文中蒐集了和「氣」有關的語彙：氣勢、氣韻、氣概、氣度、氣質、氣象、氣味、氣口、氣息、氣氛、氣功、氣候、氣節、氣壓、氣量、氣場、氣力、氣憤、氣虛、氣盛、氣派、氣魄、氣色、氣餒、氣孔、氣急、氣數、氣溫、氣性（血氣）、聲氣、氣宇、氣焰、天氣、地氣、人氣、風氣、腥氣、惡氣、火氣、土氣、香氣、臭氣、紫氣、英氣、硬氣、牛氣、霸氣、筆氣、

意氣、墨氣、畫氣、神氣、靈氣、豪氣、正氣、爭氣、邪氣、洩氣、打氣、歇氣、大氣、小氣、勇氣、生氣、和氣、鬥氣、順氣、志氣、美氣、霉氣、媚氣、俗氣、洋氣、陰氣、陽氣、冷氣、暖氣、熱氣、水氣、嬌氣、驕氣、腳氣、手氣、膽氣、口氣、脾氣、心氣、撒氣、受氣、出氣、憋氣、賭氣、堵氣、凶氣、脾氣、晦氣、喪氣。

　　前 32 個「氣」字在前頭，叫做加詞，具形容性的，後 66 個「氣」字在後頭，叫做端詞，也就是這詞的主體詞〔註40〕，而這 98 個語彙已經和我們日常生活打成一片，到了「百姓日用而不自知」的境界了。比較可惜的是台灣本土的作品只找到三篇，列在最後。

二、以「文氣」為探討對象的

1. 于民，〈文學美學的氣化論與《文心雕龍》〉，《長沙水電師院學報》，1991年 6 卷 1 期，頁 106～111。

2. 于慧，〈談《文心雕龍》中「氣」〉，《山東文學文學自由談》，2007 年 2 期，頁 72～73。

3. 王凱符，〈「文氣」說〉，《首都師範大學學報（社會科學版）》，1986 年 4 期。

4. 白少玉，〈「文氣」範疇的結構機制與內涵〉，《華中師範大學學報（人文社會科學版）》，1989 年 5 期，頁 31～38。

5. 李旭，〈「文氣」的壯美風格及其根源〉，《五邑大學學報（社會科學版）》9卷 2 期，頁 10～16。

6. 李嵐，〈中國審美主體理論的發軔與道家哲學──曹丕「文氣說」探源之一〉，《學術研究》，1988 年 2 期，頁 100～103。

7. 胡建次，〈「氣」範疇在唐代文論中的展開〉，《佛山科學技術學院（社會科學版）》，2008 年 26 卷 3 期。

8. 韋德錦、徐一周，〈中國古代文論中「氣論」系統論思想〉，《遼寧行政學院學報》，2006 年 8 卷 3 期，頁 107～109。

9. 孫鴻，〈文以氣為主──論曹丕「文氣說」的美學意義〉，《安康師專學報（社會科學版）》，2006 年 18 卷 5 期，頁 46～48。

10. 袁濟喜，〈從古代文論的氣感說看文藝的生命激活〉，《中國人民大學學報》，2004 年 5 期，頁 118～126。

〔註40〕見許世瑛《中國文法講話》，台灣開明書局，1968，頁 39。

11. 許家竹，〈「文氣論」視野中的作家生命型態〉，《山西師範大學學報（社會科學版）》，2005 年 32 卷 3 期，頁 62。

12. 陳果安，〈中國古代文論中的文氣說〉，《江漢論壇》，1984 年 4 月，頁 54～57。

13. 彭強民，〈文氣論的生成及其美學內涵〉，《玉林師專學報（哲學社會科學）》，1996 年 17 卷 4 期，頁 33～38。

14. 程小平，〈重釋《文心雕龍‧養氣》之「氣」──兼析魏晉六朝文學藝術中的「氣」〉，《北京青年政治學報》，2000 年 3 期，頁 63～67。

15. 楊翃，〈文氣說考證〉，《唐都學刊》，1992 年 4 期，頁 45～48。

16. 楊梅英，〈心理學視域中的曹丕「文氣說」探析〉，《現代語文（文學研究版）》，2010 年 1 期，頁 16～18。

17. 楊慧鵬，〈論魏晉時期曹丕「文以氣爲主」的美學思想〉，《鶴壁職業技術學院文化研究》，2009 年 5 月，頁 216。

18. 劉燦群、周靜，〈關於「文氣說」研究的幾個問題〉，《邵陽學院學報（社會科學）》，1 卷 4 期，頁 48～50。

19. 盧萬平，〈《文心雕龍》文氣說初探〉，《成都大學學報（社會科學版）》，2008 年 1 期，頁 50～52。

　　以上 19 篇，詮釋「文氣說」。從「文氣」一詞的起源到「氣」在文學作品中的力量，表述無遺。不同於繪畫的是：氣勢比氣韻更形重要，氣有清濁，仍在於稟賦的差異，不過 19 篇中考證的成分多於鑑賞。袁濟喜在〈從古代文論的氣感說看文藝的生命激活〉一文中，發現「中國古代文論中的感應論，是建立在天人同構，精神互感的觀念上的」〔註41〕一語，大概可以概括這 19 篇的主題。

三、以「書畫」爲探討對象的

1. 丁玲，〈韓拙《山水純全集》中「氣」的思想〉，《安徽師範大學學報（人文社會科學版）》，1999 年 27 卷 4 期，頁 528～533。

2. 尤煌傑，〈顧愷之「傳神寫照」審美命題的意蘊及其托爾斯泰「傳達論」之比較〉，《輔仁學誌‧人文藝術之部》，2003 年 30 期，頁 21～77。

〔註41〕袁濟喜〈從古代文論的氣感說看文藝的生命激活〉，《中國人民大學學報》，2004，第 5 期，頁 118。

3. 李喬，〈淺析魏晉人物畫心理之緣起〉，《美術界》，2007 年 12 期，頁 61。

4. 周浩然、田旭中，〈略論書藝美學中之「氣」說〉，《四川大學學報（哲學社會科學版）》，1989 年 2 期，頁 108～112。

5. 孫曉波，〈繪畫藝術的覺醒——試析魏晉南北朝繪畫中的審美理想〉，《藝術研究》，2007 年 1 期，頁 131～132。

6. 袁麗萍，〈從玄學的興起到「氣韻生動」的提出〉，《美術界》，2009 年 7 期，頁 69。

7. 崔慧香，〈以形寫神 以形暢神——論中國魏晉南北朝時期繪畫理論中的形神關係〉，《文教資料》，2007 年 21 期，頁 103～105。

8. 張強，〈中國繪畫的重要美學範疇——「氣」的試探〉，《齊魯藝苑》，1985 年，頁 21～24。

9. 梅墨生，〈論畫之「氣」〉，《美術觀察》，1996 年 4 月，頁 52～53。

10. 陳丹，〈試論中國古代畫論中「氣」範疇的審美意蘊〉，《中華文化論壇》，2009 年 2 期，頁 80～85。

11. 陳雅飛，〈中國古代書畫領域中「氣」論的邏輯演進〉，《藝術百家》，2002 年 4 期，頁 90～92。

12. 鄒安鋼，〈畫之「氣」說〉，《美術大觀》，2007 年 12 期，頁 13。

13. 魯克，〈論中國畫筆墨之氣〉，《浙江工藝美術》，2002 年 2 期，頁 21～22。

　　這 13 篇討論的是「氣」在書、畫上的呈顯。大抵都在「以形寫神」、「傳神寫照」、「遷想妙得」、「以形媚道」、「氣韻生動」、「心師造化」等命題中打轉。值得一提的是周浩然、田旭中的〈略論書藝美學中之「氣」說〉特別強調「養氣」的重要，並提出「立品、正心、理性、讀書、精熟」〔註 42〕五種工夫，以彌補稟賦之不足，深得我心。

四、以「人物品藻」爲探討對象的

　　以上篇章雖然都是討論氣和美學的結合，可是真正與本論文研究相關的議題，卻是下列幾篇：

1. 牛偉，〈人物品鑑風潮之美學意味初探——從《人物志》談起〉，《韶關學院學報（社會科學版）》，第 29 卷第 7 期，2008 年 7 月，頁 22～25。

〔註42〕周浩然、田旭中，〈略論書藝美學中之「氣」說〉，《四川大學學報（哲學社會科學版）》，1989 年第 2 期，頁 111～112。

2. 吳曉青，〈從《世說新語》看魏晉的人倫鑒識活動〉，《台北科技大學報》
   第 31 之 2 期，頁 345～372。

3. 林麗星，〈美的自覺——從世說新語看魏晉人物品評〉，《東南學報》第 19
   期，1996 年 12 月，頁 243～249。

4. 徐麗珍，〈《世說新語》才性之美析論〉，《哲學雜誌》第 22 期，1997 年 11
   月，頁 140～174。

5. 張鴻愷，〈從「才性四本」到「無累於情」——由《世說新語》看魏晉人
   士生活態度之轉變〉，《弘光人文社會學報》第 4 期，2006 年，頁 151～165。

6. 黃金梛，〈從漢末人物品鑑至魏正始玄學之轉向——論劉劭《人物志》人
   才學思想〉，《嘉南學報》第 27 期，2001 年，頁 341～351。

7. 張映輝，〈生命之「象」——論「象」的基本內涵和文化理念〉，《北京理
   工大學學報》（社會科學版），第 7 卷第 1 期，2005 年 2 月，頁 12～14。

8. 彭慶星，〈醫學人體美概論〉，《山東醫科大學報》（哲社科版），1993 年 3
   月，頁 30～40。

　　這四類作品在本論文中將多所徵引，故在之後的章節，會再作討論。不過，顯然易見的是前輩多在「氣」的某一區塊耕耘，「通天下」者少。留下的空間，就是本論文努力的目標。

第五節　各章提要

　　第一章　緒論：談研究動機和目的，研究範圍和目標，研究方法和理路，同時蒐集目前學界研究的成果，企圖在前輩的成就上，再上一層樓，最後鋪陳各章提要。

　　第二章　速寫中國美學：全章分三節，第一節說明中國人的審美旨趣是從生活中體悟出來的，目的在觀照周遭事物，並追求盡善的美。第二節討論中國美學最重要的課題——和諧，而「和諧」理論正是魏晉「人物美」的判準。第三節提出有待發展的美學面向。

　　第三章　從「和諧」理論出發談魏晉美學的建構與發展：由歷史回溯，看魏晉美學的形成與結構，以及如何和玄學聯結。全章分二節：

　　第一節敘述魏晉美學發生的因緣，從發生學研究角度追溯當時的政治背景、社會狀況。整節又分三小節：

　　第一小節時代造就，還原當時歷史情境。分三面向敘述：（一）政治走向，（二）經濟供求，（三）社會態勢。由於漢末政權輪番落入外戚、宦官之手，皇位形同虛設，政治上的混亂，可謂空前絕後。因這些外戚或宦官亟需世族大家的莊園經濟提供金援，交換條件的結果，使世族大家在政權的庇護下，可以靜下心來觀察到當時政治鬥爭下的民生疾苦，重新思考生命的意義和價值，於是清談之風颳起。內容從三玄的鑽研逐漸化為生命情境的分享，審美意識便如是開展。

　　第二小節論述古典文化的異化。所謂古典文化指的就是古典中國所擁有的文化，它們的分界線在「秦漢」，秦漢以後的文化雖因襲先秦，但由於時空環境及政壇需求的不同，各偏一隅，甚至形成異化現象。比如先秦典籍記載的禮樂制度，於其時具維繫社會安定的教化功能。但到了魏晉，由於曹丕、司馬炎皆以「篡」得位（美其名為「禪」），已經不合「禮」了，在「名位」上自然不能服人。結果卻以「禮」殺人，藉「名教」剷除異己。古典文化不幸異化。其異化的過程：（一）先對先秦典籍功能產生質疑，懷疑它是否真的可以指導人生。追究原因在於不耐煩漢儒解經的煩瑣，皓首窮一經而無利於國計民生。（二）再觀察災異譴告失去了懲罰君王的作用，只落得百姓流離失所。知識份子有鑑於此，情何以堪。於是王充首先發難，以《論衡》一書疾虛妄，用學理動搖天人感應之說，提倡自然主義。在這樣的氛圍下，魏晉美學自然撇開「名教」的枷鎖，走上「自然派」的路子上頭。

　　第三小節談個體性的彰顯。魏晉是個「人的覺醒」的時代，本節討論形成這種氣象的原因及結果。

　　第二節談魏晉美學的發展與玄學的聯結。魏晉美學是在玄學的土壤中發芽的。玄學談的最熱絡的就是「名教」與「自然」的問題，所謂的「有、無」「言、意」的爭辯，也只是為了彰顯「名」與「實」的落差所產生的影響。這個議題，本想在政治上開花結果，不想卻在美學上撞出一片天。不管是「越名教而任自然」，或「名教即自然」，都是要掙脫異化了的名教，回歸人性的自然。而美就是一種從自然出發又回歸自然的概念。正是魏晉名士追求的人生境界。本節分四小節：

　　第一小節美在「有」「無」之間。

　　第二小節美在「言」「意」之外。

第三小節美在「情」「性」之中。

第四小節美在「神」「形」一統。

這些小節企圖將玄學的議題轉化成美學命題：若有似無是美；意在言外是美；脈脈含情是美；神采飛揚是美。尤其在人物美上，情性和神形的呈顯最值得深究。而性情和神情都由「氣」掌控，而「氣」又倚「道」而行，因此接著第四、五章都討論「道、氣、象、物」四概念。

第四章　「道、氣、象、物」之義涵：本論文的副標題是談道、氣、象、物之融通，也就是探討它們彼此之間的內在聯結。因此，先要將道、氣、象、物的概念交代清楚，才能接著講。

全章分四節。第一節討論「道」概念，分兩小節討論。先從字源說切入。再就哲學義涵闡明：（一）談本體：先論證「道」是個眞實的存有。再談它的本質和義涵。（二）談生成：說明道的屬性與功能。就大自然說，它是宇宙的本原，大自然生化的律則。落實到人間世時，它是社會的規範，人際關係的聯繫，整個時代的律動的原動力。

第二節論「氣」，分二小節。（一）就存有角度談氣的存在及本質。（二）從宇宙論角度談氣化作用。討論氣與大自然、人的身體、精神、人文制度的聯結。最後作一小結。

第三節論「象」，分三小節：一、就字源說論象。二、就哲學義涵論象。此小節分三個面向討論：（一）型態義；（二）象徵義；（三）道中之象義。最後綜合作結。

第四節論「物」，分二小節：一、就字源說論物。二、就哲學義涵論物。分兩個層次：（一）形下之器，是認知客體。（二）形上之氣，是宇宙本體。再作小結。

第五章　道、氣、象、物的融通。本章是論文的核心。分兩部份討論，第一部份陳述四者的循環連鎖關係。分四小節討論。第一節道與氣——道轉化爲氣；氣以明道。第二節氣與象——氣寓居於象；象以顯氣。第三節象與物——象表徵事物；物以載象。第四節物與道——物藏隱於道；道以成物。透過這樣由上而下，由下而上的循環結構，說明本體界和現象界如何互通共融，企圖將道、氣、象、物四維度壓縮成一個點：即道、即氣、即象、即物。但並非四者同爲一個體，而是貫串成一「氣」而已，這樣融通後所結出的果實就是——美。

　　第二部分討論道、氣、象、物跨入美學範域的作用。先談這些哲學範疇如何轉化爲美學範疇，再談它的作用，大致分成：一、在人物涵養上的意義。二、在藝術創作上的滲透討論。接著談美感境界的追求，也分成二個面向：（一）創作歷程。（二）鑑賞歷程。最後以圖象作結。

　　第六章　理論的落實。道、氣、象、物融通後的呈顯，以人物最能表現。筆者以《世說新語》中記載的魏晉名士的風骨氣度、智能才華、心性情意作對象，闡述由「道」所推動的「氣」如何在人物中呈現千變萬化的「象」來。

　　第七章　結論：以「用心」的重申與對未來的展望作結。誠如余敦康所說的：「哲學的生命力在於它對社會實際生活所起的作用，而不在於它的思辯性的程度。」〔註43〕讓哲學理論能眞正落實在生活中。

〔註43〕余敦康，《魏晉玄學史》，北京：北京大學出版社，2004，頁121。

第二章　速寫中國美學

第一節　中國人的審美旨趣

　　基本上，在中國學術史中，並沒有「美學」這門學科，即使西方也要到十八世紀後才正式成爲哲學研究的一支。雖然如此，但對美的追求及審度卻要溯及舊石器時代，人類會使用工具開始。近廿世紀八十年代，海峽對岸曾掀起一股對美學研究的熱潮。透過哲學界的努力，學者將中國經典中的零零散散「美」，把梳整理後，結構成中國美學史，開始組織中國美學體系〔註1〕，以便後學繼續耕耘。然而中國人對美的追求，早在先民「日出而作、日落而息」〔註2〕的生活中展現出來，由於考古文物的不斷出土，事實已證明，遠在舊石器時代，人們已經懂得佩帶具裝飾性的小飾品。〔註3〕足見人的審美意識是與生俱來的，愛美出於天性。

〔註1〕 依張法先生之見：「用現代學術的一整套程序來重新看中國古代學術的時候，中國古代學術的著作，給相當一部份現代學者的感覺可以用兩個詞來形容：一是『不成系統』，二是『零散』。」更遑論美學了。然後他又論述了這零散又不成系統的「體系」是有一套自己的方式的。因此，我們應該説中國美學的體系是不同於西方所謂的「體系」而已。詳見張法，〈論中國古代美學體系性著作的特色〉，載於《中國人民大學學報》，北京，2008，頁131～137。

〔註2〕 首見於《擊壤歌》再見於《莊子・讓王篇》收於陳鼓應《莊子今註今譯》，台北：台灣商務，1987，頁810。而後凡引此書只在文中注篇名及頁次，不再列注。

〔註3〕 詳見李澤厚，《美的歷程》，台北：元山書局，1986，頁1～2。

　　其後巫術禮儀和圖騰活動更明顯的表達了這種審美意象，並開始了藝術創作。但沒有一個人像柏拉圖（Plato，427～347，B.C.）在《大希庇阿斯篇》*HippiasI* 裡追問美的定義、探討美的本質，而這個問題至今無解。〔註4〕當然柏拉圖的意向只是紹承蘇格拉底（Socrates，470～399，B.C.）以知識論討論哲學問題。難怪方東美先生（1899～1977）認同尼采（Nietesche，1844～1990）的看法，認爲：「蘇格拉底之大錯在以知識之唯一標準判斷宇宙之眞相，分析社會之構造，計量人生之美德。知識誠可以對境照理，考覈智符，但僅憑理智，不能生情，情虧而理亦不得不支離滅烈，漸就枯委矣。」〔註5〕這眞是一語道破中西哲學不同的旨趣。移之於美學，更加顯著。本論文即從存有學切入，討論這份感性的存有，和人的理智關係，如何從理中生情，又如何從情中講理，情理交融，是「美學」和「哲學」的差異處，也是美學所以需要獨立的原因。

─────────────────

〔註4〕關於美的本質討論，在《大希庇阿斯篇》中，柏拉圖以蘇格拉底和希庇阿斯的對話，只得出什麼東西是美的，而無法找出使所有美的東西之所以成爲美的共同原因，也就無法替美作出本質性的定義。漸漸的，西方學者對努力於這項探究開始懷疑。廿世紀的維根斯坦（Joham Withgenstein，1889～1951）乾脆爽朗的表示：「給美下一個定義是可笑的、徒勞的，美最多就是一系列美的『東西』的相似之處的集合，因而提出了『家族相似』的概念。」維根斯坦著，李步樓譯，《哲學研究》，北京：商務印書館，1996，頁 22。G.E. Moore 在《倫理學原理》中說：「所謂定義，乃是對該被定義字所指涉的概念或對象之性質，予以分析。因此，只當此字是複合的性質，分析才可能、定義才可能。」恰巧美是一個初始而又單純的概念，毫無複合的性質，故至今無法做出本質性的定義。充其量只能透過美的現象去探討美的內涵。於是美的描述定義，從古至今，層出不窮。比如：美是有用的（大希庇阿斯篇）；美是合諧的（畢達哥拉斯學派）；美是快樂或舒活（伊壁鳩魯學派）；美是完整（亞里斯多德）；美不在比例而在靈魂（普羅丁）；美是一種神聖的比例（達文西）；美是理念的感性顯現（黑格爾）；美是性本能的昇華（佛洛伊德）；美是人生中不斷超越而帶出的意義（阿德勒）等等，不一而足。至於中國除了受西方美學影響的當代美學學者外，大概只有孟子講過充實之謂美（孟子‧盡心下25 條）。其他如：「夫美也者：上下、內外、大小、遠近，皆無害焉！故曰：美。」（國語‧楚語上）是從消極面形容的。如果按照 G.E. Moore 給「定義」下的定義而言，美可以套用「至大無外、至小無內」《莊子‧天下》的形容，以證明它是無法也無須定義的。G.E. Moore 著，蔡坤鴻譯，《倫理學原理》，台北：聯經出版社，1992，頁 10。

〔註5〕方東美，《生生之德》，台北：黎明文化事業公司，1982，頁 148。

首先，討論中國人的審美旨趣。簡言之，就是神與物遊。「借彼物理，抒我心胸」〔註6〕。如此，審美主體和客體之間，談感通、談體驗、談意境，就是不談證成（證成是對「認知」的解套）。只是真誠的享受美本身，真正享受「興之所至，樂莫大焉」的愉悅。茲細述如下：

一、美在生活中

中國人認為生活中處處有美。春、夏、秋、多四時更迭，各有風景。富、貴、貧、賤，情境不同，各有心象。「閑來無事不從容，睡覺東窗日已紅。萬物靜觀皆自得，四時佳興與人同。道通天地有形外，思入風雲變態中。富貴不淫貧賤樂，男兒到此是豪雄。」〔註7〕多美的「道〔註8〕」「德〔註9〕」天地，多愜意的生活情境，既豪邁又多情，既超越又安然，人生還有什麼好計較的？活在當下，就是一種幸福。這種消遙無待，隨遇而安的心性，多少受老莊學派的薰染。但，更重要的是儒家的禮樂教化，內化了倫理道德，維持了社會的一定秩序。人們生活在有條有理的氛圍中，自然感受到那份平靜的美。

《論語・鄉黨第十》記載孔子（551～479B.C.）飲食之節：

> 食不厭精，膾不厭細。食饐而餲，魚餒而肉敗不食，色惡不食，臭惡不食，失飪不食，不時不食。割不正不食，不得其醬不食。肉雖多，不使勝食氣。惟酒無量，不及亂。沽酒市脯不食。不撤薑食，不多食。祭於公，不宿肉，祭肉不出三日，出三日，不食之矣。食不語，寢不言。雖蔬食菜羹瓜，祭，必齊如也。〔註10〕

字裡行間看出夫子的平和節制，一種慢活的生活美學。再看孔子的情緒表達：「寢不尸，居不容。見齊衰者，雖狎必變。見冕者與瞽者，雖褻必以貌。凶服者式之。式負版者。有盛饌，必變色而作。迅雷風烈，必變。」（同上，頁

〔註6〕《李謙三十九秋詩題詞》，收於《宋明清小品・文集輯注》，上海：遠東出版社，1996，頁119。

〔註7〕程顥，〈秋日偶成〉，《二程文集》，影本文淵閣四庫全書集部284總集類1345冊，台北：台灣商務出版社，1981，頁593。

〔註8〕取《老子》定義：道是萬物的共相。

〔註9〕取《老子》定義：德是各自的殊相。

〔註10〕謝冰瑩等編譯，《新譯四書讀本》，台北：三民書局，1990，頁175。而後凡引此書只在文中注篇名及頁次，不再列注。

179）這份同理心，使孔子疼惜別人，也愛惜自己。愛就是美的泉源〔註11〕，心中有愛，所見皆美。

最隨興的例子，莫過於王子猷夜訪戴道安的故事：

> 王子猷居山陰，夜大雪，眠覺，開室命酌酒，四望皎然。因起彷
> 徨，詠左思招隱詩。忽憶戴安道。時戴在剡，即便夜乘小舟就之。
> 經宿方至，造門不前而返。人問其故，王曰：「吾本乘興而行，興
> 盡而返，何必見戴？〔註12〕

一片白茫茫的世界，一壺暖和和的溫酒，一顆熾熱的赤子之心，卻悠然的完成了一趟純情緒之旅。這不是「無目的之合目的性」〔註13〕（purposiveness without a purpose）的美？康德的美學理論，中國人只在生活中以行動呈顯。

二、審美意識源於觀照，終於妙悟

朱光潛（1897～1986）曾約略的區分中西情詩的風味：「西詩以直率勝，中詩以委婉勝；西詩以深刻勝，中詩以微妙勝；西詩以鋪張勝，中詩以簡雋勝。」〔註14〕當然這與民族性大有關係。中國人生性內斂，聖人因勢利導，詩的教育作用在於溫柔敦厚。因此，中國人的審美意向，先從「觀」開始，「詩，可以興，可以觀，可以群，可以怨。」（《論語・陽貨》，頁 271）如果我們不限定於「觀」只在「觀風俗之盛衰（鄭玄注）」的話，「觀」的最根本意思就在「看」。靜靜的「看」，默默的「看」，「看」個清楚明白。怎樣才能「看」得清楚明白呢？就要靠智慧了。「人生而有知，知審乎情，合乎理，謂之智；人生而有欲，欲稱乎情，切乎禮，謂之慧。」〔註15〕方東美認為能以知、理平衡情、欲就叫智慧了。於是聖人「觀水有術，必觀其瀾」。（《孟子・盡心上》，頁 626）「觀其瀾」，得到怎樣的感受，就在個人的「妙悟」〔註16〕了。

〔註11〕方東美，《生生之德》，台北：黎明文化事業公司，1982，頁 152。「生之理，原本於愛。」

〔註12〕余嘉錫，《世說新語箋疏》，台北：華正書局，2003，頁 761。而後凡引此書只在文中注篇名及頁次，不再列注。

〔註13〕康德著，鄧曉芒譯，《判斷力批判》，北京：人民出版社，2008，頁 56。「所以合目的性可以是無目的的。」

〔註14〕朱光潛，《無言之美》，北京：北京大學出版社，2005，頁 185。

〔註15〕方東美，《生生之德》，台北：黎明文化事業公司，1982，頁 138。

〔註16〕「妙悟」本佛家語彙，通過對具體形象的某種事物的觀察，去領悟出佛理真諦。後挪用在美學上，泛指審美的深層領悟。也就是不受理性約束與規範的非邏輯的直覺體驗。

按照劉向的解釋，孔子悟到的是：

> 遍予而無私，似德；所及者生，似仁；其流卑下句倨，皆循其理，
> 似義；淺者流行，深者不測，似智；其赴百仞之谷不疑，似勇；綿
> 弱而微達，似察；受惡不讓，似包蒙；不清以入，鮮潔以出，似善
> 化；至量必平，似正；盈不求概，似度；其萬折必東，似意。（《說
> 苑・雜言》〔註17〕）

可見聖人可以「原天地之美，而達萬物之理」《莊子・知北遊》，「原天地
之美」是觀；「達萬物之理」是悟。但在「觀」之同時，得有「照」，「照」就
是「觀」時所乍現的一點靈光。這乍現的靈光使審美者有所「悟」，若「照」
不生，則「悟」不成。故「觀照」作一複詞用，它是同步的，依徐復觀先生
（1919～1981）之意：

> 所謂『觀照』，是對物不作分析的了解而只出之以直觀的活動，只
> 憑知覺發生作用，這是看、聽的感官活動，是屬於感性的。但知覺
> 因其孤立化、集中化，而並非停留在物之表面上，而是洞察到物之
> 內部，直觀其本質，以通向自然之心，因而使自己得到擴大，以解
> 放向無限之境。〔註18〕

簡言之，觀照是一種讓審美主體能奔向無限的直覺活動。這種活動的成果就
是感性知覺的悟。

悟入妙境，就叫妙悟。誠如方東美所說是「一種意境，不論景象虛實如
何？其神韻紆餘蘊藉，其生氣渾浩流衍者，名曰充量和諧，此在中國謂之同
情交感之中道，其意趣空靈，造妙入微，令人興感，神思醉酡。」〔註19〕在
「充量和諧」中遊走著一種審美旨趣——神思，而妙悟就來自觀照後的神思。

神思是一種心靈高度的想像，是從觀照到妙悟的仲介。「夫神思方運，萬
涂競萌；規矩虛位，刻鏤無形。登山則情滿於山，觀海則意溢於海。《文心雕
龍・神思》」〔註20〕「情滿於山」、「意溢於海」，其實就是所有審美主體，在
審美過程中對審美客體的無限開展。能掌握這份無限，讓思慮沉澱，自然有

〔註17〕盧元駿注譯，《說苑今注今譯》，台北：台灣商務，1979，頁599。以後凡引《說
　　　　苑》章句皆出此書，皆只在文中註篇名及頁次，不再列注。
〔註18〕徐復觀，《中國藝術精神》，台北：學生書局，1992，頁73。
〔註19〕方東美，《生生之德》，台北：黎明文化事業公司，1982，頁144。
〔註20〕周振甫，《文心雕龍譯注》，台北：五南圖書出版社，1993，頁341。以後凡引
　　　　此書者，皆只在文中註入篇名及頁次，不再列注。

所領悟，從中得到審美的樂趣，甚至形成創作的動力。方東美曾直言：「中國人之靈性，不寄於科學理趣，而寓諸藝術神思。」〔註21〕該是最深刻的妙悟。

三、追求盡善的美

「盡」在中國文字中有多種含義。就字源來說，羅振玉（1866～1940）研究甲骨文以爲是象形，「象滌器形，食盡，器斯滌矣，故有終盡之意。」〔註22〕往後的引申意也多半和「終了」相關。此處的「盡善」也是以善爲終點的意思。普通一般人就以「極」字去解釋它。盡善的美就是極善的美。孔子在評論音樂的時候就以「盡善盡美」作標準。一首樂曲不但要極美更要極善。子謂〈韶〉：「盡美矣，又盡善矣。」（《論語・里仁》，頁 96）「韶」據說是舜時的樂曲，訴說著「揖讓」的德風。孔子聽後「三月不知肉味」大嘆「不圖爲樂之至於斯也」。而〈武〉是周武王的樂曲，歌頌著武王伐紂的豪情。這份豪情多半帶點殺伐之氣，故而孔子說：「武，盡美矣，未盡善也。」顧愷之（約346～408）在批評人物畫時，也說：「有骨具然藺生恨急烈，不似類賢之慨……雖美而不盡善也。」〔註23〕以藺相如之美賢，雖然畫家畫出了他的生氣骨力，但容貌急烈，和其度量不稱，顧愷之認爲「雖美而不盡善也」。足見在中國古老的觀念裡，美、善是合一的，美的起點和終點都該是善的。孔子和顧愷之的批評只表示美的客體在「善」字上未達「盡」的位置而已。「中國藝術歷來強調藝術在倫理道德上的感染作用，……並要求審美意識具有純潔高尚的道德感，注意審美所具有的社會價值，反對人沉溺於低級無聊的官能享受。」〔註24〕李澤厚的心得該是融會儒道兩家，領悟出來的，因爲老子也反對「沉溺於官能享受」。「五色令人目盲，五音令人耳聾，五味令人口爽，馳騁畋獵令人心發狂，難得之貨令人行妨。」〔註25〕（《老子・十二章》，頁 76）所謂「沉溺」就是縱情任性，對官能享受作無止無休、無窮無盡的要求，失去理性的度量，致使行爲越軌，當然是不善的。因此，牟宗三（1909～1995）對縱情

〔註21〕 方東美，《生生之德》，台北：黎明文化事業公司，1982，頁 135。

〔註22〕 高樹藩編纂，《正中形音義綜合大字典》，台北：正中書局，1971，頁 1081。

〔註23〕 顧愷之，〈魏晉勝流畫贊〉，收錄在俞崑編，《中國畫論類編》，台北：華正書局，1984，頁 347。

〔註24〕 李澤厚、劉綱紀，《先秦美學史（上）》，台北：金楓出版社，1987，頁 28。

〔註25〕 陳鼓應，《老子今注今譯及評介》，台北：台灣商務印書館，1988，頁 76。而後凡《老子》章句皆引此書，只在文中注篇名及頁次，不再列注。

任性的魏晉名士的人格給了個「唯顯一逸氣而無所成」〔註26〕的評價，說他們「在美趣與智悟上不俗，而在德行上卻是庸俗無賴的」〔註27〕此言不虛，端看名士之宗王衍，被石勒俘虜時的推辭。甚至勸石勒上尊號，冀以自免，無恥至極。〔註28〕可見古典中國認為盡善的美，才是美的極致，是創作者的目標，也是審美人的要求。然而，這種目標與要求，赫然被魏晉名士突破，在沒有明天的生活裡，「善」只是個「理想」，不能滿足當下的需求，這就是我們為什麼說「美學史」可以從《老子》寫起，而「美學」的獨立發展，要從魏晉開始。（容後再論）

四、享受情景交融的愉悅

　　情景交融是審美主體透過審美活動和審美客體融合為一的審美體驗。這種體驗再透過審美解釋去呈現它。怎樣體驗、怎樣解釋，雖說見仁見智，但大抵當「審美者通過體驗所把握的審美對象，不是一個有形的世界，而是一種無形的、神秘的、模糊的境態」〔註29〕這時審美者所處的場域就叫情景交融了。以「莊周夢蝴蝶」（《莊子・齊物論》，頁101）這個典故為例，美的是「蝴蝶與莊子之間物我不分的模糊的、虛幻的一種境界。這種境界是要審美者消失了自我，進入了這一世界才能體驗到的。」〔註30〕換句話說，審美主體的「情」，必須和審美客體的「景」經由相互交融，終至「物」（蝴蝶）、「我」（莊子）兩忘才能體驗出這份愉悅，審美活動才告完成。這種情境在中國詩、詞、歌、賦中比比皆是。最早的《詩經・小雅・采薇》就用楊柳的纖長柔弱的枝條，在風中搖曳的姿態，而興起依依不捨的離情。而情景交融的結果，卻昇華了這份離愁別緒，構成了中國人另類審美的旨趣。這類旨趣在魏晉之後，幾乎成為中國藝術家和審美者共同追求的最高境界。

五、懷抱天地同體的胸襟

　　張載（1020～1077）〈西銘〉：「天地之塞，吾其體，天地之帥，吾其性。民吾同胞，物吾與也。」〔註31〕這種「天地同體」的懷抱是中國哲人共有的

〔註26〕牟宗三，《才性與玄理》，台北：學生書局，1993，頁70。
〔註27〕同上，頁66。
〔註28〕詳見《資治通鑑・卷87・晉紀九・懷帝永嘉五年》，頁2761。
〔註29〕吳炫，〈論體驗〉，《美學月刊》，2001年第3期，頁15。
〔註30〕同上。
〔註31〕陳榮捷編著，《中國哲學文獻選編》，台北：巨流圖書公司，2001，頁619。

胸懷。移到審美情境，這份胸懷更展露無疑。與大自然相親，與萬物共舞，和諧而悠然：「好鳥枝頭亦朋友，落花水面皆文章」〔註32〕就讓它「綠滿窗前草不除」〔註33〕吧！

　　天地之所以可以同體，萬物之所以可以相親，建基在存有的同一根源上。中國哲人認爲宇宙萬物都由「氣」形成。從莊子（約 369～286B.C.）的「通天下一氣耳」（《莊子‧知北遊》，頁 611）到王夫之（1619～1692）的「五行之氣自行於天地之間以化萬物」〔註34〕，皆一「氣」呵成。既然本是同根，理當相親相愛、相知相惜，和平共存於僅有的唯一空間。所以孟子（約 372～289B.C.）說「上下與天地同流」（《孟子‧盡心》，頁 619），子思（約 483～402B.C.）謂「可以贊天地之化育……可以與天地參」（《中庸》，頁 48），都是這個意思。

　　與大自然相親在美學上最大的表現就是與天地同遊，追求精神上完全自由。「列子御風而行」，「隨風東西，猶木葉幹殼，竟不知風之承我邪？」〔註35〕列子（戰國，生卒年不詳）能順萬物自然之性，和萬物合一，莊子仍譏他有所待（所待於風）精神上仍不得自立，不能完全自由，必須「乘天地之正而御六氣之辯以遊於無窮者，彼且惡乎待哉。」（《莊子‧逍遙遊》，頁 16）可見要與天地同體才能駕馭陰陽風雨晦明六氣的變化；要遊於天地之間，才能眞正的安放心靈，精神自主；進而將人的精神主體投於宇宙本然之中，「上與造物者遊」（《莊子‧天下》，頁 965），以體會天地之美。

六、小　結

　　中國人審美的旨趣，如以一言蔽之，就是：融入美中享受美。無所謂主體、客體，無所謂理性、感性。單純的享受那份鳶飛魚躍的活潑生機，以及生生不息的生命力量。方東美先生在其〈哲學三慧〉中分析希臘、歐洲、中國三者的共命慧中說：「中國慧體爲一種充量和諧、交響和諧。慧相爲爾我相待、彼是相因、兩極相應、內外相孚。慧用爲創建各種文化價值之標準，所

〔註32〕翁森，〈四時讀書樂〉，〈瓢稿賸稿〉，《叢書集成續編 167 冊》，台北：新文豐，1989，頁 603。
〔註33〕同上。
〔註34〕王夫之，《思問錄》，北京：中華書局，2009，頁 54。
〔註35〕楊伯峻撰，〈卷二皇帝篇〉，《列子集釋》，北京：中華書局，1997，頁 46。而後凡引《列子》章句皆出此書，只在文中注篇名及頁次，不另列注。

謂同情交感之中道。」〔註36〕中國人的智慧，用在美的創作與美的體驗上都符應此言。

　　總之，中國人的美感體驗是隨興的，在不追問「美是什麼？」的心靈裡，永遠感受到美就在自己生活的周遭，在大我生命中蓬勃開展。沒有時空的間隔、沒有主客體二元的對立、沒有物我的鴻溝、沒有審美情境的侷限，由於物我的相互感通，很自然的融於一體。也就是說，客體的生命永遠在主體中活動，主體的生命永遠消受客體的律動，主客合而爲一，共同享受源源不絕的生命情趣。因爲做爲主體的人，參與了作爲客體的宇宙創化歷程，可以替《中庸》第二十二章（頁48）：「唯天下至誠，爲能盡其性。能盡其性，則能盡人之性。能盡人之性，則能盡物之性。能盡物之性，則可以贊天地之化育。可以贊天地之化育，則可以與天地參矣。」做註腳。這就是中國人的審美旨趣，這種思維，讓中國人即使在苦痛的環境中，仍能維持鳶飛魚躍的心境，這種心境，就是中華民族生生不息的動力，也是魏晉六朝仍然終結於擁有中原文化的漢族手中的緣由。

第二節　中國美學最重要的課題

　　任何一門學科，都有它需要研究的主題，中國美學亦然。細思一下，中國美學領域涵蓋人物品藻、文學評點、音樂理論、繪畫書法、園林建築，甚至政治藝術等等，每門課題再再表現了中國人以和諧爲美的審美觀。爲什麼和諧是美？因爲「和諧是對立面的統一〔註37〕」。如果世上的東西都是一樣的，就無法挑動人們審美的情緒。大自然有高高的山，有低低的海，有壯碩的樹，有柔弱的草；社會上有善、有惡；色彩有紅、有綠；聲音有高、有低；筆畫有橫、有直。要是這些對立面沒有適當的安排，尖銳得礙眼、刺耳、傷心、穿腦，美嗎？所以我們才會讚美造物者的大能，把大自然造了那麼多對立面而又統一了它們，讓我們體會和諧的美。藝術家創作時效法天道，也讓審美者感受和諧的美。因此，美學中最重要的課題該是如何追求和諧，達成和諧，享受和諧的過程。茲以與大自然的和諧，與社群的和諧，與自我精神的和諧三個面向論述：

〔註36〕方東美，《生生之德》，台北：黎明文化事業公司，1982，頁142。
〔註37〕赫拉克利特（Herakleitos，約540～480 B.C.）：「美在於和諧，和諧在於對立的統一。」引自於朱光潛，《西方美學家論美與美感》，台北：丹青圖書公司，1983，頁4。

一、與大自然的和諧

上節提過中國人的審美旨趣之一就是享受情景交融的愉悅。

> 自古以來，中國的先聖賢哲們都很熱衷遊覽山水，宗炳在《畫山水
> 序》中說：「至於山水，質有而趣。是以軒轅、堯、孔、廣成、大
> 隗、許由、孤竹之流，必有崆峒、具茨、藐姑、箕首、大蒙之遊
> 焉。」近於神話的傳說固然不宜完全相信，然而在六朝時期，人們
> 確實認為山水之遊是歷史傳統，是精神生活的一個重要內容。〔註
> 38〕

魏士衡的話大抵不差。中國人喜歡遊山玩水，絕不在於要「征服」它，滿足
優越感；而是要親近它，豐富生活內容。甚至從大自然的四季變化、草木榮
枯、星辰遞嬗、日月落昇、潮汐漲退領悟到某些做人處事的道理，而聖人賢
哲就將這些道理用來教化眾生。由於每位聖人「觀」的角度不同，自然「悟」
的結果也不一樣。但都由同一個方向往前走，那就是追求和諧。

由於大自然不是人為的，不是人可以去安排的對象。但卻是人生存的宇
宙空間，真正的生活世界（除去人文部份）。人要與它和諧相處，最大的前提
是他本身要是和諧的。中國哲人努力把大自然中陰、陽、風、雨、明、晦各
種對立的現象加以協調，使它能成為一個和諧的整體，進而成為人類社群生
活的典範。如何知曉大自然是和諧的？在古代中國學者的邏輯思維裡並沒有
「證成」二字，只利用先天的想像力，從觀察中結構一套合邏輯的論述。

首先思考的是宇宙的來源，中國人不考慮宇宙「是」什麼，只討論宇宙
「有」什麼！即使道家的「無」也是「有」，有「道」。「道」是老子哲學本體
論中真實的存有，是最高的範疇。所謂範疇，就是「對事物、現象的本質聯
繫的概括〔註 39〕」。「道」就是聯繫萬事萬物的「有」，是宇宙的根源。（詳見
第四章第一節）儒家的「有」，是紹承往聖，從《尚書》中陰陽五行的思想建
構而來，但孔子對宇宙的起源沒什麼興趣，只關心生活世界的倫理問題。然
而宇宙整體（包括大自然和人文社會）之所以和諧，這套陰陽五行理論確實
發揮了它的作用。

簡單的說：五行概念比陰陽早。《尚書‧洪範》：「五行，一日水，二日火，

〔註38〕 魏士衡，《中國自然美學思想探源》，北京：中國城市出版社，1994，頁 1。
〔註39〕 蔡鍾翔、陳良運，〈中國美學範疇叢書總序〉，收錄於郁沅編著，《心物感應與
情景交融》，南昌：百花洲文藝出版社，2006，頁 1。

三曰木,四曰金,五曰土。」〔註40〕這水火木金土五種物質就被視爲五種構成宇宙萬物的元素,這五種元素的性質及作用分別是:「水曰潤下,火曰炎上,木曰曲直,金曰從革,土爰稼穡。潤下作鹹,炎上作苦,曲直作酸,從革作辛,稼穡作甘。」(同上,頁76)這些作用已牽扯到人事問題,成爲日常生活中的環節,哲學意味具足。陰陽作爲哲學上的用語要到《易‧繫辭上》:「一陰一陽謂之道」〔註41〕開始,由於發揮五行說爲「五德終始」的鄒衍〔註42〕,兼治陰陽,之後便以陰陽五行並稱。陰陽五行學說和氣論結合〔註43〕,便成爲中國宇宙論、本體論的全部內容。老子「道生一,一生二,二生三,三生萬物。萬物負陰而抱陽,沖氣以爲和。」(四十二章,頁158),這個「和」字,就成爲往後學者討論宇宙生成論的終始點。大自然本身的和諧由是建立。

接著,我們就要問了,人如何和這個和諧的大自然,和諧的共處?這當然要靠人去追求,怎樣追求,各家各派,各有自家的路數。我們不妨先談儒家:

儒家對大自然的鑑賞多半是倫理道德的投射。「仁者樂山,知者樂水。」(《論語‧雍也》,頁129)知者爲什麼樂水?漢文帝時燕人韓嬰(生卒年不詳)這樣解釋:

> 夫水者,緣理而行,不遺小間,似有智者;動而下之,似有禮者;
> 蹈深不疑,似有勇者;障防而清,似知命者;歷險致遠,卒成不
> 毀,似有德者。天地以成,群物以生,國家以寧,萬事以平,品物
> 以正。此智者所以樂于水也。〔註44〕《韓詩外傳‧卷三》

一位有智慧的人,既緣理又謙卑,既勇敢又有德,這些都是「水」的性徵,故智者樂之。仁者爲什麼樂山呢?原因也在於:「夫山者,萬民之所瞻仰也。草木生焉,萬物植焉,飛鳥集焉,走獸休焉,四方益取與焉,出雲道風,嶔

〔註40〕 屈萬里注釋,《尚書今注今譯》,台北:台灣商務印書館,1997,頁76。而後引《尚書》章句皆出自此書,只在文中注篇名及頁次,不另列注。

〔註41〕 來知德,《來注易經圖解》,台北:武陵出版有限公司,1997,頁425。而後引《易經》章句皆出自此書,只在文中注篇名及頁次,不另列注。

〔註42〕 有關鄒衍(約310～253B.C.)生平行誼可參見《史記‧孟子荀卿列傳第十四》。詳情可參閱徐復觀,《兩漢思想史卷二》,台北:學生書局,1979,頁8～12。

〔註43〕 陳立,《白虎通疏證‧五行》,台北:中華書局,1997,頁166。「五行者,何謂也?謂金木水火土也。言行者,欲言爲天行氣之義也」足見先哲以爲這五種元素是爲天所運行之「氣」而設,而陰陽本身即爲氣之屬性。如此,陰陽五行說和氣論結合是很自然的事。

〔註44〕 賴炎元,《韓詩外傳今注今譯》,台北:台灣商務印書館,1979,頁128。

乎天地之間。天地以成，國家以寧。此仁者所以樂於山也。」〔註 45〕山和仁者有同一的性徵──包容。韓嬰這一長串詮釋走的就是儒家「比德」路數〔註46〕，以山水的性徵與作用，比附君子的美德，仁、智、勇、知命、有德、有容，從修身起步，而終至治國平天下，一以貫之。君子之所以遊山玩水，其心志在於觀照萬物，得其妙悟，飽飫性靈。

其次在於對生命的疼惜。「子在川上曰：『逝者如斯夫！不捨晝夜。』」（《論語‧子罕》，頁 164）水流不止，若生命之流逝，往而不復也，在時不我予的無奈中，如何珍惜生命，努力於立德、立功、立言，以求經世濟民，匡正天下，是儒者責無旁貸的責任。「天行健，君子以自強不息」（《易經‧乾卦‧象》，頁 150）人道來自天道，來自大自然生生不息的生命啟示。人類不僅該疼惜自己的生命，也要疼惜一鳥一獸、一蟲一魚、一草一木的生命。「子釣而不綱，弋不射宿」（《論語‧述而》，頁 143）孔子釣魚不用網，不射殺夜宿的鳥。孟子不用細密的網捕魚，草木未零落的時段，不入山砍樹。飼養雞、狗、大小豬隻，絕不要耽誤了牠們滋生蓄育的時期。〔註 47〕這種對異類生命的尊重，就是儒者與大自然最密契的和諧。

孟子以後的荀子，講「性惡」，極力倡言「化性起偽」，以學注於心來美君子之身〔註48〕（《荀子‧勸學》，頁 10），雖仍以德行作為美的前提，但已注意到形軀美，不止於善的追求。無形中提升了美的鑑賞。

漢代以降，儒家思想已漸漸與道家、陰陽家相參雜，董仲舒的「天人感應」理論，已與原始儒家漸行漸遠，人與大自然不只是和諧共處，甚至受其掌控，淪為奴婢。這份失衡，到宋明理學才得導正。而理學家提出的「天地同體」的命題，其終極目的仍是求得與大自然的和諧。

〔註45〕同上，頁 129。

〔註46〕「比德」路數更早見於《荀子‧宥坐篇》：孔子觀於東流之水。子貢問於孔子曰：「君子之所以見大水必觀焉者，是何？」孔子曰：「夫水遍與諸生而無為也，似德。其流也埤下，裾拘必循其理，似義，其洸洸乎不淈盡，似道。若有決行之，其應佚若聲響，其赴百仞之谷不懼，似勇。主量必平，似法。盈不求概，似正。淖約微達，似察。以出以入以就鮮絜，似善化。其萬折也必東，似志。是故見大水必觀焉。」

〔註47〕《孟子‧梁惠王上》「數罟不入洿池……斧斤以時入山林……雞豚狗彘之畜，無失其時……」

〔註48〕「君子之學也，入乎耳，箸乎心，布乎四體，形乎動靜。端而言，蠕而動，一可以為法則。小人之學也，入乎耳，出乎口，口耳之間，則數寸耳，曷足以美七尺之軀哉？」

　　至於道家，自然就是「道」，「道」就是自然。「人法地，地法天，天法道，道法自然」（《老子‧廿五章》，頁 113）人、地、天、道，宇宙中的四大都是本性如此就是如此的。這自然就是天地萬物的歸依，人與大自然根本不必去求其和諧共處，只要順其自然之本性，就自然的共生，自然的和諧。而美就是「自然」，就是「道」。老子對「道」的形容是：「道之為物，惟恍惟惚，惚兮恍兮，其中有象，恍兮惚兮，其中有物。」（《老子‧廿一章》，頁 104）在這恍恍惚惚，若有似無中的「象」與「物」就是「有」。天地萬物就在「有」之中創生，而人類在其中享受鳥語花香的春天，蓊鬱蒼翠的夏天，落葉蕭颯的秋天，白雪紛飛的多天，四季更迭，各有美景，人類又稟天地之精氣成為萬物之靈，為建設安定的社會而努力，人間何處不美好？的確這就是「美」，是世間萬物萬事之美。「美」在「道」中本是和諧的，不必他求。

　　繼孔、老之後的莊子，「高度肯定人的意義和價值，把人放在物之上，追求並讚頌個體人格的主動性、獨立性的發揮，並竭力要把個體人格的價值擴大到無限的整個宇宙。」〔註 49〕這樣的思想基本上是與儒家同路的，而莊子卻提升了生命的境界。從「上與造物者遊」（《莊子‧天下》，頁 965），終於「天地與我並生，萬物與我齊一」（《莊子‧齊物論》，頁 80）。將老子「道」的內涵發揮至「獨與天地精神往來」（《莊子‧天下》，頁 965）的至高點，而美就在這種境界中，任人陶醉。

　　不論莊子的思想是否「從儒家思想演變而來」〔註 50〕，肯定人的人格獨立自主，人生有其意義及價值，該是每個有靈性的人所認同的。莊子及其後學採取異於儒家的進路去和大自然融為一體，誠然是中國美學中內容最豐富、最值得深究的課題。

　　《莊子》書中，處處流露出他對「古之人」原始素樸社會的企羨：「古之人，在混芒之中，與一世而得澹漠焉。當是時也，陰陽和靜，鬼神不擾，四時得節，萬物不傷，群生不夭，人雖有知，無所用之，此之謂至一。當是時也，莫之為而常自然。」〔註 51〕這種不用知，不傷物，與鳥獸同遊，與草木共榮的生活狀態，就是和大自然融為一體的理想生活，他衷心嚮往，並付諸

〔註49〕李澤厚、劉綱紀，《先秦美學史（上）》，台北：金楓出版社，1987，頁 3～4。
〔註50〕同上。「據郭沫若的說法，莊子的思想是從儒家的思想演變而來。」
〔註51〕郭象注，成玄英疏，《南華真經注疏‧繕性第十六》，北京：中華書局，1998，頁 322。

討論。提出「心齋」和「坐忘」等方法，以期回歸「古之人」的「至一」之境。

魏晉名士，進一步將身體投入大自然中，不只是精神的悠遊而已。《世說新語》記了一則軼事：「劉伶恆縱酒放達，或脫衣裸形在屋中，人見譏之。伶曰：『我以天地爲棟宇，屋室爲褌衣，諸君何爲入我褌中？』」（《世說新語・任誕》，頁 731）誰不疼惜自己的衣物，既然以天地爲褲，是不是更加的疼惜大自然？

二、與社群的和諧

《荀子・王制》：「人……力不若牛，走不若馬，而牛馬爲用，何也？曰：人能群，彼不能群也。」（頁 158）柏拉圖也說：「人是政治的動物。」政治就是社群管理。可見中外哲人都認爲人是群居的動物，不能離群索居。既是群居，人與人，人與群體，以及與這個群體形成的社會一定有所聯結，有所互動，有所影響。這層層的關係如果不能和諧，活著就成爲一件痛苦的事。儒家最重視這一環節，孔子仰慕周公制禮作樂，就因爲在禮樂中找到了這層和諧關係。《禮記・禮運》裡描繪了一幅極美極和諧的大同社會：「人不獨親其親，不獨子其子；使老有所終，壯有所用，幼有所長，矜、寡、孤、獨、廢疾者皆有所養。……是故謀閉而不興，盜竊亂賊而不作；故外戶而不閉。」[註52] 這是所有中國賢哲，不論儒家、道家、墨家、法家一致努力的目標，也是社群美學的終點站。

這樣的社會怎樣才能實現呢？儒家認爲只要以禮來規範行爲，以樂來協和人心，必能如願。「道德仁義，非禮不成，教訓正俗，非禮不備。分爭辨訟，非禮不決。君臣上下父子兄弟，非禮不定。宦學事師，非禮不親。班朝治軍，蒞官行法，非禮威嚴不行。禱祠祭祀，供給鬼神，非禮不誠不莊。」（《禮記・曲禮上》，頁 5）禮之作用大矣哉！「是以君子恭敬撙節退讓以明禮」（同上）。禮既是社會一切的規範，執政者必然要竭力推行，怎樣推行？靠教育。教導人民「不妄說人，不費辭，不逾節，不侵侮，不好狎。」（《禮記・曲禮上》，頁 4）「富貴而知好禮，則不驕不淫；貧賤而知好禮，則志不懾。」（《禮記・曲禮上》，頁 7）能如此，社會必將井然有序，既安和又樂利。

〔註52〕 王夢鷗注譯，《禮記今注今譯》，台北：台灣商務印書館，1992，頁 362。而後引《禮記》章句皆出此書，只在文中注篇名及頁次，不另列注。

禮是形於外的，外在的規範，如果沒有內化成自然而然的倫理道德，絕對不能持久。「樂曲中出，禮自外作」（《禮記·樂記》，頁615）音樂能陶冶性情，協調七情六慾，「樂也者，聖人之所樂也；而可以善民心，其感人深，其移風易俗，故先王著其教焉。」（同上，頁624）樂何以能善民心？只因「民有血氣心知之性，而無哀樂喜怒之常，應感起物而動，然後心術形焉。」（同上，頁625）可見人民的哀樂喜怒不是永遠保持常態的，往往受外物的刺激，而作反應。是故「寬裕肉好、順成和動之音作，而民慈愛。流辟邪散、狄成滌濫之音作，而民淫亂。」（同上）「肉好」意謂圓潤，只要社會上流行圓潤柔順而活潑和平的歌聲，百姓就能充滿慈愛之心。反之，則淫亂之心起，所以說：

> 先王本之情性，稽之度數，制之禮義。合生氣之和，道五常之行，使之陽而不散，陰而不密，剛氣不怒，柔氣不懾，四暢交於中而發作於外，皆安其位而不相奪也；然後立之學等，廣其節奏，省其文采，以繩德厚。律小大之稱，比終始之序，以象事行。使親疏貴賤、長幼男女之理，皆形見於樂。（同上，頁626）

聖人用心如此，只因覺察出音樂與心理關係密切，肯定音樂可以「使親疏貴賤長幼男女」皆合於禮。如此，人與社群必然和諧。

魏晉之際，禮流於虛飾，為名士所不齒。嵇康的〈聲無哀樂論〉打破了傳統賦予「樂」的使命。人與社群的相處，漸漸發展為「物以類聚、聲氣相求」，更成為美學要探討的課題。

三、與自己的和諧

人雖然是個有限的存有，但認識自己比認識無限的大自然更難。蘇格拉底（Socrates，約470～399 B.C.）認為「神之所以說他最富智慧，是因為他認清自己的無知」〔註53〕，他一生努力實踐德爾斐神廟牆上的箴言——認識你自己。在柏拉圖早期對話 Charmides（有譯《卡爾米德篇》或譯《查米德斯篇》）中，記錄了他和 Charmides 的討論：Charmides 是位詩樣的美少年，「他替自制下了三個定義：（一）自制就是沉著，有秩序的行事。（二）自制就是謙遜。（三）自制就是各人只管自己利益的意思。」這些定義都被蘇氏否決了，他認為自

〔註53〕傅佩榮譯，Frederick Copleston 著，《西洋哲學史（一）——希臘與羅馬》，台北：黎明文化，1991，頁128。

制就是「認識自己，能夠知道自己知道什麼和不知道什麼」。但他同時承認這是很難的，人怎能知道自己所不知道的？〔註54〕

這個問題，在中國人的腦海裡，根本不成問題。中國人對自己不知道不感興趣，所以不必知道自己不知道什麼，而知道的就是社會禮儀的規範。因此，中國人的認識自己是從別人的眼裡開始。他者的評價就是自己的身價，知識分子從歷史上得知評價，一般庶民在周遭的生活世界裡得知評價，這就是中國人與自己和諧的大前提。

在這樣的大前提下，「自制」並非難事，只是修身工夫的起點而已。儒家的修身，從正心、誠意做起。「君子戒慎乎其所不睹，恐懼乎其所不聞。」（《中庸‧第一章》，頁22）「慎獨」是修身的基準點。「喜怒哀樂之未發，謂之中，發而皆中節謂之和。」（同上）節，就是節制。中節就是能夠節制，自我節制就是自制，自制才能「和」，「致中和」是修身的至高點，是中國人修養的最高境界。集理學大成的朱熹（1130～1200）對「中和」問題苦參多年，卅九歲悟出喜怒哀樂未發之前，天理渾然，處事應物自然中節。五十九歲又提出「中和新說」：「大本用涵養，中節則須窮理之功。」〔註55〕在未發之前先用「涵養」，發用之時則須以「窮理」節制，工夫到了，自然就能「自制」了。能自制就表示能認識自己，了解自己，以後就能和自己和諧相處了。

老子對「自制」說得更清楚，他仍是用「正言若反」的方式：「五色令人目盲；五音令人耳聾；五味令人口爽；馳騁畋獵，令人心發狂；難得之貨，令人行妨。」（《老子‧第十二章》，頁76）放縱物慾不僅敗德，甚且傷身。老子與自己和諧相處的層面，不只於心靈，也注意到身體。目盲、耳聾、口爽，都是生理疾病，心發狂、行妨，則是心理生病，都是不自制的後果。

莊子與自己的和諧，就精神層面講，就是順任自然，〈養生主〉、〈大宗師〉和〈達生〉通篇都講這個道理。終極就是要達到「忘」的境界，「忘足，履之適也；忘要，帶之適也；忘是非，心之適也；不內變，不外從，事會之適也。」（《莊子‧達生》，頁540）精神上要安適就得「忘適之適」，何苦去計較和自己不合的事或物？忘了它，什麼都合適了，這不就是和自己和諧的最好方法？

就身體說，莊子貴身，和老子一樣「不以好惡內傷其身」（《莊子‧德充符》，頁181），而且要「常因自然而不益生也」（同上）。〈應帝王〉裡有一則

〔註54〕詳見汪子嵩等譯，《希臘哲學史二》，北京：人民出版社，1997，頁375～384。
〔註55〕宋‧黎靖德編輯，《朱子語類》卷六二，台北：大化書局，1988，頁948。

寓言:「儵與忽謀報渾沌之德,曰:『人皆有七竅以視聽食息,此獨無有,嘗試鑿之。』日鑿一竅,七日而渾沌死。」(頁251)

可見人與自己的和諧,不論身、心都要順其自然。張法說得好:「在治世,人們把個人、社會、宇宙相比附,宇宙帶上仁義的性質,這是儒家的宇宙和諧;在亂世,人們把個人直接和宇宙相比附,人和宇宙共同否定社會,這是道家的宇宙和諧。」〔註56〕依張法的意思,中國人不論在治世或亂世,都能夠善待自己,隨遇而安,找到安身立命的位置。魏晉名士之所以能苟活於亂世,就是與自己和諧的朗現。

四、小　結

「和諧」是中國人審美的最高意境,在這樣的薰染下,劉劭對於人物至美的要求是「中和」。「凡人之質量,中和最貴矣,中和之質必平淡無味,故能調成五材,變化應節,是故觀人察質,必先察其平淡,而後求其聰明。」(《人物志‧九徵》,頁14)不過這種理論是尋找總揆政務的政治領袖的標竿;是為「人物美」的最高境界。本論文談「人物美」,將從各種不同的層次探討,將「中和」視作「理想」而已。

第三節　有待發展的美學面向

在追求「和諧」的大前提下,美學還需要從兩大方向發展:

一、藝術生活化

藝術生活化,即人人在生活中,能夠處處與美接目;心靈上能時時與美交流。要達到此目標,首先要擁有一個美的生活環境。住在都市的人,希望有一座美麗的城市;住在鄉村的人,希望大自然不被人為破壞。環境美學成為有待發展的方向。這個面向包括:都市建築藝術化、環境保育全面化、文化產業創意化。

都市建築藝術化:當然要靠國民經濟水平提昇,才有財源可資利用。不過在尚無能力讓建築物美輪美奐之前,保有整潔的市容是有素養的公民責無旁貸的。讓街道乾淨平坦,騎樓暢行無礙。便捷的大眾運輸,取代橫衝直撞

〔註56〕張法,《中西美學與文化精神》,北京:中國人民大學出版社,2010,頁69～70。

的摩托車，馬路不再如虎口。公寓大廈的主人不吝於付錢維護清洗外牆及公共空間，花架取代鐵窗，花圃取代違建，讓都市人能有個清爽明淨的空間，和四周環境和諧。

環境保育全面化：不再聽到獵鯊取鰭、活熊取掌等殘酷事件，貓狗不再流浪街頭，海洋不受汙染，水源乾淨，生態平衡，森林杜絕濫墾濫伐，把綠色還諸大地，和大自然和諧。

文化產業創意化：最基本的硬體設備，得以充分利用，不至淪為養蚊館。高品味的文教、娛樂活動能平價分享市民。軟體的充實，更要投注心力。要有高品味的市民，才能創作或鑑賞有品味的藝術品；要有道德感的市民，才能呵護市容的整潔亮麗；要有胸襟的企業家，才能大規模資助文創活動。最重要的，要有一個有前瞻性的政府，落實美學教育。讓真、善、美三位一體的美學旨趣，活絡在中國人的心靈中，和自己和諧。

二、創建美學理論

傳統中國在「美」的表現上，創作多於理論研究，而所謂「理論」也是各門類獨立作業，文有文論〔註57〕，畫有畫論〔註58〕，書有書論〔註59〕，詩有詩話〔註60〕，林林總總，就是沒有書寫「美」的理論。筆者指的是探討美的理念〔註61〕，找出美的極致狀態，以及審美精神〔註62〕等問題的理論。藉著西方美學的譯介，近代學人在這方面下了很多工夫。企圖將典籍中零散的、條列的「美」的意念杷梳出來，結構成有系統、有組織、成體系的中國美學。但誠如蕭振邦所言：「吾人以為，截至當代，中國美學研究者並未積極要求提

〔註57〕 曹丕的〈典論・論文〉，陸機的〈文賦〉，劉勰的《文心雕龍》等等。

〔註58〕 愈崑編著，《中國畫論類編》，台北：華正書局，1984。

〔註59〕 蔡邕的〈篆勢〉，趙壹〈非草書〉，虞世南〈筆髓論〉，蘇軾〈論書〉，佚名〈宣和書譜〉，孫過庭的〈書譜〉，顏真卿〈述張長史筆法十二意〉，張懷瓘〈書斷〉等等。

〔註60〕 毛公〈毛詩序〉，歐陽修《六一詩話》，葉夢得《石林詩話》，嚴羽《滄浪詩話》，王夫之《薑齋詩話》，王世禎《漁洋詩話》，袁枚《隨園詩話》，葉燮《原詩》等等。

〔註61〕 黃克劍認為：「理念不是從既在事物中歸納出的共相或通性，它指示的是事物可作為其恆常價值目標的某種極致狀態。因此，美的理念啟示給人們的是『美』這一獨立價值向度上的可期望的至高境界。」《美學月刊》，2000，4，頁2。筆者深表贊同，此處的「理念」即此意。

〔註62〕 「所謂審美精神指一種生存論和世界觀的主張，它體現為對某種無條件的絕對感性的追尋。」鄒奇昌，《美學月刊》，2002，5，頁12。

出一種具有普遍解釋效力的美學理論。」〔註63〕眞是讓人遺憾又無奈的事。

　　之所以發生這類現象，筆者歸咎於中國哲學體系尚未整全。張法認爲中國古人對「體系」本身的理解，充分表現了中國理論型態的獨特性〔註64〕。由於對宇宙本質的了解，和西方迥不相侔：西方把宇宙視作一實體，則事事物物皆可以分析，可以定義，可以整合；而中國先哲把宇宙視作一氣形成的虛體，氣是流動不居的，氣化而成的事事物物也就成了千變萬化、光怪陸離難以捉摸了。因此，中國先哲根本不曾想到要建立今日我們所謂的「體系」問題，但畢竟在治學日趨嚴謹的時代氛圍中，我們也該認眞看待這件事了。

　　批評容易，創見難，建立一個美學理論是多困難的事，一半靠努力，一半靠天意。近年來，海峽對岸發展出各式各樣的美學，如：實驗美學、科學美學、技術美學、生產美學，以及歷時最久，討論最多的是實踐美學（廿世紀八十年代至今）。繼之而起的是後實踐美學、生命美學、文化人格美學、結構主義和後結構主義美學、哲學美學、倫理美學、文藝美學、生態美學、環境美學、影視美學、宣傳美學、醫學美學、愛情美學、翻譯美學、苦難美學、死亡美學、骯髒美學等等，形形色色。幾乎任何一種學門、一種情境、一種理論都可以和美學搭上線。如此發展的確是多元了，但多頭馬車，駕馭起來，辛苦不說，能不能到達目的地叫人存疑。這當然不是理想的走向。

　　1988 年法人 Nicolas Bourriaud 出版 Esthetique relationnelle 一書，片面宣稱：「關係美學是九十年代面對當代藝術唯一可能的理論構造。」〔註65〕但書中所說的泯除審美主客體的對立，主體與客體的關係就是互動與共同參與，一起完成美的饗宴。這種共同饗宴全是行動美學的創作。比如：Alix Lambert 在 1992 年做了一個 Wedding Piece 的展示，把自己投入角色扮演中，在六個月內和四個不同的參與者結婚又迅速離婚，以證明愛情和婚姻是不能畫上等號的。〔註66〕這種理念與構思，和中國人以神與物遊、物我合一的方式去泯除主、客的對立是大相逕庭、迥異其趣的。

　　因此，中國藝術要保留中國人的藝術精神，又要適應世界新潮流，就必

〔註63〕蕭振邦，〈中國美學的儒釋道側面解讀〉，《國文天地》，1994，2，頁8。
〔註64〕詳見朱光潛《西方美學史》上卷，台北：漢京文化事業有限公司，1983，頁279。
〔註65〕林志明，〈2000 台北雙年展與關係美學〉，《藝術家》，305，頁 312。
〔註66〕Nicolas Bourriaud, Relational Aesthetics, translated by Simon Pleasance & Fronza Woods with the participation of Mathieu Copeland, Dijon: Les Presses du reel, 2002. p34.

須創建一套能抓住中國人藝術心靈的理論，有那麼多可畏的後生，讓我們拭目以待！

第三章　魏晉美學的建構與發展

第一節　魏晉美學的建立

　　當我們在談論「美」就是自由，就是以開放的心靈實現自我的時候，一個合乎這個定義的時代浮上了檯面——魏晉六朝。魏晉的審美需要起於人物品藻。最初的目的在於滿足政治的需求。曹操曾先後下了四次求賢令：建安八年庚申令曰：「未聞無能之人，不鬥之士，並受祿賞，而可以立功興國者也。……治平尚德行，有事尚功能……。」[註1] 第二次在建安十五年春，下令曰：「自古受命及中興之君，曷嘗不得賢人君子與之共治天下者乎……若必廉士而後可用，則齊桓其何以霸世……二三子其佐我明揚仄陋，唯才是舉，吾得而用之。」[註2] 顯而易見，他所謂的「賢」等同於「才」。第三次在建安十九年十二月令曰：「夫有行之士，未必能進取；進取之士，未必能有行。」[註3] 並舉陳平、蘇秦為例，督有司薦才。廿二年秋八月又令曰：「若文俗之吏，高才異質，或堪為將守；負污辱之名，見笑之行，或不仁不孝而有治國用兵之術，其各舉所知，勿有所遺。」[註4] 在這般「唯才是舉」心態下，「舉孝廉」的用人制度全盤瓦解，「因任而授官，循名而責實」，成為基本的考量，劉劭（約 172～250）的《人物志》應運而生，對人物的品藻以才性之美作標

〔註1〕《三國志・魏書・武帝紀第一》台北：宏業書局，頁二四（14）。
〔註2〕同上，頁三三（16）。
〔註3〕同上，頁四五（19）。
〔註4〕同上，頁四九，注（一）引魏書（20）。

的。由此，一路開展，成爲六朝審美的主軸。當然，這只是一條脈絡而已，就整個歷史進程來看大可歸之於：

一、時代造就

（一）政治走向

宗白華在〈論《世說新語》和晉人的美〉一文中說過：「漢末魏晉六朝是中國政治上最混亂，社會上最苦痛的時代。」〔註5〕其實政治上的混亂，漢末已見端倪。根據《資治通鑑》所載：「章和二年，章帝崩，太子即位年十歲，太后臨朝……以竇憲爲大將軍……竇氏父子兄弟並爲卿、校，充滿朝廷。」〔註6〕其囂張如此。到「永元四年，和帝年十五，竇氏一族潛圖弒逆，帝陰知其謀，是時，憲兄弟弄權，帝與內外臣僚莫由親接，所與居者，閹宦而已。」〔註7〕因此，收憲的重責大任，自然落在宦官鄭眾手裡，再加上「帝策動班賞，眾每辭多受少，帝由是賢之，常與之議論政事，宦官用權自始矣。」〔註8〕接續的安、順、沖、桓、靈，直到獻帝，仍是外戚、宦官輪番奪權亂政。外戚何進（？～189），宦官養孫曹操（155～220）（操父嵩爲宦官曹騰之養子）最爲代表，幾乎結束漢家江山。

曹丕（187～226）篡漢，由於名不正、言不順，最不能以德服人，當初陳群（？～237）建議「擇州郡之賢有識鑒者爲之」的「九品中正法」〔註9〕形同虛設。到晉朝已發展成「上品無寒門，下品無勢族」〔註10〕的政壇生態。這些政治上受到庇護的世族，當然高枕無憂，閒暇之餘，慢慢把心思放在鑑賞的品味上，「美」就漸漸和生活發生關係，遂成世族名士探討的對象了，《世說新語》一書作了最具體的紀錄。

〔註5〕 宗白華〈論《世說新語》和晉人的美〉收錄於《美學散步》，上海：上海人民出版社，2005，頁356。

〔註6〕 司馬光，《資治通鑑·卷四十七·漢紀三十九》台北：明倫出版社，頁1513～1533。

〔註7〕 同上，頁1533。

〔註8〕 同上，頁1536。

〔註9〕 同上，頁2178。

〔註10〕《晉書·劉毅傳》：「今立中正，定九品，高下任意，榮辱在手……操人主之威福，奪天朝之權勢……是以上品無寒門，下品無勢族。」由此可見朝廷任官之權已操在門閥士族之手。

（二）經濟供求

　　世族何以能得到政治上的庇護？原繫於經濟上的供與求。漢末中央政權旁落，靈帝崩，董卓專擅朝政，橫恣京城，禍及山東一帶，幾經混戰，終被曹操夷平。曹操更是野心勃勃，一心想統一天下。然而東南吳、西南蜀，皆雄據一方，不甘示弱，彼此爭戰不休。由於戰亂頻仍，廣大農民失去土地，流離失所。自古藉以立國的小農經濟，面臨極大挑戰。世家大族在各地建築城堡，發展莊園經濟〔註11〕，成為流亡農民的避難所。農民所提供的大量勞力，為「莊園」帶來更多的財富。世族為了要保有財產，永續經營，也需要一個強而有力的政治庇護，於是西瓜偎大邊，資助有希望統一全國的軍閥成為他們投資的標的。而企圖建立一統帝國的軍閥，更需要世族的金援，只好賣官授爵，極力拉攏。這種政治和經濟相互依存的關係，提供世族大家安心的享受精神生活的時空。從此，藝術不再為政治服務，美的追求只為滿足藝術家心靈的愉悅而已。

（三）社會態勢

　　「混亂的政治」，必然帶來「苦痛的社會」，宦官的虐民干政早已流毒天下，據《資治通鑑》載桓帝延熹九年：「河南張成，善風角，推占當赦，教子殺人，司隸李膺督促收捕……成素以方伎交通宦官……宦官教成弟子牢脩，上書告膺等養太學遊士，交結諸生徒……誹訕朝廷，疑亂風俗，於是天子震怒，班下郡國，逮捕黨人。」〔註12〕由是株連者六、七百人，張角在列，於是他仿效陳勝、吳廣，揭竿起義，萬人附之〔註13〕，史稱「黃巾之亂」。個人之恩怨，禍及全國百姓。悲夫！接著董卓（？～192）又亂，關東群雄逐鹿，

〔註11〕莊園經濟指的是世家大族在軍閥爭戰不休的狀況下，「在各地築起了塢壘堡壁，或聚族以自保，或舉宗以避難。在以宗族血緣關係為紐帶的經濟實體上，組織了自己的武裝」李澤厚、劉綱紀《中國美學史・魏晉南北朝篇》，安徽：安徽文藝出版社，1999，頁4。又見《全後漢文》卷四十七崔寔〈四民月令〉。

〔註12〕司馬光，《資治通鑑・卷四十七・漢紀三十九》台北：明倫出版社，頁1794。

〔註13〕《後漢書・宦者張讓傳》：「郎中中山張鈞上書曰：『竊為張角所以能興兵作亂，萬人所以樂附之，其源皆由十常侍多放父兄、子弟、婚親、賓客，典據州郡，辜榷財利，侵略百姓，宜斬十常侍，以謝百姓。』」按靈帝時，張讓、趙忠、夏惲、郭勝、孫璋、畢嵐、栗嵩、段珪、高望、張恭、韓悝、宋典等十二宦者，皆為中常侍，以成數言之，故稱十常侍。《後漢書》，台北：宏業書局，1984，頁2534（654）。而後引《後漢書》皆出此書，只在文中注篇名及頁次，不另列注。

處處烽火，幾無寧日，其結果當然是哀鴻遍野，民不聊生。西晉宗室的「八王之亂」，迫使晉室南遷，胡族乘隙南侵，北方一片殘破。《晉書・劉琨傳》寫得悽慘：「臣自涉州疆，目睹困乏、流移、四散，十不存二。攜老扶弱，不絕於路。及其在者，鬻妻賣子，生相捐棄，死亡委危，白骨橫野，哀呼之聲，感傷和氣，群胡萬里，周匝四山，動足遇掠，開目睹寇。」（頁1680）在這樣的氛圍下，有思想的知識份子，在無力回天之餘，只得靜下心來，重新思考人生的出路，漸漸清談之風颳起，清談的內容從三玄逐漸化爲生命情境的分享。審美意識愈趨浪漫，魏晉六朝美學就在時代的造就下開展。

二、古典文化的異化

傳統文化指的是「傳統中國」所擁有的文治教化。「傳統中國」一詞是借用杜正勝、何懷宏的說法，他們認爲中國自秦漢至晚清兩千多年的歷史中，政治體制和社會結構變化很小，多因襲等級的傳統，故名傳統中國，以別於先秦典籍所代表的「古典中國」〔註14〕。筆者所要論述的正是魏晉六朝對漢儒繁瑣解經的不耐，對陰陽災異思想的質疑。而這些脫胎於「古典中國」典籍的著述，卻深深影響著中國，成爲「傳統文化」。只是時空的不同，有些古典文化漸漸異化，成爲束縛人性的枷鎖。玄學正是這種異化思維下產生的抗衡，而魏晉美學就在玄學的進行式中悄悄的萌芽。茲引證如下：

（一）對漢儒解經的不耐

根據《漢書・藝文志》所載：

> 古之學者耕且養，二年而通一藝，存其大體，玩經文而已。是故用日少而畜德多，三十而五經立也。後世經傳既已乖離，博學者又不思多聞闕疑之義，而務碎義逃難。更辭巧說，破壞形體。說五字之文，至於二三萬言，後進彌以馳逐。故幼童而守一藝，白首而後能言。安其所習，毀所不見，終以自蔽。此學者之大患也。〔註15〕

如此「皓首而窮一經」，豈止是「學者之大患」？對讀者而言，更因其「自蔽」而亦蔽之，豈能開拓視野！煩瑣之外，再加上執著於固守章句，就更叫人痛

〔註14〕詳見何懷宏《選舉社會及其終結——秦漢至晚清歷史的一種社會學闡釋》，生活、讀書、新知三聯書店，1998，頁39。

〔註15〕《漢書》，台北：宏業書局，1984，頁一七二二（438）。而後引《漢書》皆出此書，只在文中注篇名及頁次，不另列注。

心疾首。漢末的王充（27～96）在《論衡・問孔篇》開宗明義就對固守章句，不用思考的漢末儒者做了如下的批評：

> 世儒學者，好信師而是古。以為聖賢所言皆無非。專精講習，不知難問。夫聖賢下筆造文，用意詳審，尚未可謂盡得實。況倉卒吐言，安能皆是？不能皆是，時人不知難；或是，而意沉難見，時人不知問。案賢聖之言，上下多相違；其文，前後多相伐者。世之學者，不能知也。〔註16〕

文中的「難問」是說問的意思，一個讀書人對書本上下文的理解既不能通達，又不敢質疑求教，死守章句，又妄加發揮，誤人誤己，大病也。顏之推的《顏氏家訓》在〈勉學第八〉中說得更徹底：

> 學之興廢，隨世輕重。漢時賢俊，皆以一經弘道。上明天時，下該人事，用此致卿相者多矣。末俗已來不復爾。空守章句，但誦師言，施之世務，殆無一可。故士大夫子弟皆以博涉為貴，不肯專儒。〔註17〕

解經解到不識時務，對當時飽經憂患、顛沛流離的知識份子而言，當然視之為糟糠粃粕。不耐與唾棄與時俱生，再加上朝廷講經徒具形式〔註18〕，他們也自知即使重拾儒家的本來面目，也無濟於拯救時艱，匡正天下。於是老、莊的人生觀給他們很大的啓迪，連帶莊子對美的鑑賞也成為魏晉審美的趨勢。

（二）對災異譴告的質疑

董仲舒（176～104B.C.）三年不窺園，成就了《春秋繁露》一書。將戰國末年鄒衍的陰陽五行、氣化感應說與儒家的天命觀結合，建構一完整的君王南面統御術。然而漢末戰火蠭起，旱潦相繼，災禍連連〔註19〕，八王之亂，

〔註16〕黃暉，《論衡校釋（附劉盼遂集解）》，北京：中華書局，1990，頁 395。以後凡引此書者，皆只在文中註入篇名及頁次，不再列注。

〔註17〕顏之推《顏氏家訓》，北京：華夏出版社，2001，頁89。

〔註18〕《後漢書・儒林列傳・第六十九上》：「及鄧后稱制，學者頗懈……自安帝覽政，薄於藝文，博士倚席不講……本初元年，梁太后詔曰：『大將軍下至六百石，悉遣子就學。』自是遊學增盛，至三萬餘生。然章句漸疏，而多以浮華相向，儒者之風蓋衰矣。」台北：宏業書局，1984，頁二五四七（657）。

〔註19〕根據《資治通鑑》所載：建安十四年冬十月荊州地震，十七年秋螟（頁 2069）。明帝太和九年，十個月不雨（頁 2266）。景初三年春旱（頁 2349）。晉武帝咸寧三年，兗、豫、徐、青、荊、益、梁七州大水（頁 2547）。太康五年，河南及荊、揚等州大水（頁 2587）。晉惠帝元康二年夏六月，弘農雨雹深三尺。五

晉室傾軋，流民四竄，淪為盜賊。這些災異、譴告不了君王，而受苦的卻是百姓。知識份子，情何以堪，王充首先發難，先否定天可以譴告人，《論衡・譴告篇》：「夫天道，自然也，無為。如譴告人，是有為也，非自然也。」（頁637）接著又表示：「夫謂災異為譴告誅伐，猶為雷殺人罰陰過也。非謂之言，不然之說也。」（《論衡・譴告篇》，頁 645）這些思想都是站在道家自然天的觀念立論的。再者為了打破「人事可以感動天道」的觀念，他極力提倡「莫之致而至」的命定論。甚至在〈治期篇〉裡認為國命也是如此：「……故世治非聖賢之功，衰亂非無道之致。國當衰亂，賢聖不能盛；時當治，惡人不能亂。世之治亂在時不在政，國之安危在數不在教。賢不賢之君，明不明之政，無能損益。」（頁 771）這種一切由命的思想給念書人很強的藉口，不必去煩惱國計民生，不必去計較個人安危得失，一切聽天由命，隨遇而安。難怪胡適（1890～1962）會說：

> 他不但在破壞的方面打倒迷信的儒教，掃除西漢的烏煙瘴氣，替東漢以後的思想打開一條大路；並且在建設的方面，提倡自然主義，恢復西漢初期的道家哲學，替後來魏晉的自然派哲學打一個偉大的新基礎。〔註20〕

其實所謂的「自然派」，就是魏晉美學追求的目標。

三、個體性的彰顯

由於莊園經濟的發展，世族大家參予了政權，而神秘又繁瑣的儒學已失去了維繫社會的力量。此時，「門閥世族所關注的不再是由國家所代表的整體利益，而是個體的生存和發展。」〔註21〕而這個體在「命定論」的影響下，自然不再為「為天地立心，為生民立命」的理想實踐努力，而是極力的掙脫社會群體的束縛。「極大的強調人格的自由和獨立……這種強調帶有『人的覺醒』的重要意義。」〔註22〕尤其這種「覺醒」是在社會的苦難下頓悟出來。「如

年夏六月，東海雨雹深五寸，六州大水（頁2613）。元康七年，關中饑、疫。八年秋九月，五州大水（頁2614）。

〔註20〕胡適，〈王充的論衡〉，見《現代學生》第一卷四、六、八、九期，收錄於黃暉，《論衡校釋（附劉盼遂集解）附編四》，北京：中華書局，1990，頁1248。
〔註21〕李澤厚、劉綱紀《中國美學史・魏晉南北朝篇》，安徽：安徽文藝出版社，1999，頁6。
〔註22〕同上，頁7。

何有意義的自覺的充分把握住這短促而多苦難的人生，使之更爲豐富滿足」
〔註23〕，才是他們的需求。於是

> 才性勝過節操……王弼超越漢儒，「竹林七賢」成了六朝的理想人
> 物……總之，不是人外在的行爲節操，而是人內在的精神性（亦即
> 被看作潛在的無限可能性）成了最高的標準和原則……不是一般
> 的、世俗的、表面的、外在的，而是必須能表達出某種內在的、本
> 質的、特殊的、超脫的風貌姿容，才成爲人們所欣賞、所評價、所
> 議論、所鼓吹的對象。〔註24〕

李澤厚先生這段話，充分說明了魏晉人物品藻的方向。不只如此，魏晉美學
的全部內容也都在強調「人的內在精神性」。而這份精神又是「極自由、極解
放、最富於智慧、最濃於熱情的」〔註 25〕，魏晉美學就在這樣的氛圍中，建
構起來。

第二節　魏晉美學的發展──「美」與「玄」的內在聯結

所謂「玄學」〔註26〕，指的是魏晉名士清談的內容。他們談的多半是「形
而上」的東西。根據《周易・繫辭上傳・第十二章》：「形而上者謂之道，形
而下者謂之器。（頁 448）」那麼，稱爲「道學」不是更恰當？不然。因爲「道」
字用得太泛，指涉太多。得「道」成仙，「道」成肉身，都與此「道」無關〔註
27〕。何況「道家」、「道教」已行之在先，既然他們談的內容以《老子》、《莊
子》、《周易》三本書爲主，而《老子・第一章》開宗明義就說：「道可道，非
常道，名可名，非常名。無名天地之始，有名萬物之母。……此兩者同出而

〔註23〕 李澤厚《美的歷程》，台北：元山書局，1986，頁 90。
〔註24〕 同上，頁 92。
〔註25〕 宗白華〈論《世說新語》和晉人的美〉收錄於《美學散步》，上海：上海人民
出版社，2005，頁 356。
〔註26〕 「玄學」一辭最早出現在《南史》卷二〈宋本紀・文帝〉：宋文帝「好儒雅，
又令丹陽尹何尚之立玄學……」
〔註27〕 根據王葆玹《玄學通論》：「曹植撰有《辨道論》和《玄暢賦》，《辨道論》的
內容是駁斥神仙之書、道家之言。」其中的「道」字是指「得道化爲仙人」
的道，亦即道家和神仙家的方術。《玄暢賦》的內容是「控引天地古今，陶神
知機」。王葆玹，《玄學通論》，台北：五南圖書出版社，1996，頁 4。

異名，同謂之玄，玄之又玄，眾妙之門。（頁 50）」陳鼓應引用蘇轍（1039～
1112）在《老子解》中對「玄」的解釋：「凡遠而無所至極者，其色必玄，故
老子常以玄寄極也。」〔註28〕那麼，這個極之又極，無遠弗屆的東西就是「眾
妙之門」，就是「道」，就是「玄」。北齊顏之推說到梁武帝將《老子》、《莊子》、
《周易》這三本書合稱「三玄」〔註29〕，於是史學家就將他們清談的內容就
叫「玄學」。湯一介表述得很清楚：

> 魏晉玄學是指魏晉時期以老莊思想為骨架的一種特定的哲學思潮，
> 它所討論的中心為「本末有無」問題，即是有關天地萬物存在的根
> 據的問題，也就是說關於遠離「世務」和「事物」的形而上學本體
> 論的問題。〔註30〕

至於為什麼要談這類問題，我認為余敦康剖析得入理，他在〈魏晉玄學與儒
道會通〉一文的起筆是這樣說的：

> 玄學的主題是自然與名教的關係，道家名自然，儒家貴名教，因而
> 如何處理儒道之間的矛盾使之達於會通也就成為玄學清談的熱門話
> 題。玄學家是帶著自己對歷史和現實的真切的感受全身心的投入這
> 場討論的，他們圍繞著這個問題所發表的各種看法，與其說是對純
> 粹思辨哲學的一種冷靜的思考，毋寧說是對合理的社會存在的一種
> 熱情的追求。在那個悲苦的時代，玄學家站在由歷史積澱而成的文
> 化價值理想的高度來審視現實，企圖克服自由與必然、應然與實然
> 之間的背離，把時代所面臨的困境轉化為一個自然與名教、儒與道
> 能否結合的玄學問題，無論他們對這個問題的回答是肯定還是否
> 定，都蘊含著極為豐富的社會歷史內容，表現了那個特定時代的時
> 代精神。〔註31〕

這個特定的時代就是「政治上極混亂」、「社會上極苦痛」的時代，而它的時
代精神就是企圖解決這混亂與苦痛的精神。基本上，他們發現，執政者的作
為正是癥結所在。由於曹丕逼獻帝讓位，已經談不上「名分」了。之後，司

〔註28〕陳鼓應注釋，《老子今註今譯及評介》，台北：台灣商務印書館，1988，頁 50。
〔註29〕顏之推《顏氏家訓》，北京：華夏出版社，2001，頁 95。「洎於梁民，茲風復
　　　　闡，《莊》《老》《周易》，總稱《三玄》，武皇，簡文，躬自講論。」
〔註30〕湯一介《郭象與魏晉玄學》，台北：谷風出版社，1987，頁 6。
〔註31〕余敦康〈魏晉玄學與儒道會通（代序）〉收錄於《魏晉玄學史》，北京：北京
　　　　大學出版社，2004，頁 1。

馬昭（211～265）弒其君高貴鄉公（241～260）（髦，曹丕孫），另立曹操孫曹
奐（246～302）爲陳留王，其子司馬炎（236～290）廢陳留王，正式稱帝，
國號晉。遑論沾不上「名」字，連「忠」字都不敢面對，魏晉只能以「孝」
治天下。多少賢人名士，凡不與朝廷合作者，皆被扣以「不孝」的罪名，慘
遭殺戮，如：孔融〔註32〕、嵇康〔註33〕等。讓有志之士，靜心思考這「名」
與「實」的問題，領悟到「自然與名教」、「應然與實然」背離的嚴重性。他
們必須絞盡腦汁爲執政者的政權找到合法性，以穩定社會人心。因此，清談
的內容，大抵也往名與實、言與意、形與神等議題論辯。可憐的是他們的苦
心孤詣對政治人物並無影響，只讓唸書人本身找到一點法理性的安慰。漸漸
的，從這些議題提煉出對「美」的鑑賞，魏晉美學就在玄學的掌舵下游出自
己的一片天。它接續了玄學家企圖超越有限、追求無限的理念，並且在《老
子》、《莊子》、《周易》三玄的薰陶下，蛻化得燦爛奪目，嬌媚動人。這種蛻
化，筆者不稱它爲轉化，因爲轉是一百八十度的翻轉，轉至對立面的概念，
而美學和玄學不是對立的，它是玄學的過渡，是生活意境的追求。茲將玄學
命題，過渡爲美學命題的過程，分論如下：

一、美在「有」「無」之間

「有」「無」問題，本是玄學的核心議題。湯一介曾經這樣說：

> 魏晉玄學既然是要爲天地萬物（包括政治人倫）的存在找一形而上
> 學的根據，它所討論的問題，就必有其特殊的內容，這就是所謂
> 「本末有無」問題。「本」爲「體」（本體），「末」爲「用」（功
> 用）；「有」即是有名有形的具體存在物，指天地萬物、政治人倫
> （名教），「無」則爲無名無形的超時空的本體，名爲「道」或「自

〔註32〕孔融（153～208）見殺：見《三國志》卷十二，台北：宏業書局，1988，頁
373。「太祖制酒禁，而融書啁之曰：『天有酒旗之星，地列酒泉之郡，人有旨
酒之德，故堯不飲千鍾，無以成其聖。且桀紂以色亡國，今令不禁婚姻也。』
太祖外雖寬容，而內不能平。……十三年，融對孫權使，有訕謗之言，坐棄
市。」又見《後漢書・孔融傳》記之尤詳云：「……又前與白衣禰衡跌蕩放言
云：『父之於子，當有何親？論其本意，實爲情慾發耳。子之於母，亦復奚爲，
譬如寄物瓶中，出則離矣』……大逆不道，宜極重誅。」頁2278。
〔註33〕嵇康死於呂安事件：見《三國志》卷二十一，頁607。「康與東平呂昭子巽及巽
弟安親善。會巽淫安妻徐氏，而誣安不孝，囚之。安引康爲證，康義不負心，
保明其事，安亦至烈，有濟世志力。鍾會勸大將軍因此除之，遂殺安與康。」

然」。〔註34〕

換句話說，「有」「無」問題就是「名教」與「自然」的問題，玄學家企圖將魏、晉兩個「篡位」的朝代合法化，就在名教與自然兩個概念中周旋。結果不論是「越名教而任自然」（嵇康），「名教即自然」（郭象）……各式各樣的命題，都沒解決執政者的內在矛盾，反倒在人物品評、田園山水、詩歌繪畫中開出了美學的諸多面向。尤其從《世說新語》中，我們看到了當時名士們的生活陳述確確實實的「越名教而任自然」：「阮公鄰家婦，有美色，當壚酤酒，阮與王安豐常從婦飲酒，阮醉，便眠其婦側。夫始殊疑之，伺察，終無他意。（《世說新語‧任誕》，頁731）」。根據《晉書‧阮籍傳》記載：「籍本有濟世志，屬魏、晉之際，天下多故，名士少有全者，籍由是不與世事，遂酣飲為常。（頁1361）」「名士少有全者」足見執政者的政治人倫已到借刀殺人，剷除異己，不留餘地的地步。阮籍（210～263）在這種「天下多故」的環境裡，「醉」是最好的逃避。而選擇醉臥在美婦身旁，更見證了唯有「越名教而任自然」才能獲得精神上的自由，回歸人的原始本性，滿足於美的鑑賞。

再看「劉伶恆縱酒放達，或脫衣裸形在屋中，人見譏之。伶曰：『我以天地為棟宇，屋室為褌衣，諸君何為入我褌中？』（《世說新語‧任誕》，頁731）」「名教即自然」，一個有名有形的存在物，本該與存有者共舞，何需以屋宇褌衣隔絕？陸九淵（1139～1192）說得好：「宇宙不曾限隔人，人自限隔宇宙。」〔註35〕其實阮籍與劉伶（生卒年不詳），身為知識份子，他們多希望能濟世立業，但在現實的情境下，即使有高官厚祿，亦不敢就任。（曹爽曾召阮籍為參軍，阮籍以疾病推辭；劉伶強調無為而治，也以不見用罷去。）他們心裡是苦痛的，是無奈的。然而他們卻要超越苦痛，為自己的生活找出情趣，活出意義，只好在審美的管道中尋尋覓覓。我想，劉伶一定認為自己的身體很美，雖然書上說他「長六尺，貌其醜悴」〔註36〕《世說新語‧任誕》但亦言「伶處天地間，悠悠蕩蕩，無所用心。嘗與俗士相牾，其人攘袂而起，欲必築之。

〔註34〕湯一介《郭象與魏晉玄學》，台北：谷風出版社，1987，頁5。

〔註35〕楊家駱主編，《陸象山全集》，台北：世界書局，1990，頁256。

〔註36〕余嘉錫注，《世說新語箋疏》〈文學第四〉，頁252。「文選集注九十三公孫羅文選鈔，引藏榮緒晉書曰『劉靈父為太祖大將軍掾，有寵早之，靈長六尺，貌甚醜悴』」《晉書列傳第十九》，頁1375。「劉伶字伯倫沛國人也，身長六尺，容貌甚陋。」

伶和其色曰：『雞肋豈足以當尊拳！』其人不覺廢然而返。」〔註37〕可見他是很珍惜自己的身體的，知道它不堪一擊。同時他不在意別人的觀感，重視自己的精神自由，而「美」就在這身體的「有」（有形有體）和精神的「無」（無限自由）之間開顯。誠如袁濟喜在《六朝美學》中論王弼（226～249）的貴無論：

> 王弼的玄學本體論，奠定了魏晉南北朝哲學和美學的基本框架，它摧毀了兩漢的神學目的論，克服了王充氣一元論的局限，啓迪了人們注重把握和表現事物的內在精神美，改變了漢代審美崇尚模擬的狀況，大大的拓展了魏晉南北朝人的審美視野。〔註38〕

這種精神美的追求，成爲由玄學擺渡到美學的渡口。

二、美在「言」「意」之外

「言有盡而意無窮」〔註39〕該是從玄學中「言不盡意」〔註40〕的命題中蛻變出來的美學命題。王弼的本意是要說明「道」是不可以用言語表達清楚的。如果它可以說清楚，就可以替它命名了（有名），不必說「吾不知其名，強字之曰『道』」。（《老子・二十五章》，頁113）何況「可道之盛，未足以官天地；有形之極，未足以府萬物」〔註41〕。就算你能把道說得很清楚，也不了解它如何掌控天地；如果它擁有最大的形體，也不足以創生萬物，是故「名之不能當，稱之不能既」〔註42〕。所以「道」是「無名」且「無形」的，也就是無限的。既然「無名」且「無形」，就無從去分析，去言說。因爲「言之者失其常，名之者離其真」〔註43〕，所以「聖人不已言爲主，則不違其常，不以名爲常，則不離其真」〔註44〕，可見「言」是無法去「言道」的。換言

〔註37〕同上，《世說》引〈竹林七賢論〉，頁250。晉書作：「嘗醉與俗人相忤，其人攘袂奮拳而往，伶笑曰：『雞勒不足以安尊拳。』其人笑而止。」頁1367。

〔註38〕袁濟喜，《六朝美學》，北京：北京大學出版社，1999，頁129。

〔註39〕宋・嚴羽，《滄浪詩畫・詩辨》，金楓出版社，1999。

〔註40〕魏・王弼〈老子指略〉及〈周易略例〉，收錄於樓宇烈校釋《王弼集校釋》，台北：華正書局，1992。而後提及王弼注老皆出此書，只在文中注頁，不再列注。

〔註41〕同上，頁196。

〔註42〕同上。

〔註43〕同上。

〔註44〕同上。

之，無限就是無法用有限的言語去表述的。「言不盡意」的命題透過這般簡略的論述也可以成立。當然若透過「言－象－意」的關係：得象忘言，得意忘象，故得意忘言等複雜的邏輯推衍將更形完備〔註45〕。而本論文的重點在於這玄學的命題是如何和美學搭上線的，故不細論證，合先敘明。

> 既然如此，玄學家所要追求的，而且是體現在「聖人」的生活作為中的無限又如何達到呢？沒有別的，就是「言不盡意」，直接訴之於「忘言」「忘象」的內心體驗。正是在這一點上，玄學和美學貫通起來了。〔註46〕

依李澤厚的意思：

> 如果說從美學的觀點來看，玄學家以美為無限的表現，那麼玄學家所說得達到和把握無限的方法，即「言不盡意」、「得意在忘象」、「得象在忘言」的方法，講的正好是對美的主觀感受，亦即美感的特徵。〔註47〕

但，作為藝術家描摹的對象卻是有限的、具體的。那麼，如何將這有限的、具體的「物」，展現無限的精神，給鑑賞者美的感受？別無他法，只能感嘆「言不盡意」，鑑賞者，從個人對藝術品的領悟，去體會言、意之外的無限，從藝術素養中感受那份美。事實上，筆者以為重點在藝術家是否有這份能耐，讓鑑賞者有這份「言不盡意」的感受，這就是「氣」的涵泳問題，也就是本論文在之後的章節要討論的重心。

　　不過，李澤厚強調「玄學提出的『言不盡意』之所以和美學相通，也正在於玄學追求無限，但它追求的無限是體現在現實人生中的『聖人體無』和聖人的人格理想相關的無限。」〔註48〕如此，他無所謂的「言」不能盡的是「個體人格理想」。這條思路可能比藝術家創作的藝術品更信而有徵。《世說新語・言語》就有如是的記載：「庾法暢（嘉錫案：當作康法暢）造庾太尉，握塵尾至佳，公曰：『此至佳，那得在？』法暢曰：『廉者不求，貪者不與，故得在耳。』」一件美的用品要靠清廉的人不貪得，貪心的人又不屑擁有，才能長伴原主。康法暢「言」不能盡的「個體人格理想」其實就是美的超脫性。一個擁有美感的人，懂得欣賞勝過佔有，美的東西人人可以欣賞，不見得人

〔註45〕詳見李澤厚、劉綱紀《中國美學史》，安徽：安徽文藝出版社，1999，頁120～122。
〔註46〕同上，頁122。
〔註47〕同上。
〔註48〕同上，頁123。

人有財力佔有，所以國家才需要建美術館，滿足人民審美的需求。美，用心看就夠了。

　　「謝靈運好戴曲柄笠，孔隱士謂曰：『卿欲希心高遠，何不能遣曲蓋之貌？』謝答曰：『將不畏影者，未能忘懷。』（《世說新語·言語》，頁 160）」根據余嘉錫引程炎震考據：「古今注：『曲蓋，太公所作也。武王伐紂，大風折蓋。太公因折蓋之行而制曲蓋焉。』戰國常以賜將帥。」〔註49〕「曲蓋」之所以尊貴，因為它是帝王所賜，是身價與官位的代表。而靈運好戴的斗笠，「笠上有柄，曲而後垂，絕似曲蓋之形……故淳之譏其雖希心高遠，而不能忘情於軒冕也。靈運以為惟畏影者乃始惡跡，心苟漠然不以為意，何跡之足畏？如淳之言，將無猶有貴賤之形跡存於胸中，未能盡忘乎？」〔註50〕謝靈運戴斗笠時完全沒想到它像什麼，代表什麼？也許只因為這斗笠彎曲的線條很美，沒想到淳之「以己度人」出言相譏。靈運以真心誠意對應，說出了淳之的心病。謝氏「言」不能盡的「個體人格理想」，即精神上的無限自由，這就是美的真諦。當然，言外之意，不只是「個體人格理想」，「文氣說」中最能表現，容後再論。

三、美在「情」「性」之中

　　「情」字最早見於《尚書·康誥》〔註51〕：「天畏棐忱，民情大可見。」何善蒙依《尚書正義》之傳文：「天德可畏，以其輔成；人情大可觀，以小人難安。」由此推知，「情」即是就實際情況而言的。由於《尚書集註》中，無人特別解釋「情」字。屈萬里（1906～1979）在《尚書今註今譯》中就譯成「心情」〔註52〕。筆者認為後者較前者方便行事。〔註53〕可以和情的生發點

〔註49〕余嘉錫，《世說新語箋疏》，台北：華正書局，2003，頁 160。。

〔註50〕同上，頁 161。

〔註51〕何善蒙還指出《詩經·宛丘》亦是。《詩序》既說：「宛丘，刺幽公。」幽公，陳國之君。又朱熹《詩集傳》云：「國人見此人常遊盪於宛丘之上，故敘其事以刺之。」王靜芝認為「此人」當為陳之士大夫也，見《詩經通釋》，頁 279。不管怎麼說，〈宛丘〉出現應比〈康誥〉晚。故筆者只取《尚書·康誥》。

〔註52〕屈萬里注釋，《尚書今注今譯》，台北：台灣商務印書館，1997，頁 99。

〔註53〕此「方便」也是於事有據的。《逸周書·官人解》：「民有五氣，喜、怒、欲、懼、憂。喜氣內蓄，雖欲隱之，陽喜必見；怒氣內蓄，雖欲隱之，陽怒必見；欲氣、懼氣、憂悲之氣皆隱之，陽氣必見。五氣誠於中，發形於外，民情不可隱。」潘振云：「誠於中，形於外，民情不可隱，此色之所由形也。」足見此民情之「情」是指情感上的表現。黃懷信等，《逸周書彙校集注》，上海：

「心」直接連結。以至到戰國時期把「情」作「感情」〔註54〕解也能得到相承的脈絡，不必另生枝節。

　　情既由心所發，心根據什麼發情呢？性。「……道始於情，情生於性，始者近情，終者近義。」〔註55〕如此，性是情的根苗，義是情的花果。情近於義，則合性矣。「性」又是什麼？「喜怒悲哀之氣，性也。」〔註56〕心根據喜、怒、哀、悲之氣，外見於形，這外見的過程就叫做「動情」。而人之性是天所賦予，挑動這喜、怒、哀、悲之氣的是外物。「氣」是不能認知（或感受）外物的，知（或感）的領悟要靠「心」。換句話說；心認知（或感受）外物後，發動了性。性就將或喜、或怒、或哀、或悲之氣，流洩出來，就是「情」的呈顯。心在審美的過程中居主導位置。性是仲介，情是發顯。也就是從「審美主體之心」直接感受「審美客體」的美，在由「審美主體之性」發動「審美主體之情」，以完成審美體驗。

　　古典中國的「性」、「情」關係是和諧的。不管是儒家還是道家，咸以為「情」是人「性」的自然流露，是人生的真實感。兩者同質同構，兩位一體的。直到董仲舒「天人感應」理論出現，將情、性解體，與天道感應：「身之有性情也，若天之有陰陽也，言人之質而無其情，猶言天之陽而無其陰也。」〔註57〕言下之意，人之「性」猶天之「陽」，人之「情」如天之「陰」。陰、陽是兩面的，故性、情也該是兩面的。情、性從此二分。接著他又說：「身之名取諸天，天兩有陰陽之施，身亦兩有貪仁之性。天有陰陽禁，身有情欲袟，與天道一也。」（頁207）天分陰、陽布施萬物。人和天一樣，人性中有貪、有仁，人身中有情、欲。可是天懂得控制陰、陽之運行：「是以陰之行不得干春夏，而月之魄常厭於日光，乍全乍傷。」（頁207）也就是說，月為陰精，日為陽精，故月光生於日所照，魄生於日所蔽。春、夏是日光季節，陰氣無從干擾。故而人性中的「貪」，也應該被「仁」感化，去貪行仁。再說「天之禁陰如此，安得不損其欲而輟其情以應天。」（同上）天道如此，人怎能不節制自己的欲望、掌控自己的情緒去符應天意？在這般的推論下，「性」非全善，

上海古籍出版社，2007，頁778。

〔註54〕詳見何善蒙，《魏晉情論》，北京：光明日報出版社，2007，頁18。

〔註55〕劉昕嵐，〈郭店楚簡《性自命出》篇箋釋〉收於《郭店楚簡國際學術研討會論文集》，湖北：湖北人民出版社，2000，頁330。

〔註56〕同上。

〔註57〕蘇輿，《春秋繁露義證》，台北：河洛圖書出版社，1974，頁209。以後凡引用此書，皆只在文中註篇名及頁次，不再列注。

但「情」一定是惡的，否則何需「輆其情」？同時也否認了《性自命出》的「道始於情，情生於性」的命題。情不從「道」始，不由「性」生，而由「身」有，而「身」又含貪、仁之性。照「情惡」的說法，性中的貪是「情」，仁就是「性」了。可見情該是性中惡的部份，不爲性所生，而爲性所有。於是性、情對舉，成爲兩個對立的範疇。

　　到了魏晉，王弼的「聖人有情論」〔註58〕打破了「情惡」的理論，聖人都有情，怎能說情是惡的？《世說新語》載魏晉名士用情之深，已到生死以之的地步：

　　　王長史登茅山，大慟哭曰：「琅邪王伯輿，終當爲情死。」〈任誕〉，
　　　頁764——自我傷逝。

　　　王子猷、子敬俱病篤，而子敬先亡。子猷問左右：「何以都不聞消
　　　息？此已喪矣！」語時了不悲。便索輿來奔喪，都不哭。子敬素好
　　　琴，便徑入坐靈牀上，取子敬琴彈，弦既不調，擲地云：「子敬！子
　　　敬！人琴俱亡。」因慟絕良久，月餘亦卒。〈傷逝〉，頁645——手
　　　足之情

　　　阮籍當葬母，蒸一肥豚，飲酒二斗，然後臨訣，直言「窮矣」！都
　　　得一號，因吐血，廢頓良久。〈任誕〉，頁732——母子親情

　　　荀奉倩與婦至篤，冬月婦病熱，乃出中庭自取冷，還以身熨之。婦
　　　亡，奉倩後少時亦卒。〈惑溺〉，頁918——夫妻之情

　　　嵇康與呂安善，每一相思，千里命駕。……〈簡傲〉，頁769——
　　　朋友之情

　　　支道林喪法虔之後，精神實喪，風味轉墜。常謂人曰：「昔匠石廢
　　　斤於郢人，牙生輆絃於鍾子，推己外求，良不虛也！冥契既逝，發
　　　言莫賞，中心蘊結，余其亡矣！」卻後一年，支遂殞。〈傷逝〉，
　　　頁642——朋友之情

　　相思之情豈止讓嵇康（223～262）千里命駕？呂安事件，嵇康著著實實賠上性命。相遇、相知、相惜的知己，不僅是俗世凡夫，連方外之士，也難

〔註58〕「何晏以爲聖人無喜怒哀樂，其論甚精，鍾會等述之，弼與不同，以爲聖茂
　　　　　於人者神明也，同於人者五情也，神明茂故能體沖和以通無。五情同，故不
　　　　　能無哀樂以應物，然則，聖人之情，應物而無累於物者也。」樓宇烈校釋，《王
　　　　　弼集校釋》，台北：華正書局，1992，頁640。

超脫，支道林就是最好的見證。這樣的情，怎能是惡的？只是太悲戚了。王弼認爲「聖人之情，應物而無累於物者也。」〔註59〕的確，「應物而無累於物」才能哀而不傷，樂而不淫，才能和美連結。且看：

> 晉簡文爲撫軍時，所坐牀上塵不聽拂，見鼠行跡，視以爲佳。有參軍見鼠白日行，以手板批殺之，撫軍意色不說，門下起彈。教曰：『鼠被害，尚不能忘懷，今復以鼠損人，無乃不可乎？』（《世說新語·德行》，頁38）

簡文帝能應物而不累於物，所以他的情能收放自如，民胞物與的胸懷，使他愛及鼠輩，但以鼠損人，確實不合情理，傷及人性。簡文所言，正是性情之中的美。

> 過江諸人，每至美日，輒相邀新亭，藉卉飲宴。周侯中坐而歎曰：「風景不殊，正自有山河之異！」皆相視流淚。唯王丞相愀然變色曰：「當共戮力王室，克復神州，何至作楚囚相對？」（《世說新語·言語》，頁92）

丞相王導，當然也陶醉於山河風景之中，否則他不必參加這類飲宴。但，他能應物而不累於物，面對山河風景挑起的國破之痛，能積極以對。美就在良善的情性之中。

> 阮公鄰家婦有美色，當壚酤酒。阮與王安豐常從婦飲酒，阮醉，便眠其婦側。夫始殊疑之，伺察，終無他意。（《世說新語·任誕》，頁731）

人說酒能亂性，更何況美色當前？但阮籍不爲酒色所累。對應之、享受之，樂而不淫。眞自由也。美就在能超脫的情性之中。

即使是方外之人，也能從情性之中享受這份超脫的美感：

> 竺法深在簡文坐，劉尹問：「道人何以游朱門？」答曰：「君自見其朱門，貧道如游蓬戶。」（《世說新語·言語》，頁108）

當人類能不爲道德而道德，能隨心所欲而不踰矩，才能獲得眞正的自由，也才能眞正了解美的眞諦。

四、美在「形」「神」一統

形、神到底是「相合」還是「對舉」，一直是中國哲學史上長期爭辯的議

〔註59〕同上。

題。早期的形神問題簡單的說就是人鬼問題，先民認為人的靈魂不死，形軀腐朽後靈魂則為鬼。《左傳·昭公七年》趙景子問子產：「伯有猶能為鬼乎？」子產曰：「能。」因為子產立「伯有之子良子，使為大夫，有宗廟以撫之，鬼有所歸，則不為厲」。只要有人拜祭，就不至淪為厲鬼。這種思想，一直流傳至今，成為子孫祭拜先人的目的，甚至是人之所以有婚姻制度的緣由之一。這時期的形、神觀是宗教性的。

　　到莊子「有倫生於無形，精神生於道，形本生於精，而萬物以形相生。」（《莊子·知北遊》，頁 621）按馬敘倫（1885～1970）《莊子義證》，「倫」借為形。陳鼓應譯作「有形的萬物，是從無形中生出來的，萬物的精神由『道』而生，形質卻是從精氣中生出來的，而萬物是依各別的類型互相產生的。」〔註 60〕這已具哲學宇宙生成的意涵了。恰恰相反的是管子的稷下黃老學派認為「人之生也，天出其精，地出之形，合此以為人。」〔註 61〕雖〈內業〉和〈知北遊〉的形、神來源不同，但基本上都認為形神是「相合」的，「精神雖為生之本，但也要『形』來體現。」〔註 62〕所以在「生」時，形神是相合的，至於「死」後神是否隨形而滅，這又是宗教的領域，不在本論文探討範圍，姑且存而不論。不過筆者以為形神問題倒是魏晉玄學的引發點，因為魏晉玄學起於「人物品藻」〔註 63〕，而「人物品藻」中最需要觀察的就是人物的器度。這器度如何呈顯，就要看「神」的發用，而「神」要靠「形」來外現。不過，這裡所說的「神」，和前文所言，有些出入：「魏晉時的所謂『神』，則指的是由本體所發於起居語默之間的作用。」〔註 64〕這就落入賞美的欣趣了。《世說新語》所載的由「形」外現出來的神姿、神貌，都很令人神往：

> 王大將軍年少時，舊有田舍名，語音亦楚。武帝喚時賢共言伎藝事。人皆多有所知，唯王都無所關，意色殊惡，自言知打鼓吹。帝令取鼓與之，於坐振袖而起，揚槌奮擊，音節諧捷，神氣豪上，傍若無人。舉坐嘆其雄爽。（〈豪爽〉，頁 595）

〔註 60〕陳鼓應注譯，《莊子今註今譯》，台北：台灣商務印書館，1989，頁 626。
〔註 61〕陳鼓應，《管子四篇詮釋》，台北：三民書局，2003，頁 117。
〔註 62〕同上，頁 94。
〔註 63〕湯用彤，《湯用彤全集·六·魏晉玄學》，河北：河北人民出版社，2000，頁31。「由此言之，則玄學系統之建立有賴於言意之辨。但詳溯其源，則言意之辨實亦起於漢魏間之名學。名理之學源於評論人物。」
〔註 64〕徐復觀，《中國藝術精神》，台北：學生書局，1992，頁 155。

王太尉曰：「見裴令公精明朗然，籠蓋人上，非凡識也。」（〈賞譽〉，頁 434）

王戎云：「太尉神姿高徹，如瑤林瓊樹，自然是風塵外物。」（〈賞譽〉，頁 428）

庾子嵩目和嶠：「森森如千丈松，雖磊砢有節目，施之大廈，有棟梁之用。」（〈賞譽〉，頁 426）

王戎目山巨源：「如璞玉渾金，人皆欽其寶，莫知名其器。」（〈賞譽〉，頁 423）

王公目太尉：「巖巖清峙，壁立千仞。」（〈賞譽〉，頁 442）

時人目王右軍：「飄如遊雲，矯若驚龍。」（〈容止〉，頁 623）

王右軍見杜弘治，歎曰：「面如凝脂，眼如點漆，此神仙中人。」（〈容止〉，620）

嵇康身長七尺八寸，風姿特秀。見者歎曰：「蕭蕭肅肅，爽朗清舉。」或云：「肅肅如松下風，高而徐引。」山公曰：「嵇叔夜之為人也，巖巖若孤松之獨立；其醉也，傀俄若玉山之將崩。」（〈容止〉，頁 609）

這些以景或物作比的形容，留給讀者極大的想像空間。美，就在這空間裡流動。在這些品評裡，我們不難發現由人的形體，不僅能欣賞到人的神韻，還能掘發出人的才情。這些形、神、才、情都構成不同的「象」，而「象」的呈顯與氣和道的關聯，卻是一種內在聯結的循環結構，將在第五章細述。

五、小　結

　　玄學的概念之所以能過渡為美學的命題，只因奠基在同一理論發展上，就美而言，「大象無形」、「無聲勝有聲」都是「貴無」的玄學概念的延申；「言有盡而意無窮」是「言不盡意」的詮釋；「形神相親、表裡俱濟」〔註65〕是「越名教而任自然」精神自由的展現；「應物而不累於物」是「名教即自然」的性情一統。因此，玄學和魏晉美學的內在聯結是直線過渡的，魏晉美學是玄學孕育出的「理想」，是生命價值的提昇，去追尋另類的生命意義。

〔註65〕嵇康，〈養生論〉，收錄於嚴可均輯《全三國文・卷四十八》，北京：商務印書館，1999，頁 501。

第四章　「道、氣、象、物」之義涵

　　既然中國「美學」起於《老子》。那麼，我們討論道、氣、象、物的義涵，
原則上以《老子》對這等範疇的界定去言說。

　　《老子》的道、象、物，似乎是聯在一「氣」上說的。「道之爲物，惟恍
惟惚。惚兮恍兮，其中有象；恍兮惚兮，其中有物；窈兮冥兮，其中有精；
其精甚眞，其中有信。」（《老子‧廿一章》，頁 104）這裡面寫了三個範疇：
道、象、物，都在形容詞「恍惚」中存在。老子到底想說什麼？從「道之爲
物」看來，老子似將「道」視爲一個具有「物」之普遍原理的存在，如果把
「道」當作「物」來看，它是怎樣的狀況呢？如此，我們先得弄清《老子》
這裡的「物」指什麼？唐君毅（1909～1978）說：「中國哲學中之物一名主義，
則可同於西方哲學中之存在主義。物與物相關曰事。物無不與他物相關，而
無不有事，故物皆物事，事皆事物。」〔註1〕唐先生的意思是先肯定「物」是
一種存在，這個存在如果是孤立的就毫無意義，它一定要和他物發生關係。
他稱這個關係爲「事」。因此，事物是一個聯合式合義複詞，重點在事。我們
常說「待人接物」，其意就是指對待人和事的處理態度。這是唐先生對「物」
的一般定義。而這裡的「物」呢？應該指「道」。牟宗三（1909～1995）認爲
「道」一義，在道家上說不是實有層面的，而是作用層面的，老子不講「是
什麼」，而只講「如何」，把「如何」講通了，「是什麼」也就自然浮現。〔註2〕
其實牟先生的說法和唐先生是相通的，唐先生把「物」放在「事」上，也是

―――――――――――――――――

〔註1〕唐君毅，《中國哲學原理‧原道篇弍》，台北：台灣學生書局，1986，頁35。
〔註2〕詳見牟宗三，《中國哲學十九講‧第七講「道」之「作用的表象」》，台北：學
　　　生書局，1983，頁127～154。

強調「作用層面」吧！唯有從作用層面講，所有的關係才能聯繫出來。比如：本論文要說明的道、氣、象、物的內在聯結，也必須從作用層面上講才說得出所以然來。但，在談「關係」之前是不是先要肯定此對象確實存有？否則怎麼談得下去？因此，本章先從道、氣、象、物的義涵談起。

第一節　道　論

一、就字源說論道

　　說文：「𧾷，所行道也，从辵首，一達謂之道。」（頁 76）林義光（生卒年不詳）：「按首所象也，首亦聲。古作 𧾷 貉子尊彝癸。𧾷 从行首。或作散氏器。」〔註3〕馬敘倫較同意後者，認為「所行道也，非本訓。蓋本訓行也。」似把「道」作動詞用。並引商承祚（1902～1991）是「導」之古文佐證。〔註4〕但嚴一萍（1912～1987）引經據典，述其流變，仍把它視作名詞。〔註5〕但不管怎麼說，筆者認為就哲學意義上看，該把「道」視作名詞，因為它是靜態的，是最高範疇的實體。陰陽二氣是它的屬性，二氣的相摩相盪、交互流行是它的作用。萬物由是以成。

二、就哲學意涵論「道」

　　在《易經》《尚書》《詩經》等古文獻中，「道」仍作具體的道路講。到《老子》才賦予形上學的意涵，成為一個概念語詞。《論語》把「道」拉回人間倫理層面，討論人與天、人、物相處之理。接著的莊子的「坐忘」、孟子的「養氣」，將道提升到精神的追求。而後荀子兼綜兩家，將天道、人道分別看待，啟蒙了法家思想。再後的《管子》、《淮南子》乃至《春秋繁露》都可視為儒、道兩家的參互發明，只是一隅之偏的輕重比例不同而已。茲以哲學的視角分述於後：

<hr>

〔註3〕林義光，《文源卷十》，收錄於《金文文獻集成第十七冊》，香港：明石文化國際出版有限公司，2004，頁 54。

〔註4〕詳見馬敘倫，《說文解字六書疏證卷四》，北京：科學出版社，1955，頁 50。

〔註5〕詳見《中國文字》第二卷第七冊，頁 719～720 釋「道」。再見第四卷第十五冊，頁 1845～1849 再釋「道」。台北：國立台灣大學文學院中國文學系編印，1965。

（一）本體論

1. 真實的存有

在哲學範域裡，一個實體或一個概念是否是一個真實的存有？是個先要正視的問題。確立之後，才能討論這個存有的本質與屬性。這就叫本體論或存有學。因此，「道」是否是一個真實的存有，要先解決，才能進一步談它的本質與屬性。我們先看這一段引文：

> 老子哲學理論基礎是由「道」這個觀念開展出來的，而「道」的問題，事實上只是一個虛擬的問題。「道」所具有的種種特性和作用，都是老子所預設（presuppose）的。老子所預設的「道」，其實就是它在經驗世界中所體悟的道裡，統統附托給所謂「道」，以作為它的特性和作用。〔註6〕

陳鼓應先生這段話，很容易讓人落入虛無主義的思維，誤以為「道」是不真實的存有。其實，陳先生後文也論述老子的道「是指形而上的實存者〔註7〕」。所謂

> 實存是指真實的存在。這個真實存在的道，具有形而上的性格，我這裡說的「形而上」的性格是指它超現實、超經驗而言，也即是說，它不屬於形器世界的東西，它無確切的形體，也無適切的稱謂，我們無法用直接的感官去接觸它的存在。〔註8〕

可見陳先生是設自己之身處老子之地替老子代言的。如果真如陳先生所說，道，是老子從「經驗世界裡，體悟出的道理」，那麼，這些道裡既是經驗世界的產物，當然有它的真實性。老子認為「道」雖然看不見、摸不著，但卻感受得到它的存在。於是陳先生認為它是「形而上的實存者」。

在《老子》書中，老子很傳神的把這份感受描述出來。他感覺到「有物混成，先天地生。寂兮寥兮，獨立而不改，周行而不殆，可以為天地母。吾不知其名，強字之曰『道』。」（《老子‧廿五章》，頁 113）簡單的說，「道」是老子思維中推理和移情的投射，理性與感性的化合體，是一個真實的存有。

2.「道」的本質

「道」既然是個真實的存有。那麼，它的本質呢？是有？是無？是本？

〔註6〕陳鼓應，《老子今注今譯及評介》，台北：台灣商務印書館，1988，頁1。
〔註7〕同上。
〔註8〕同上，頁44。

是末？是可以言傳的？還是只能會意的？它是以怎樣的樣態存在著？老子提出「道」這個範疇的用意爲何？以下分別討論。

① 有無論

「道」可道，非常「道」，「名」可名，非常「名」。「無」，名天地之始；有，名萬物之母。(《老子・一章》，頁 47) 老子認爲，他所提出的「道」，不只是一般道理的「道」而已，它是個無法言說，也無從命名的東西，如果稱它爲「無」，它是天與地的始祖；如果稱它爲「有」，它就是孕育萬物的母親。王弼在《老子道德經注》中把「有」「無」的分界放在「形」和「名」上，「未形無名」之時爲「無」，「有形有名」之時爲「有」。而「道」在什麼時候才「有名有形」呢？誰知道！連莊子的後學在〈天地〉篇中仍說：「泰初有無，無有無名，一之所起，有一而未形。」(頁 341) 他們的思維仍在《老子》「先天地生，不知其名」的意向中，可是王弼卻從《老子》二十五章中看出端倪：「有物混成，先天地生。寂兮寥兮，獨立而不改，周行而不殆，可以爲天地母。吾不知其名，字之曰道，強爲之名曰大。」(頁 113)

老子不知這混成之物的名稱，只好肯定它是「道」，勉強給它一個「名」稱叫「大」。王弼認爲既然有「名」了，就可以定形，「大」雖大，但仍有「極」(限度)，故「道」是「有」，但在未「名之曰大」之前，「道」是「無」。因此，「道」既是「無」又是「有」，在天地未生之前它是「無」，生天地之後，它是「有」，故可孕育萬物。當然，這樣的解釋無非是因應當時政治上的需求，用以解釋「魏」立朝的合法性，魏取代漢是從「無」中生「有」的，符合「道」體。另一方面，也對曹魏「有爲」的施政方針，迂迴的提出抗議。於是強調「道」的本體是「無」，卻可以無中生有。王弼曰：「道者，無之稱也。無不通也，無不由也，況之曰道，寂然無體，不可爲象，是道不可體。」〔註9〕這樣的解釋。即使在字面上也不符合老子對「道」的描述。老子認爲：「道之爲物，惟恍惟惚，惚兮恍兮，其中有象；恍兮惚兮，其中有物。」道不僅可以爲「體」，更是可以爲「象」，甚至可以爲「物」的，絕不是「無」。於是「有無論」成了玄學的基本議題。

在王弼之前的何晏 (195～249) 已經提出「以無爲本」的命題。他說：「有之爲有，恃無以生；事而爲事，由無以成。夫道之而無語，名之而無名，視

〔註9〕 王弼，《論語疑釋・述而》，收錄於《王弼集校釋》，台北：華正書局，1992，頁 624。

之而無形，聽之而無聲，則道之全焉。」〔註 10〕第一個「道」當動詞，作言說講。第二個「道」是名詞，指老子所提的「道」。那個「道」既無法言說，又無法命名，既無形，又無聲，因此它的本質當然是「無」。「無」並不是不存在，因爲它是存在的「道」的本質，而「道」是個佔有時（永恆）、空（無限）的實體，是個通過抽象思維得出的概念。因此，「無」是存在的。爲什麼「無」可作爲道之體？何晏是這樣解釋的：「夫道者，惟無所有者也。自天地以來皆有所有矣；然猶謂之道者，以其能復用無所有也。」〔註 11〕無是道之體，有是道之用。天地間的所有「有」，都是由這個本體爲「無」的「道」生發出來作用，既然生發出來，就是「有」了，怎麼讓它返回「無」的本質呢？這個困擾何晏的問題，就等王弼來解決了。

　　這個問題基本上就是討論本體與現象界的問題，作爲本體的「道」是「無所有」的，和現象世界的「有所有」該如何相應？王弼排除了「恃無以生」的棘手問題，以「本末論」去聯結它。

　　他認爲「無」與「有」是同時並存的，不是本體的「無」，生發現象界的「有」後，就化爲烏有了。但它仍是個「無」，這個仍然存在的「無」就成了現象界「有」的根本了。所以「以無爲本，以有爲末」，是王弼用來聯結本體界與現象界關係的命題，這個命題，似乎比何晏提出的體用關係更上層樓。

② 本末論

> 王輔嗣弱冠詣裴徽，徽問曰：「夫無者，誠萬物之所資，聖人莫肯致言，而老子申之無已，何邪？」弼曰：「聖人體無，無又不可以訓，故言必及有：老、莊未免於有，恆訓，其所不足。」（《世說新語・文學》，頁 199）

　　依王弼之意，孔子不是不關注本體的問題，而是認爲本體的「無」靠現象界的「有」去彰顯。因此現象界只要依「道」而行就能井然有序，這才是重點。不必去追究本體究竟爲何？因爲人只要活得有意義，有價值，就彰顯了「道」的存有。這樣的理解，仍然未能把本體的「無」和現象的「有」完全契合成一體，仍然是談本體時它就是「道」的本質「無」，談現象時它就是從「無」生出來的「有」！至於「無」爲什麼能生出「有」，這種母子關係靠什麼成立？怎麼說都說不清楚。於是何晏就提出「道」仍是本體，仍是「無」，

〔註 10〕張湛注，《列子・天瑞篇》，引何晏《道論》，台北：世界書局，1969，頁 3。
〔註 11〕張湛注，《列子・仲尼篇》，引何晏《無名論》，同上，頁 41。

現象界的一切「有」，是「道」的發用。「有」「無」之間就是體用關係。至於這個體用關係爲什麼可以成立？爲什麼「無」這個「體」，可以有偌大的作用，「用」出整個五彩繽紛，光怪陸離的世界？這些問題要到宋明理學的「體用一源」命題出現，才獲得解決。

但，王弼已經意識到這一點了。他利用《莊子・天下篇》所說的「明於本數，係於末度」（頁932）的概念，把「道」體「無」和現象界的「有」，放在同一棵樹上，「無」是樹根，「有」是枝葉。枝繁葉茂，卻是同根而生。「無」是本，「有」是末。那麼本體界和現象界是同體的，不可切割的。如此，就輕而易舉的解決了「有」「無」兩橛的問題。「道」的本質雖是「無」，但它不是生出萬物之「有」後，就消失的東西。它是「本」，是永遠同時和萬物並存的。因此，他作了一個結論：「《老子》之書，其幾乎可以一言而蔽之。噫！崇本息末而已矣。」〔註12〕息，氣息，爲生命之源，可以作統帥講。要以「道」去統帥現象界的一切。

其次，王弼亦把「有生於無」的關係，視作母子關係。筆者認爲不妥。因爲母子仍是兩個個體，若以母作本體，子作現象界，那麼這兩造仍是割裂現象，不若本末關係來得妥貼。但不論是「以無爲本」、「崇本息末」、「守母存子」都是把「無」作爲道的本體，以「無」爲貴。對這種理論的認同，逐漸淪爲浮虛放蕩的士子行爲偏差的學理支柱。針對這一點，裴頠（267～300）提出「崇有論」。「頠疾世俗尙虛無之理，故著《崇有》二論以折之」（《世說新語・文學》引《晉諸公贊》，頁202）。《晉書・裴頠傳》說：「頠深患時俗放蕩，不尊儒術，何晏、阮籍素有高名於世，口談浮虛，不遵禮法，屍祿耽寵，仕不事事；至王衍之徒，聲譽太盛，位高勢重，不以物務自嬰，遂相放效，風教陵遲，乃著崇有之論以釋其蔽。」（頁1044）把裴頠的苦心說個明白。用心雖苦，但直接把現象界的「有」，視作「道」的本體，是不是《老子》的本意，值得質疑。

然而這一切詮釋，在1993年10月，湖北荊門郭店一號楚墓中的三種甲、乙、丙《老子》摘抄本（以後簡稱簡本）後，得到圓滿的結束。簡本甲對應王弼本第四十章：「天下之勿（物）生於又（有），生於亡。」表示天下萬物既生於有，又生於無。根據丁原植對《老子》書中「有」「無」的研究，把它

〔註12〕〈老子指略〉，收錄於樓宇烈，《王弼集校釋》，頁198。

理解爲一組對立相生的觀念〔註13〕。陳鼓應也認爲：「按簡本文句看來，『有』『無』關係是對等的，是用以指稱道體之一體兩面的一對本體論範疇。」〔註14〕如此，「有無」只是對道體本身的形容而已，並非說明本體和現象之間的關係。那麼，「體用」、「本末」、「母子」等等詮釋，該走入歷史。

③ 言意論

「道可道，非常道」，《老子》開宗明義，就說明它的「道」是不可言傳的。《莊子‧天道》篇更作進一步的闡釋：「世之所貴道者，書也，書不過語，語有貴也。語之所貴者，意也，意有所隨。意之所隨者，不可以言傳也。」成玄英疏曰：「意之所出，從道而來，道既非色非聲，故不可以言傳說。」〔註15〕明白的說明了「道」體只可會意不可言傳。

爲什麼只可會意，不可言傳？這就牽涉到言能不能盡意的問題。曾春海老師認爲：「王弼的言意之辨屬認識論，係奠基於本體論的本末有無之辨上，以無全有之無，是無所不在，妙用無窮的本體……經驗界的概念名言對『道』之體用不足以盡言和盡意。」〔註16〕王弼之所以作如是觀，得自《周易‧繫辭上》第十二章：「子曰：書不盡言，言不盡意，然則聖人之意，其不可見乎？子曰：聖人立象以盡意，設卦以盡情僞，繫辭焉以盡其言。」（頁446）的啓發。對聖人所書之言，所立的象，所表之意作了如是的剖析：「夫象者，出意者也。言者，明象者也。盡意莫若象，盡象莫若言，言生於象，故可循言以觀象；象生於意，故可以循象以觀意。意以象盡，象以言著。」（《周易略例》，頁609）顯而易見的，王弼認爲言、象、意的內在聯結是以言立象；循象觀意。至於居於中介的「象」，是不是能完全盡「意」？而「言」是不是可以完全的以「象」表出？這就是王弼要進一步陳述的，因爲他所謂的象不只是具象而已，抽象的象是否能盡意，更是哲學上要追究的問題。他說：「是故觸類可爲其象，合義可爲其徵。義苟在健，何必馬乎？類苟在順，何必牛乎？爻苟合順，何必坤乃爲牛？義苟應健，何必乾乃爲馬？而或者定馬於乾，案文責卦，

〔註13〕詳見丁原植《郭店竹簡老子釋析與研究（增修版）》，台北：萬卷樓圖書有限公司，1999，頁227～235。

〔註14〕陳鼓應，《老莊新論》修訂版，台北：五南圖書出版股份有限公司，2006，頁46。

〔註15〕《南華眞經注疏》，頁280。

〔註16〕曾春海，《兩漢魏晉哲學史》增訂版，台北：五南圖書出版股份有限公司，2008，頁174。

有馬無乾，責僞說滋漫，難可紀矣。」（同上）乾健坤順，以抽象的卦象表出，是否眞能完全達意？「遂及卦變，變又不足，推至五行。一失其原，巧愈彌甚。從復或値，而義無所取。蓋存象忘意之由也。忘象以求其意，義斯見矣！」（同上）象不能達意，愈推愈遠，更失其義，這都因爲心裡只想著「象」，忽略了「意」的緣故，所以要「忘象以求其意」。換句話說，「象」是不能完全達意的。推前一步，言就不能盡意了。故荀粲提出「言不能盡意」，即使「道」中有「象」（第廿一章），「象」也不能完全表達「道」之意，更何況「言」？而王弼就提出更積極的解蔽方法就是「得意忘象」。

王弼論述的「得意忘象論」和後來歐陽建（約 268～300）提出的「言盡於意論」所討論的對象不同。後者側重點在人世間的客觀事物，不是形而上的道體〔註17〕。既然與「道」無關，本論文不作論述。

3.「道」的性徵

① 絕對

「道」是絕對的實體，無物能與之相對。「有物混成，先天地生，寂兮寥兮，獨立而不改，周行而不殆。」（《老子·廿五章》，頁113）「獨立而不改」表述「道」的唯一性，「周行而不殆」表述「道」的永恆性。一切事物皆有所對待，唯「道」是絕對的唯一。

② 自然

「道」即自然。「『道』之尊，『德』之貴，夫莫之命而常自然。」（《老子·五十一章》，頁175）「夏侯玄曰：『天地以自然運，聖人以自然用。』自然者，道也。」〔註18〕對廿五章「道法自然」的注解河上公曰：「『道』性自然，無所法也。」〔註19〕董思靖也說：「『道』貫三才，其體自然而已。」〔註20〕吳澄仍然說：「『道』之所以大，以其自然，故曰『法自然』。非『道』之外別有自然也。」〔註21〕這些老學專家咸以爲「道」就是自然。王弼還把自然作了注解：「自然者，無稱之言，窮極之辭也。」〔註22〕說明自然也是個無法言說，

〔註17〕詳見曾春海主編，《中國哲學概論》，台北：五南圖書出版股份有限公司，2005，頁110～111。
〔註18〕陳鼓應，，《老子今注今譯及評介》，台北：台灣商務印書館，1988，頁116。
〔註19〕同上。
〔註20〕同上。
〔註21〕同上。
〔註22〕樓宇烈，《王弼集校釋》，台北：華正書局，1992，頁65。

無法追究的辭彙，樓宇烈在校釋中，引洪頤煊《讀書叢錄》：「王弼云：『言天地之道，並不相達，自然無稱窮極之辭，道是智慧靈巧之號。』」〔註23〕可見自然是無所不包的，道亦在其中。

　　③ 虛靜

　　「道」是虛靜的。《老子》在十四章中描述「道」是：「視之不見……聽之不聞……搏之不得……無狀之狀……無物之象……迎之不見其首；隨之不見其後。」（頁82）是如此的幽深虛靜，精妙玄通，不可捉摸。所以體「道」的人就要了解「道」的虛靜特徵，以「致虛靜，守靜篤」的工夫（《老子·十六章》，頁 89）去消解心機偽智，回歸本根，本根就是一種虛靜狀態，「歸根曰靜」（同上）。其實所謂的虛靜，落實來說就是「無為」，「夫虛靜恬淡寂漠無為者，天地之本，萬物之本也。」（《莊子·天道》，頁371）『道』常無為，而無不為。」（《老子·三十七章》，頁 144）。莊子說的明白些：「無為為之之謂道。」（〈天地〉，頁328）「道」雖然生天地，育萬物。但，它只是靜靜的呆在那裡，用它的「氣」去作為。范應元說：「虛靜恬淡，『無為』也。天、地、人、物得之以運行生育者，『無不為』也。」（《老子·三十七章》，頁 144）真是貼切的詮釋。

　　④ 規律

　　「道」是大自然運行的規律。「夫道，於大不終，於小不遺，故萬物備。」（《莊子·天道》，頁 390）「道」在大自然之內，默默的操作著大自然的變化。大自然運行之所以如此循環反復，春夏秋多，白晝黑夜，日月盈虧，潮汐漲落，既不脫序，也不止息，就是這種規律運作的結果。《易·繫辭上》說：

　　　　是故剛柔相摩，八卦相盪。鼓之以雷霆，潤之以風雨。日月運行，一寒一暑。乾道成男，坤道成女……乾以易知，坤以簡能……易知則有親，易從則有功。有親則可久，有功則可大。可久則賢人之德，可大則賢仁之業。（頁418～419）

　　又進一步把這份結果，移諸人事。於是「道」在儒、道兩家的會通下，其規律已貫穿天、人，成為普遍的規律。

　　（二）生成論

　　「道」的本質既是「無」，是「本」，是一個靜態的實體，它和現象界的

〔註23〕同上。

關係就靠它的屬性——陰陽二氣作媒介。陰陽二氣相摩相盪，大化流行，產生天地萬物，使「道」具有如下的功能：

1. 宇宙的本原

有物混成，先天地生。寂兮寥兮，獨立而不改，周行而不殆，可以為天地母。吾不知其名，字之曰道。（《老子·二十五章》，頁133）

道生一，一生二，二生三，三生萬物。萬物負陰而抱陽，沖氣以為和。（《老子·四十二章》，頁158）

道生之，德畜之，物形之，勢成之。是以萬物莫不尊道而貴德。道之尊，德之貴，夫莫之命而常自然。故道生之，德畜之；長之育之；成之熟之；養之覆之。生而不有，為而不恃，長而不宰。（《老子·五十一章》，頁175）

夫道，有情有信，無為無形；可傳而不可受，可得而不可見；自本自根，未有天地，自古以固存；神鬼神帝，生天生地；在太極之先而不為高，在六極之下而不為深，先天地生而不為久，長於上古而不為老。（《莊子·大宗師》，頁199）

萬物所出，造於太一，……道也者，至精也，不可為形，不可為名，彊為之，謂之太一。（《呂氏春秋·卷五·仲夏紀·二曰大樂》，頁124～126）

夫道者，覆天載地，廓四方，柝八極，高不可際，深不可測，包裹天地，稟授無形。（《淮南子·原道訓》，頁1）

道者，一立而萬物生。（同上，頁12）

夫太上之道，生萬物而不有，成化像而弗宰。（同上，頁2）

這些文獻，都記載著先哲以「道」為宇宙本原的觀念，顯而易見的這些觀念的始祖是《老子》，老子認為道是無形無質的，沒有任何侷限性，可大可久，可先可後，可以含蓋萬事萬物的差別性，所以它可以作為宇宙的本原。以後的莊周、呂不韋、淮南王承襲這條脈絡，並加以深化。《淮南子》更將道化生宇宙的過程，透過想像描述得層次分明：

天墜未形，馮馮翼翼，洞洞灟灟，故曰太昭。道始于虛霩，虛霩生宇宙，宇宙生氣。氣有涯垠，清陽者薄靡而為天（按：象也），重濁者凝滯而為地（按：象也）。清妙之合專易，重濁之凝竭難，故

天先成而地後定。天地之襲精爲陰陽（按：氣也），陰陽之專精爲
四時（按：氣也），四時之散精爲萬物。積陽之熱氣生火（按：物
也），火氣之精者爲日（按：物也）；積陰之寒氣爲水（按：物也），
水氣之精者爲月（按：物也）。日月之淫爲精者爲星辰（按：物也）。
（〈卷三・天文訓〉，頁35）

在天地未形成之前，就有一個「道」存在，道在「馮馮翼翼，洞洞灟灟」的
情況下，產生宇宙。宇宙生氣，氣的陰陽摩盪產生日、月、星、辰……一層
層從無形到有形；從抽象到具象。「道」由「氣」的流行藉著「象」而成「物」
的過程，已經很完整的呈現了。

2. 大自然的律則

《韓非子・解老》：「道者，萬物之所以然，萬理之所稽也。」（頁896）
道既是萬物生成的原理，又是各種規律的依據，我們就分這兩方面說明：

① 循環

大自然變化的律則皆存於道中，大自然的運動就是返本復初，春去夏來，
而秋而冬，冬去春又來，夏、秋接踵而至，如此反復循環不已。《老子》認爲：
「氣」依著「道」，周流不息，化生萬物後，就離道越來越遠，但由於它是循
環式的運動，最後一定要回到原點，再繼續下去，所以它說：「有物混成……
周行而不殆……強字之日『道』，強爲之名日『大』，大日逝，逝日遠，遠日
反。」（陳鼓應認爲強爲之「名」的「名」用「容」字較妥（頁114），筆者以
爲高見。）老子爲什麼這麼想？筆者以爲這和先民心中「天圓地方」的思想
有關；跟對大自然的虛、靜感受吻合。爲什麼叫天空，天就是空虛的，因其
空虛，故可容物；地是安靜的，因其安靜，故可待物。〔註24〕而天地由「道」
而生，它的特質就是道的性質。它的變化就是「道」的律則。萬物也是按照
「道」的屬性——「氣」的流行而生生不息。「道者，萬物之所由也，庶物失
之者死，得之者生。」〔註25〕（《莊子・漁父》）可見大自然的律則就是「道」。
遵循「道」的律則，萬物就生長茁壯，否則便自取滅亡。

② 對待

大自然的律則除了循環不已外，就是相互消長。日有陰晴，月有圓缺。
放諸人事，更加顯著，「天下皆知美之爲美，斯惡已；皆知善之爲善，斯不善

〔註24〕《管子・心術上》：「天之道虛，地之道靜。」頁675。
〔註25〕郭象注，《南華眞經注疏》，北京：中華書局，1998，頁588。

己。故有無相生，難易相成，長短相形，高下相顧，音聲相和，前後相隨。」（《老子・二章》）老子認爲觀念是對待性的產生，因爲人事間的事物是「比較」出來的，有高就有低；有美就有醜。爲什麼覺得這個東西美？因爲其他東西不如它美。美醜的觀念是同時產生的。高低、長短、上下，乃至於禍福都是如此。而禍福卻是操之在天，難以從人事上預料。「禍兮福之所倚；福兮，禍之所伏。」（《老子・五十八章》）禍中有福，福中有禍，非聖人，不能明察也。

到了莊子，他就把人世間的對待關係泯除了，他認爲「道」是自然而無所對待的，彼、此、是、非是心靈認知活動，由認知所得的分別，並不是客觀事物的屬性。〈齊物論〉整篇，闡明這個道理。其中最經典的句子：「是亦彼也，彼亦是也。彼亦一是非，此亦一是非。果且有彼是乎哉？果且無彼是乎哉？彼是莫得其偶，謂之道樞。」（頁 61）把「道」的本眞說得透徹，大自然的一切律則，說到最後就是萬物自身之本然之境地。道家的「道」，最基本的義涵就是自然。

《管子》：「天道之數，至則反，盛則衰。」（〈重令〉，頁 288）；《呂氏春秋》：「至長反短，至短反長，天之道也。」（〈似順〉，頁 792）以及《淮南子》的「天地之道，極則反，盈則損」（〈泰族訓〉，頁 352），基本上仍承襲道家思想。到董仲舒的《春秋繁露》發揮到極至，但仍脫離不了以「天之道，有序有時，有度有節，變而有常，反而相奉，微而致遠，踔而致精，一而少積蓄，廣而寬，虛而盈。」（〈天容・第四十五〉，頁 234）去詮釋老子廿五章的道理。對大自然運行的規律，同樣的落在「天之道，終而復始」（〈陰陽始終・第四十八〉，頁 239）上。

3. 社會的規範

道家談「道」多在形上範疇。儒家關注的是人倫日用，國計民生。因此儒家談道是從天道落到人道上，企圖用「道」之理樹立社會的規範，建立一個井然有序的安定社會。社會的規範如果只靠外在的束縛，結果必不能持之以久，又不能不欺漏室，這樣的道德就不是自然而然的了。這就是法家和儒家根本的差異，儒家在建立規範之前最希望的是道德內在化。唯其如此，規範才有其根本的作用。因此，儒家把教育當做首務，教忠、教孝、教禮、教義，而忠、孝、禮、義的終始點就是仁。社會的規範，能在以仁爲心，以禮爲形，誠於心，形於外的和諧情境下進行著，靠的就是教育。孔子因此被尊

奉爲素王，也證明了教育的力量。

「仁」何以能成爲內在的道德力量？根據董仲舒的說法是依於天道來的，「天兩有陰陽之施，身亦有貪、仁之性」。「仁」是在人之性中，所以「仁」是天賦，但天也賦給我們「貪」之性。去貪存仁，就是教育的工作了。正如韋政通所說，「就天賦的特性言，它是普遍的，就每一個自我的體驗和實踐言，它是具體的。當個體印證了它的存在時，具體遂與普遍合一，成就了所謂『具體的普遍性』。」〔註26〕這個普遍性，就成了人人咸具的內在力量，經由教化，實踐在人際關係中，成爲一種社會的規範。

當然，道家也在講人道，只是把重心放在個人的超脫上，在欲求精神絕對自由的前提下，擺脫情、欲的誘惑，直與天地同遊。但，基本上，這類意境的追求，仍要以仁作爲內在的力量。因此，道家也是講仁的，只是講法和儒家不同。

① 儒、道的仁觀

「仁」是儒學的核心。《論語》一書處處談仁，只差沒給它一個絕對的定義。孔子依弟子的個性、當時提問的情境，給問仁者不同的答覆。唯一相同的意向就是要求踐履，不屑空談。比如：「顏淵問『仁』。子曰：『克己復禮爲仁。一日克己復禮，天下歸仁焉，爲仁由己，而由人乎哉？』顏淵曰：『請問其目？』子曰：『非禮勿視，非禮勿聽，非禮勿言，非禮勿動。』」（〈顏淵〉，頁195）這是就個人修養言以禮攝仁。顏淵（521～490B.C.）已經是德性科的第一名弟子，孔子希望他更上層樓，給予更深的指導，也知道他能力行。仲弓（522～？B.C.）問仁，孔子答爲：「己所不欲，勿施於人。」（同上）。子貢（520～456B.C.）也問仁，孔子答爲：「己欲立而立人，己欲達而達人。」（〈雍也〉，頁132）孔子認爲仲弓和子貢都是行政人才〔註27〕，故以「爲政之道」勉勵他們〔註28〕。司馬牛（生卒年不詳）多言而躁，孔子就說：「仁者，其言也訒。」（〈顏淵〉，頁196）樊遲（515或505～？B.C.）得到的答案是「愛人」（同上，頁206）在〈雍也〉〈子路〉樊遲又問，答覆也不同：「仁者，先難而後獲」（頁129）「居處恭，執事敬，與人忠。」（頁216）此外，〈憲問〉：「剛

〔註26〕 韋政通，《中國思想史》，台北：水牛圖書出版事業有限公司，1992，頁75。

〔註27〕 〈雍也〉：「雍也可使南面。」（頁120）「賜也達，於從政何有？」（頁123）

〔註28〕 孔子知道子貢做不到。子貢曰：「我不欲人之加諸我也，吾亦欲無加諸人」子曰：「賜也，非爾所及也」（〈公冶長〉，頁112）

毅木訥，近仁」（頁 220）不過，孔子認爲仁的最高境界，仍該落在「施政」的作爲上，因此，盛讚堯、舜、禹、湯、文、武、周公〔註 29〕，連曾經被他鄙爲器小的管仲（約 725〜645）〔註 30〕，也說：「微管仲，吾其披髮左衽矣！」「桓公九合諸侯，不以兵車，管仲之力也。如其仁！如其仁！」（〈憲問〉，頁 228〜229）的確，國泰，民才能安；民安，才能行道，社會規範才起作用。不過，孔子對仁政只提出結果性的評論〔註 31〕，並無具體實施的方法。到了孟子才提出「與民同樂」（〈梁惠王下〉，頁 327〜333）「市，廛而不征，法而不廛……關，譏而不征……耕者，助而不稅……廛，無夫里之布……」（〈公孫丑上〉，頁 375）以及「什一之賦」（〈滕文公上〉，頁 415）等等施政方針，使孔子的理想國境界落實。再者，孔子雖然力倡以禮樂治國，但「人而不仁如禮何？人而不仁如樂何？」（〈八佾〉，頁 85）可見仁心仍然比禮制重要。因此，顏淵死，子哭之慟，而門人欲厚葬之，孔子認爲貧而厚葬，非禮，故曰：「不可！」但門人仍厚葬之。孔子並未嚴加制止。這些權變，彰顯了原始儒學的韌性與彈性，成爲中國哲學思維的基調。

王弼通行本的《老子》：「大道廢有仁義。」（〈十八章〉，頁 96）「絕仁棄義，民復孝慈。」（〈十九章〉，頁 97）王弼的解釋都把仁義作「有形之物〔註 32〕」頗具貶義。導致後學者都以爲道家鄙棄仁義，直到《簡本》問世。《老子·丙本》對應王弼本第十八章：「古（故）大道癹（廢）安有悬（仁）義？六新（親）不和，安有孝挙（慈）邦豕（家）緍（昏）安又（有）正臣？」「安有仁義？」顯然是反問語氣。表示：大道廢時，是沒有仁義的。依道而行時才講仁義，可見道家的仁義之行出現在「大道行」的時候。〈甲本〉對應王弼本第十九章：「（絕）智棄卞（辯），民利百伓（倍）；（絕）攷（巧）棄利，（盜）惻（賊）（有）（絕）（僞）棄慮，民复（復）季（孝）子（慈）。」全章沒提到「絕仁棄義」。民復孝慈是在「絕僞棄慮」的結果。通行本「絕仁棄義」觀

〔註 29〕 子曰：「大哉，堯之爲君也！巍巍乎，唯天爲大，唯堯則之！蕩蕩乎，民無能名焉！巍巍乎，其有成功也！煥乎，其有文章！」（〈泰伯〉，頁 155）子曰：「禹，吾無閒然矣！菲飲食，而致孝乎鬼神；惡衣服，而致美乎黻冕；卑宮室，而盡力乎溝洫。禹，吾無間矣！」（同上，頁 157）

〔註 30〕 子曰：「管仲之器小哉」（〈八佾〉，頁 94）

〔註 31〕 如：「博施於民，而能濟衆」（〈述而〉，頁 132）「修己以安百姓」（〈衛靈公〉，頁 230）

〔註 32〕 王弼解「大道廢，有仁義」曰：「失無爲之事，更以施慧立善，道進物也。」樓宇烈校釋：「道進物也。」意爲失道立純樸而進於有形之物。（頁 44）

念「似乎表明它經過某個道家後來學派思想的改造〔註33〕」。我們既然從文獻中認知《老子》並無「棄仁絕義」的思想，就得進一步研究，道家是如何看待「仁」這個字。

　　道家的仁觀是把「仁」放在天地的境界，「由天地境界俯瞰人生，以道的無限來化解人心拘執的有限對待，其仁義觀，亦於焉呈現。」〔註34〕道家談仁，不只侷限在二人相親，視人如己的意思。而是從天地的視角，任其自然，「天地不仁，以萬物爲芻狗；聖人不仁，以百姓爲芻狗。」（〈五章〉，頁59）依丁原植先生的考證，《簡本》對照起來，在此章中並無上段文字，只見於1973年於長沙馬王堆漢墓出土的帛書及今王弼的通行本中。而丁先生也不敢斷言那一本是祖本：

> 何謂《老子》的原始文本？我們實際上無法作答。但不論是簡文《老子》，或是其他見於今日的各種文本，都在戰國期間，經過後人的增衍改編……雖然我們提出這種設想與猜測，簡文的資料仍然可能僅是一種節錄，也就是簡文此章的抄寫是摘錄了類似帛書《老子》文本第五章的資料。〔註35〕

既然如此，我們姑且把這一段也視爲《老子》的仁觀。

　　「天地不仁，以萬物爲芻狗；聖人不仁，以百姓爲芻狗。」這裡連著提出兩個「不仁」，意思是一樣的。陳鼓應先生說：「天地不仁，表面上的否定形式，透過老子『正言若反』的逆向思維，已轉爲正面的視『仁』爲天地萬物活潑生趣的展現，寓涵在『道』一體無親，『綿綿若存』的生化力量中。」〔註36〕這段話不只說明了「仁」在《老子》中的意涵，更重要的是和「道」聯結，將它提升到和「道」同等的功能和地位。移之人世間也是一樣，聖人效法天道，他的「仁」也是無偏無私，無異於物，純任自然，毫無成見，無強制性的。然而，老子也說：「與善仁」（〈八章〉，頁66）「與」，憨山說：「與

〔註33〕丁原植《郭店竹簡老子釋析與研究（增修版）》，台北：萬卷樓圖書有限公司，1999，頁18。
〔註34〕陳鼓應，《老莊新論》修訂版，台北：五南圖書出版股份有限公司，2006，頁47。
〔註35〕丁原植《郭店竹簡老子釋析與研究（增修版）》，台北：萬卷樓圖書有限公司，1999，頁158。
〔註36〕陳鼓應，《老莊新論》修訂版，台北：五南圖書出版股份有限公司，2006，頁47。

猶相與，謂與物相與。」〔註37〕人與人、物相交相接以仁爲善。可見《老子》也談平凡人的「仁」道，只是本章在《簡本》上找不到對應篇，是否眞是《老子》的初衷，只得存而不論了。

其次，在前段提到王弼通行本第十九章及帛書甲、乙本中「絕仁棄義、民復孝慈」在簡文中是「絕僞棄慮、民復孝慈」，學者以之證明《老子》並非否定仁義的。雖然，我們無法肯定那一種版本是祖本，但是按簡本及帛書甲本對應通行本十八章：「故大道廢，安（案）有仁義。」來看，《老子》的仁義，的確是建築在他的「道」觀上的，他的「道」落實在人生上仍然是無造作的自然。因此，它的仁義觀該是「絕僞棄慮」。所以筆者同意「帛書兩本與通行各本的《老子》所出現的『絕仁棄義』句，應當不屬於《老子》的原始資料〔註38〕」的結論。

莊子對《老子》的仁觀有所發揮，在「天地不仁」上，他說：「澤及萬世而不爲仁」（〈大宗師〉，頁 223），也強調天地的無心造作而自然「澤及萬世」。又說「大仁不仁」（〈齊物論〉，頁 83），「至仁無親」（〈天運〉，頁 399，又見〈庚桑楚〉，頁 672）都表示「聖人不仁」之意。不過他較多正面的說法，比如：「天無不覆，地無不載」（〈德充符〉，頁 169），說明天地之仁是全面的，如果只覆載某一方，就不是眞正的仁了。「仁常而不周」（〈齊物論〉，頁 83），常就是經常，仁若經常顧及一處，就不能周全，當然就不合「道」體了。莊子的後學對人事的「仁」，說得較具體：「不能容人者無親，無親者盡人。」（〈庚桑楚〉，頁 663）不能容人者，當然是不能行仁的仁，不能行仁的仁無法與人親愛，不能愛人的人，就是棄絕別人，放逐自我的人。足見「愛」是「仁」的具體行動。甚至更明白地講：「愛人利物之謂仁。」（〈天地〉，頁 328）這和儒家的「仁者，愛人」不是一條路數？在〈駢姆〉篇中「意！仁義其非人情乎」意，成玄英疏作「噫，嗟歎之聲也，夫仁義之情，出自天理，率性有之，非由放效。」〔註39〕這樣的解釋，幾乎是儒道合流了。

② 儒、道的禮觀

社會規範的內在力量靠仁，而外在的表現就是禮了。孔子紹承往聖，尤

〔註37〕釋德清，《老子道德經憨山注》，台中：慈光圖書館出版，2010，頁 50。
〔註38〕丁原植《郭店竹簡老子釋析與研究（增修版）》，台北：萬卷樓圖書有限公司，1999，頁 17。
〔註39〕郭象注，成玄英疏《南華眞經注疏》，北京：中華書局，1998，頁 185。

其對周公的禮樂治國，心嚮往之。《論語・顏淵》孔子對顏淵問仁的回答就是「克己復禮」（頁 194），已把「仁」和「禮」結合成一體。所以林放問禮之本時，子曰：「大哉問！禮，與其奢也，寧儉。喪，與其易也，寧戚。」（〈八佾〉，頁 86）足見儒家講禮也不刻意於繁文縟節的，這種精神和道家是相通的。只是以「禮」作爲社會的規範，形式上仍然要制定些規矩。這些規矩，反應著人性的需求，久而久之，成了制度，正如：《淮南子》所載：「民有好色之性，故有大婚之禮，有飲食之性，故有大饗之誼，有喜樂之性，故有鐘鼓筦絃之音，有悲哀之性，故有衰絰哭踊之節。故先王之制法也，因民之所好而爲之節文者也。」（頁 350）除了這些人之大節外，生活中的言行舉止，喜怒哀樂，從《論語・鄉黨》中所記載孔子的起居作息，可見一斑。

當然在先秦典籍中記載禮的文獻，不勝枚舉。就學理上說《荀子》的〈禮論〉就是一篇洋洋灑灑的說理文字，從人性的需要說到禮的本質，從本質說到形式，再從形式回到人性的需求。完整而深入，堪稱文理兼備的傑作。當然最具體而微的精典作品要屬《禮經》，《禮經》包括《周禮》、《儀禮》和《禮記》三本講禮的書。《周禮》記的是一套理想的建國制度。《儀禮》是講先民的生活禮儀、行爲規範。《禮記》是記載禮的理論和之所以要行禮的原因、目的和理想。前兩本可能與時具移，至今我們要看儒家的禮觀，《禮記》一書是最基本也是最完備的資料了。

先秦的典籍，一直是維繫社會人心的內、外力量。東漢章帝時爲使經義統一，以符合政治上的需求：

> 中元元年詔書，《五經》章句煩多，議欲減省。……於是下太常，
> 將、大夫、博士、議郎、郎官及諸生、諸儒會白虎觀，講《五經》
> 同異，使五官中郎將魏應承制問，侍中淳於恭奏，帝親稱制臨決，
> 如孝宣甘露石渠故事，作《白虎議奏》。（《後漢書・肅宗孝章帝
> 紀》，頁 139）

後來班固據此編成《白虎通義》〔註 40〕，其中第八卷的三綱六紀〔註 41〕，幾乎成爲中國人立身處世的原則。之所以定此綱紀，基本上仍是因應人性的要

〔註 40〕「天子會諸侯講論五經，作白虎通德經，令固撰集其事。」《漢書・班彪列傳下・子固》，頁 1372。根據劉師培的考證，《白虎通德論》即《白虎通義》，詳見〈白虎通義源流考〉，收錄於陳立撰，《白虎通疏證》，北京：中華書局，1997，頁 783。

〔註 41〕詳見《白虎通疏證》，頁 373～380。

求：「因其寧家室、樂妻子，教之以順，故父子有親；因其喜朋友而教之以悌，故長幼有序。……入學庠序以修人倫。此皆人之所有於性。」（《淮南子‧泰族訓》，頁350～351）這種以「性」爲本，以「禮」爲末，以「教育」爲體，以「綱紀」爲用的「禮制」，一直是鴻儒努力的方向。可惜最後淪爲教條，演變成「吃人的禮教」，實在不是儒者的初衷。

總之，儒家的禮觀是以「仁」爲核心，以「相對待」爲原則，「君君、臣臣、父父、子子」。（《論語‧顏淵》，頁201）君義臣忠、父慈子孝、夫正婦順，並沒有「絕對」的概念，最後所謂的「吃人」，該是有心人操弄扭曲的結果，令人慨嘆！

道家的禮觀也是和仁觀結合的。前文論及道家的「仁」是將「天道」的無私無爲，任其自然的本質，落實於「人道」上。因此，對「禮」更重視內心的眞誠。如果繁瑣到成爲一種無奈的負荷，則失去行禮的意義。「上禮爲之而莫之應，則攘臂而扔之。」（《老子‧三十八章》，頁145）崇尚禮的人，叫別人行禮，如果別人不照著做，就伸出手臂去強迫他，這樣行禮，是違背「道」的。所以老子很感慨的說：「故失道而後德，失德而後仁，失仁而後義，失義而後禮。」（同上）老子把「道」置於最前，「禮」放在最後。陳述這種失落是透過層層階梯下降而來，這樣的層級聯結關係，正是道家思維的主軸。由內心逐漸外顯於行爲上。因此，老子的禮觀，完全依「道」而行，追求的就是自由、自在的自然。

這點《莊子》發揮得最徹底，它認爲拘於俗行禮，不可能自然。禮貴眞，失眞則一切走調：「強哭者雖悲不哀，強怒者雖嚴不威，強親者雖笑不和。」〔註42〕哭而不哀；怒而不威；笑而不和，連孔子也認爲不是禮之眞意，不是禮之本，不予苟同，何況一心追求精神自由的《莊子》？其次，他認爲「眞」的呈顯就是「適」。「事親以適爲主，功成之美，無一其迹矣。」〔註43〕無一其迹矣，就是自然，不留下一絲痕跡。適，就是舒適，人最舒適的狀態，還是自然。自然的極限就是「忘」，「忘」不是忘記、忘掉，而是自然的落入一種安然順處的舒適情境中。這就是《莊子》所謂的禮，不是當時周文疲憊後淪於外在行儀的文飾之禮。〈天道〉篇雖將禮法並舉：「禮法度數，形名比詳，

〔註42〕郭象注，成玄英疏《南華眞經注疏》，北京：中華書局，1998，頁586。
〔註43〕同上。

治之末也。」〔註44〕成玄英疏：「用此等法以養蒼生，治乖淳古，故爲治末也。」以禮法治國是最劣等的手段，對禮法之義，亦是貶辭。隔頁又提到：「禮法度數，形名比詳，古人有之，此下之所以事上，非上之所以畜下也。」成玄英疏：「寄羣才而不親預，故是臣下之術，非主上養民之道。」〔註45〕也不是贊同的聲音。若「禮」牽連到「法」，更不是老莊道家的本意。

　　不過，莊子後學既提出了「法」字，可見當時道家學子已意識到「法」的存在及其重要性。稷下道家就提出「道生法」的概念，但仍以「禮」爲中間環節：「故禮出乎義，義出乎理，理因乎道也。法者所以同出，不得不然也，故殺僇禁誅以一之也。故事督乎法，法出乎權，權出乎道。」〔註46〕上天有好生之德，故「道」不問殺戮，「法」不得已而權衡之。仍以「道」爲歸依。至於「禮」，既出乎義，義者，宜也。宜的尺寸當在人情、義理，故「禮者，因人之情，緣義之禮。」（〈心術〉，頁 672）這樣的禮觀其實和前文所言的老莊流派是一致的。

　　最後，我們要探究一下，老子提出「道」作爲他的哲學軸心，用義在哪？「老莊所建立的最高概念是道；他們的目的，是要精神上與道爲一體，亦即是所謂『體道』，因而形成『道』的人生觀，抱著道的生活態度，以安頓現實的生活。」〔註47〕就這方面講，「雖然老、莊較之儒家，是富於思辨地形上學的性格，但其出發點及歸宿點，依然是落實於現實人生之上。」〔註48〕足見老子提出「道」不只是玩思辨的遊戲，仍是想替無常多變的人生找個安身的立足點，這幾乎是所有讀書人的追求。「夫體道者，天下之君子所繫焉」（〈知北遊〉，頁 631）就是明證。可見儒道兩家所言的「道」，其終極標的是一致的。

（三）小結——本體論和生成論的融合

　　本節論「道」，就哲學義涵說，雖畫爲本體、生成分別論述。但總體說來，中國哲學的本體論和宇宙論是息息相連的。每個時代的「道」觀，都有不同

〔註44〕同上，頁 270。
〔註45〕同上，頁 273～274。
〔註46〕湯孝純注譯，《新譯管子讀本下》〈心術上〉，頁 637。句中「義出乎理，理因乎道也」，原文作「理因乎宜」。郭沫若，《管子集校》，香港：龍門書店，1973，頁 644。認爲當作「理因乎道」。陳鼓應先生採此，故筆者亦如是引用。而後《管子》章句皆引自此書，只在文中注篇名及頁次。
〔註47〕徐復觀，《中國藝術精神》，台北：學生書局，1992，頁 48。
〔註48〕同上，頁，46。

的側重點。早期偏向天道，漸漸趨向人道，荀子將天道、人道相分，董仲舒卻用天人感應的理論，把天和人合為一體。王弼注《老子道德經》、《周易》，並作《論語釋疑》極力找出「道」的本來面目，把「道」的本質定為「無」，結果社會氛圍淪於浮虛委靡，裴頠力挽狂瀾，力倡「崇有」，有、無之爭到了郭象（？～312）獨化論出現才得到調和。〔註49〕這些先哲的成就，就是本節的論點。

　　總結前文的論述只有一句話：「道」，既是宇宙萬物的本源又是大自然與人世間的律則，是中國哲學的最高範疇。移之於美學，它仍是藝術創作的指南，藝術家藉由對它的理解，創作呼喚人類性靈的作品，不論是什麼時代，什麼潮流，都有它「道」之所在。

第二節　氣　論

一、就存有學角度談氣的存在

　　存有學是探討存在本體問題，也就是談此一存有的本質和屬性。這個存有是概念上的存有，而不是個別的、具體的存有。從現象界的存有中，找出共相，以了解事物的普遍性，作為對個別物的認識。先前曾討論過，「道」生「一」的「一」就是「氣」，可見「氣」是由「道」而來的，而「道」是個「惟恍惟惚」的東西。(《老子·廿一章》，頁104) 在「惚兮恍兮，其中有象」(同上)，吳澄以為這個「象」，就是可見的「氣」〔註50〕。而「道」是一存有，那麼其中的「象」，必然是個存有，而「象」又是可見的「氣」，表示「氣」要先存在才有「象」可見。如此，它的存在無庸置疑。那麼，它是怎樣的存有？物質的？精神的？具體的？抽象的？要解決這個問題，無法直接證明，只好用逆推法，看看它的本質和屬性適合那一種存有。如果我們先假設它是物質性的。那麼先談它的本質。本質可分「質」和「能」兩個面向討論。

（一）就「質」上說

1. 字源說

〔註49〕詳見張立文主編，《道》「道範疇的演變」，北京：中國人民大學出版社，1996，頁5～11。
〔註50〕吳澄，《道德真經注》，收錄於《奧雅堂叢書卷之二》，頁1。

　　要了解它的「質」，仍得從字源說談起。早在殷商甲骨文中已經出現了「三」字，但無「氣」字，而「三」作「乞求」講。〔註51〕到許慎（約58～147）的《說文解字》有「氣」字了，卻是這樣說的：「氣，饋客之芻米也，從米气聲。」〔註52〕根據先師魯實先（1919～1977）教授的解說：

> 形聲字，聲必兼義，是為正例，其有聲文不示義者，厥有四類：1.
> 狀聲之字（如：叮噹、雞、鴨、鵝）2. 識音之字（如：珏音ㄐㄩㄝ
> ˊ，玉有瑕疵者，王有聲無義）。又：名從異俗（如：楚人謂躍曰
> 蹠，庶不具蹠義）3. 方國之名（如：鄭國之鄭，並無「置祭」之義。）
>
> 4. 假借之文（如：喘，耑有聲無義。）〔註53〕

檢視「氣……从米气聲」不在四類之列。故「气」必兼「氣」之義。氣既是「饋客之芻米」，與「气」何干？試想：以之饋客，必定是煮熟的，煮時冒「氣」是必然現象，因此「氣」解釋為「蒸氣」是合理的推論。不論是烟氣或蒸氣都是一種物質（物質可有三態：固態、液態、氣態）何況按照人類思考發展的進程，思想一個詞（即使是單詞）的意念表出，並定是由其具體意義開始，漸漸發展出其抽象意義。難怪李存山對于省吾（1896～1984）的考證持有異議。

　　于省吾認為「卜辭既為三，其用法有三：一為气求之乞，一讀為迄至之气，一讀為終止之訖。」而「气」這個字在甲骨文、金文中並無作名詞義出現，故而斷言春秋及其前並無名詞義的「气」字。〔註54〕而李存山也引經據典，從先秦文獻及辭書中證明不是這樣的。〔註55〕筆者認為不論烟氣、蒸氣都該在人類懂得用火以後，因此，《說文解字》釋气：「气雲气也，象形」（頁20），該是氣之原始義。因為人類出生以後，最先接觸的當然是大自然。「古

〔註51〕气，甲骨文作三，卜辭：「三尞于」尞，《說文》「尞，柴祭天也。」李存山認為：「气字本為象形指物名詞，它之所以有乞求的動詞意義，我想可能與中國古代多用積柴焚燒人牲，以烟氣向神求祈的祭祀方式有關。」這種推論，殊合情理。李存山，《中國氣論探討與發微》，北京：中國社會科學出版社，1990，頁19。

〔註52〕段玉裁，《說文解字注》，台北：藝文印書館，1965，頁336。而後引此書，只在文中注頁次，不另列注。

〔註53〕魯實先，《假借溯源》，台北：文史哲出版社，1973，頁35～45。

〔註54〕于省吾，《雙劍誃陰契駢枝·釋氣》，北京：中華書局，2009，頁56～58。

〔註55〕詳見李存山，《中國氣論探討與發微》，北京：中國社會科學出版社，1990，頁15～21。

者庖犧氏之王天下也，仰則觀於天，俯則觀法於地……始作八卦」《說文解字‧序》八卦當然在文字之前，但黃帝時史官倉頡也是仿鳥獸之跡書寫，以「隨體詰詘」先造出象形文字〔註56〕來。因此，張立文二話不說，就直接釐定：「气是象形字，其形象雲氣之貌，雲氣之形較雲輕微，其流動如野馬流水，其多至層層疊疊，故氣字以筆劃彎曲象其流動之形，而以三劃象其多層重疊……雲氣是氣的原始意義。」〔註57〕這段解釋，深契我心。

從字源說，我們已經肯定气的原始義就是雲氣。

2. 論本質及屬性

就本質上說，氣是不是一種物質性的存有？檢視中國典籍，最早出現「氣」字的該在《周禮》（《周禮》成書約在春秋初期，最粗略的估計約西元前 772～476 年間。）其中〈天官家宰〉討論人的生理情況：「以五氣、五聲、五色視其生死。」（頁833）接著又說：「以五氣養之……以苦養氣……以動其氣，觀其所發而養之。」（頁834）凡是疾病的發生及治療，都提及「氣」。看來，氣是形構人體的元素之一，該是一種物質。

接著〈秋官小司寇〉：「一曰辭聽，二曰色聽，三曰氣聽，四曰耳聽，五曰目聽。」（頁1086）聽民之獄訟要觀此五者以求民情，此處的氣和耳、目、辭、色一樣，也是人身的一部分，仍是物質。〈冬官考工記〉：「天有時，地有氣，材有美，工有巧……材美工巧，然而不良，則不時，不得地氣也。」（頁1134）這裡的地氣還是物質。

《左傳‧昭公元年》的六氣：「六氣曰陰、陽、風、雨、晦、明也，分為四時，序為五節，過則為災。」（頁2211）此六氣說的氣仍是物質。

《國語‧周語上》伯陽父以西周三川（涇水、渭水、洛水）皆震，論周將亡，他的立論點是：「夫天地之氣，不失其序；若過其序，民亂之也。」（頁28）地震的原因就是氣失其序：「陽伏而不能出，陰迫而不能烝」（同上）這裡的氣，仍然是物質層面的。

《易傳》之名雖始於宋儒，而其書寫之內容，早見於漢儒之典籍中。〔註58〕其中〈文言〉乾掛九五：「同聲相應，同氣相求。」（頁155）就其下文：「水

〔註56〕〈說文解字序〉一曰指事，二曰象形，三曰形聲，四曰會意，五曰轉注，六曰假借。魯老師認為排序錯誤，正確次序是：象形、象事、象意、象聲、轉注、假借，徵諸幼童畫圖即知。

〔註57〕張立文主編，《氣》，台北：漢興書局，1994，頁21。

〔註58〕詳見錢穆，《論十翼非孔子作》，見《古文辨》第三冊。

流就濕，火就燥」的文法結構而言，「聲」、「氣」、「水」、「火」都是物質。再看〈繫辭上〉：「精氣爲物，遊魂爲變。」（頁 423）已然將「精氣」視作形構人身的物質。〈說卦〉：「山澤通氣。」（頁 486）的「氣」就該解釋爲字源說上的本義「雲氣」了。當然還是物質。

《論語》中提到的「氣」有四義，依序爲：「出辭氣」（〈泰伯〉，頁 149）指聲調；「屏氣似不息者」（〈鄉黨〉，頁 172）指呼吸之氣息；「不使勝食氣」（同上，頁 175）指風氣；「血氣未定……血氣方剛……血氣既衰」（〈季氏〉，頁 261）指和血一起形成的物質。除了「風氣」較抽象外，其餘的氣仍在物質層面。

《孟子》擴充了血氣的概念，提出浩然之氣。這「氣」就脫離了物質層面，提昇成精神實體了。

《老子》談氣只三處，依序爲：「專氣致柔」（〈十章〉，頁 70）；「沖氣以爲和」（〈四十二章〉，頁 159）；「心使氣曰強」（〈五十五章〉，頁 184）。大抵第一和第三指構成人形體的元素，第二指天地間陰陽二氣，三者仍是物質性的。《莊子》追求人生意境，除了「合氣於漠」（〈應帝王〉，頁 237），「人之生，氣之聚……故萬物一也。」（〈知北遊〉，頁 611）以及〈至樂〉論其妻身亡（頁 495）皆指形氣外，其他如：「聽之以氣」（〈人間世〉，頁 129）之氣已有意識了。而「吾衡氣也」（〈應帝王〉，頁 243）已臻精神境界了。

由這些經典看來，先民的思維進程，最早視氣爲一物質元素，逐漸提升，轉化成精神的實體。然而，在中國經典中，只有描述，沒下定義，何以這樣的描述表示氣的物質性？那樣的卻已臻精神層次？全靠讀者對章句理解作判斷。如果要精準些，我們不妨藉用懷德海（Alfred North Whitehead，1864～1947）在《科學與近代世界》中陳述科學唯物論者對物質的界說：

> 有一種不以人的意志爲轉移的和不能爲人所知的物質存在。這種物質，也可以說是一種在外型流變下，充滿空間的質料，這種質料本身沒有知覺、價值和目的。它所表現的一切就是它所表現的一切，它根據外在關係，加給它的固定規則來行動。這種規則並不是從它本身所以能存在的性質中産生出來的。〔註59〕

如果我們把「氣」當作這段話中的物質套入，看看氣是不是具有這般的性質：

①「氣」是一種不以人的意志而轉移又不能爲人所知的物質存在。

〔註59〕懷德海著、何欣譯《科學與近代世界》，北京：商務印書館，1997，頁 18。

《管子‧白心》：「天不爲一物枉其時……天行其所行，而萬物被其利。」
（頁 629）管子認爲天時運轉不爲個別的、偶然的事故而改變。所謂的天時的
運轉就是陰陽之氣的交互作用。那麼人的意志是否可以改變它呢？《管子‧
乘馬》說得很清楚：「春秋冬夏，陰陽之推移也。時之短長，陰陽之利用也；
日夜之易，陰陽之化也；然則陰陽正矣，雖不正，有餘不可損，不足不可益
也。天地莫之能損益也。」（頁 70）

陰陽二氣的律動，成就了宇宙的秩序。即使偶而有些偏差（不正），讓季
節變化、晝夜交替有些脫序，人也無法改變（損益）它。因爲它就是一切，
一切就是它。大自然不可能被人的意志所擺佈。

誠然，氣更是不能爲人知的存在。即使在今日科學如此昌明的時代，空
氣的成分可以被分析得一清二楚，卻仍然不了解，這些成分是如何調配得如
此適合萬物生存而它的變化更是不能被人理解，風、雨、陰、晴、冷、熱，
任其自然而然。即使在科學儀器高度發揮作用的時下，天氣預報仍有偏差。

②「氣」是一種在外形流變下，充滿空間的質料。

的確，從最原始討論氣的文獻看來，這該是氣的第一性。自《說文解字》
將「气」解釋爲雲氣後，對「气」的解說就是「气之形與雲同，但析言之，
則山川初出者爲气，升於天者爲雲，合觀之，則气乃雲之散漫，雲乃气之濃
斂。」〔註60〕既是「雲之散漫」，理當充滿天地之間。至於爲何一物質能充滿
於整個空間，而無間隙？依照惠施（？～310B.C.）「至大無外，至小無內」（《莊
子‧天下》，頁 968）的定義，只有至大而又至小的東西才是無法度量而又不
能被分割的，它可以滿佔整個空間。而氣的無形無狀，確實是無法度量其面
積和體積，而又不可分割的，正符合此定義。如此，當然可以和萬物共佔一
空間。「天之道，虛其無形。虛則不屈，無形則無所位迕，無所位迕，故徧流
萬物而不變。」（《管子‧心術上》，頁 672）原文是描述天之道的，說道因爲
無形，所以無物可以和它位迕（牴觸），基於「氣源於道」〔註61〕的理論，氣

<hr />

〔註60〕 張立文主編，《氣》，台北：漢興書局，1994，頁 21。
〔註61〕 幾乎論「氣」的所有哲學家研究者都這般說。從徵引《易傳》《管子‧黃老四
篇》、河上公的注老、《淮南子》的〈原道訓〉〈天文訓〉乃至王充的元氣論，
各種資料顯示而來。不過《管子‧內業篇》中提到「氣，道乃生，生乃思，
思乃知，知乃止」的論點，有些學者認爲指的是精神現象，筆者認爲氣是從
道中提供人生命，有生命才有思維，有思維才有智慧，有智慧才能行止合宜。
所以人的精神活動是因氣化後才產生，氣本身仍是一種物質元素。又《淮南

雖不是「道」，但從「道」而來，當然具有「道」的性徵，就如同子女像父母一般。所以張立文說：「人們在認識氣體的過程中，認識到有一種飄浮不定的，無處不在的東西，便逐漸形成了『氣』的思想。」〔註62〕足見，氣是一種充滿空間的流動物質。

　　③「氣」本身沒有知覺、價值和目的。

　　氣既然是一種自然而然的物質，它的知覺、價值與目的皆是人對它的體悟所賦予，由於各個思想家領悟的面向不同，它的知覺、價值和目的也就不同。「氣」概念之所以愈來愈豐富，端賴哲人們對它的認知日趨深化。《左傳》中的氣已是一種能導致其他事物運動變化的物質。〔註63〕氣的運行，產生春、夏、秋、冬的四季變化。產生金、木、水、火、土五種元素相勝相生的次序。《國語·周語上》記載了：「西周三川皆震，伯陽父論周將亡。」〔註64〕伯陽父認為陰陽二氣不能協調而導致大地震，進而水流不暢土地乾枯，百姓就缺乏財用，國家豈能不亡？如此便將氣的價值從大自然提升到人文高度。

　　④「氣」是根據外在關係，加給它的固定規則來行動。這種規則並不是它本身所以能存在的性質中產生出來的。

　　這一點需要特別討論。先秦哲人將氣分為陰陽兩屬性，氣的流動就讓這陰氣與陽氣相摩相盪，交互相感，發生作用，至於它如何交感，先哲們從觀察到體悟，找出一個原理去說明它，比如老子提出「道」，朱熹提出「理」。這「道」和「理」是不是外在加給它的規則呢？顯然不是，否則王符就不會說：「是故『道』、『德』之用，莫大於氣，道者，氣之根也，氣者，道之使也，必有其根，其氣乃生，必有其使，變化乃成。」〔註65〕氣與道的關係是本末、體用的相依。道是本、是體，氣是末、是用。道給氣的運行規則絕不是外加的，而是內在性的體用一源即本即末的互動。氣按照道的規律運作，道靠氣的作用彰顯。「是故天本諸陽，地本諸陰，人本中和，三才異務，相待而成，

　　子·天文訓》：「道曰規始於一，一而不生，故分而為陰陽，陰陽合而萬物生，故曰：一生二，二生三，三生萬物。」河上公也是這般注老。後世學者亦從此說。

〔註62〕張立文主編，《氣》，台北：漢興書局，1994，頁20。

〔註63〕比如：《左傳》昭公元年：「六氣曰陰、陽、風、雨、晦、明也。分為四時，序為五節。」唐文治，《十三經讀本》，初刻，台北：新文豐，1980，頁2211。而後再引《左傳》章句皆出自此書，只在文中注頁次，不另列注。

〔註64〕左丘明著，秦峰譯注，《譯注國語》，南昌：江西高校出版社，1998，頁28。

〔註65〕汪繼培箋，彭鐸校正，《潛夫論箋校正》，北京：中華書局，1985，頁367。

各循其道，和氣乃臻，機衡乃平。」〔註66〕道（氣）－天－地－人，道中之氣陰陽絪縕，化育天地及人類，好像天主教「三位一體」的奧秘。李志林說：

> 它（按：指氣）的發展與變化的動力乃在於其本身固有的矛盾，而
> 非得自外來的力量，在它之外，實在無他物可言……這與西方唯物
> 論的作為構成萬物的，具有惰性和慣性的，不具有內在動力，要靠
> 外來推動的物質元素和基質，是截然不同的。〔註67〕

該是很理性的思維、很中肯的評論。足見道中的氣本身就含蘊著陰陽兩屬性，而這種性質不需要外力的給予即可產生規則性的運動。

不過光以懷德海一段文字討論也許單薄些。十八世紀的法國無神論的唯物主義哲學家《百科全書》的主編狄德羅（Denis Diderot，1713～1784）在〈達朗貝和狄德羅的談話〉中，曾以蛋作比喻：

> 這個蛋是什麼呢？在胚芽進來以前，是一塊沒有感覺的東西，在胚
> 芽進來以後又是個什麼呢？還是一塊沒有感覺的東西。因為這個胚
> 芽本身也只是一種呆板的、粗糙的液體，這塊東西是怎樣過渡到另
> 一種組織，過渡到感受性，過渡到生命的呢？依靠溫度。什麼東西
> 會產生溫度呢？運動。〔註68〕

可見狄德羅認為物質會自己運動的，所以他的結論是：「物質是永恆的，運動是物質的屬性。」〔註69〕同時，「物質具有自己內在的運動能力，運動已經成為物質存在的一種型態，物質當然要運動，有運動就有變化，運動是變化的基礎。」〔註70〕因此，藉著運動，「氣」就從物質轉化到精神層次了。

我們找西方理論來對應，並不是靠它背書，而是強調中國理論的先在性、一致性。中國氣論學者把氣提昇到生命層次是在春秋戰國時期，大約在西元前三、四百年左右，而西方直到十八世紀才有如是領悟。

（二）就「能」上說

「氣」作為一種物質的存有，它的最大「能」就是動，能夠移動，前面我們說過它的流動不靠外力，是它內部的陰陽兩種屬性摩盪交感，作為自己

〔註66〕同上，頁366。
〔註67〕李志林，《氣論與傳統思維方式》，上海：學林出版社，1990，頁16。
〔註68〕江天驥，陳修齋，王太慶譯，《狄德羅哲學選集》，北京：商務印書館，2009，頁142。
〔註69〕葛力，《十八世紀法國哲學》，北京：社會科學文獻出版社，頁425。
〔註70〕同上，頁429。

的存在方式。而這種存在方式是動中有靜的，是和諧共處的。《莊子・田子方》：
「至陽肅肅，至陰赫赫，肅肅出乎天，赫赫發乎地；兩者交通成和而物生焉。」
（頁 590）莊子認為陰陽二氣「交通成和」才能「物生」。可見此二氣一定要
和諧共存，不管如河的流動交通，它們都該是「和諧」的。這就是本論文的
核心論點，因為它直接影響到中國人的審美觀——中和。先看張立文怎麼說：

> 「氣」字產生後，便在人類的實踐和認識過程中逐步擴展其涵
> 義……一是引申表示絪縕聚散，形成萬物之氣……二是引申表示人
> 的噓吸氣息……三是引申表示人的血氣……四是引申表示人的道德
> 精神，如和氣、勇氣、志氣、骨氣等，以及表示日月星辰、天地山
> 川等自然氣象。氣字的原始義意引申擴大到天地人物的廣泛層面，
> 使自然、社會、人及其道德精神獲得統一的物質基礎。〔註71〕

這樣的歸納，得之於氣在「能」上的變化。可以從不同的層次了解氣的
作用。如果按存有的四個層次：物質→生命→意識→精神劃分。氣該在那一
個層次呢？在中國哲人的思維裡是兼而有之的。首先它是化育萬物的元素，
居物質層次。其次它是人之血氣，屬生命層次。〔註72〕再來莊子認為人之志
要能聽之以氣〔註73〕，該屬意識層次。最後孟子所養的浩然之氣〔註74〕與莊
子的逍遙無待〔註75〕已臻精神層次了。氣游走於這四層次之間，盡情發揮它
的能量，讓人類生命不斷提升其意義與價值。

接著，我們又要進一步問了，物質可以產生精神能量嗎？如果「氣」已
臻精神境界，仍然叫物質嗎？看看經驗主義大師洛克（John Locke，1632～
1704）怎麼說：

> 我們有物質和思維兩個觀念，但是很可能永遠不知道一個僅僅是物

〔註71〕張立文主編，《氣》，台北：漢興書局，1994，頁 22～23。

〔註72〕《論語・季氏》孔子曰：「君子有三戒：少之時，血氣未定，戒之在色；及其
　　　壯也，血氣方剛，戒之在鬥；及其老也，血氣既衰，戒之在得。」氣在此已
　　　得其「生命」。

〔註73〕《莊子・人世間》「若一志，無聽之以耳，而聽之以心，無聽之以心而聽之以
　　　氣！聽止於耳，心止於符。氣也者，虛而待物者也。」「氣」在此已得其「意
　　　識」。

〔註74〕《孟子・公孫丑上》「我知言，我善養吾浩然之氣。」「其為氣也，至大至剛，
　　　以直養而無害，則塞於天地之間，其為氣也，配義與道，無是，餒也。」

〔註75〕《莊子・逍遙遊》「若夫乘天地之正，而御六氣之辯，以遊無窮者，彼且惡乎
　　　待哉！」儒、道兩家皆賦予其「精神」生命。

質的東西是否能思維？……我們既可以設想，上帝如果高興的話，就能把一種思維能力加到物質上，也同樣可以設想，上帝能夠把另一種能思維的實體加到物質上；因為我們不知道思維究竟寄托在什麼東西裡面，也不知道全能之主高興把這種能力賦給哪種實體……〔註76〕

　　洛克的困惑大概是西方持心物二元論者的共同困惑。而他的解決辦法──交給上帝──也是他們共同的解決方式。而中國哲人就不一樣了，他們認為心物不是二元的，神形是可以相互感通的，而感通的仲介就是氣。「氣，道乃生，生乃思，思乃知，知乃止矣。」（《管子・內業》，頁 822）管子認為氣從道上得到生命，有生命就能思維，能思維就有知識，有知識就能提昇生命的境界，臻於至善。可見氣貫神形，既是物質又是精神的載體。王充又以譬喻進一步說明「人之精神，藏於形體之內，猶粟米在囊橐之中也。死而形體朽、精氣散，猶囊橐穿敗，粟米棄出也。」（《論衡・論死》，頁 873）也沒有心、物二元的煩惱。

　　於是，李存山做出結論：「肯定物質能夠思維，精神不是物質以外的另一種實體，這是中國氣論哲學的合理思想。」〔註77〕而這個「合理思想」，西方一直要到十八世紀狄德羅出現，才見端倪，狄德羅說：「生命只是物質運動和轉化的產生……靈魂是精神，精神依附於物質，不能脫離物質而獨立存在，物質能夠創造精神」。〔註78〕同時代的孔狄亞克（Etienne Bonnot de Condillac，1715～1780）也說：「靈魂儘管是單純的，它卻非依靠形體不可。」〔註79〕前引《周禮》：「以五氣……視其生死」《莊子》：「氣散則死」都是最具體的說明。

　　檢視以上的討論，將「氣」視為一物質元素，該是無庸置疑的。其實翻開《論衡》，王充抨擊災異譴告也是從「氣」著手的：比如他認為「天無耳，非形體，則氣也，氣若雲霧，何能告人？（〈卜筮〉，頁 999）」天只是像雲霧般的氣構成，無形無狀，是個無意識的存有，怎能譴告於人？但，他也認為作為物質的氣是可以產生精神作用的，「人之所以聰明智惠者，以含五常之氣也；五常之氣所以在人者，以五臟在形中也。（〈論死〉，頁 875）」氣的精神力

〔註76〕北京大學哲學系外國哲學史教研室編譯，《十六──十八世紀西歐各國哲學》，北京：商務印書館，1975，頁 429～430。
〔註77〕李存山，《中國氣論探討與發微》，北京：中國社會科學出版社，1990，頁 267。
〔註78〕萵力，《十八世紀法國哲學》，北京：社會科學文獻出版社，頁 419。
〔註79〕同上，頁 365。

量要依附人體內的五臟器官才能發用，和前文所述的狄德羅理論相互輝映。只是中國哲人早生了二千年而已。

不過，值得討論的是：氣這個物質元素，藉著能動性，產生精神作用，而它本身是不是個具有意識的存有？如果「氣是有意識的存有」這個命題可以成立的話，董仲舒的「天人感應」理論，就得到充足的學理支持。因為，天就是氣之居所，（氣上凝為天，下結成地，中繫於人。）如此，天就是個有意識的存有，它對人世間的災異譴告就沒有理由受到抨擊，王充也就無需「疾虛妄」了。

在莊子看來，這命題似乎可以成立。《莊子・人間世》：「若一志，無聽之以耳，而聽之以心，無聽之以心，而聽之以氣。」（頁 129）「以」當「用」字講，也就是說：當你專一凝神時，該用氣去領會萬事萬物之理。言下之意，氣該是有意識的，否則它怎能解決人的疑難困惑？徐復觀認為：「莊子接下去說：『氣也者，虛而待物者也。唯道集虛。虛者，心齋也。』虛還是落在心上，而不能落在氣上……氣是心的某種狀態的比擬詞。」〔註 80〕依筆者的理解，徐先生否認「氣」在此是一實質的存有，只是對「心」的形容而已，當然更談不上有意識了。筆者對莊子的理解則剛好相反。「虛者，心齋也。」是要空出心，填滿「氣」，才能使人「聽之」。在此，「心」和「氣」都是實存者，其意識靠人賦予。因為唯有有意識者才能和有意識者相互交流溝通。前文提及情景交融，物我兩忘的情境，都是在這樣的條件下發生的。當主體的氣和客體的「氣」相互溝通的當下，彼此都是有意識的。否則怎能溝通？只是客體接受主體的賦予，和主體一「氣」相求而已。當主體被感動，成為審美者，而感動主體的客體即成一審美對象了。

二、從宇宙論角度談氣化作用

哲學的宇宙論是藉由觀察，從變化的現象中去體悟存有和世界的內在聯結。在這樣的定義下，我們要討論的是氣是如何和世界聯結？筆者認為靠氣化作用。所謂的氣化作用，指的是前文討論過「氣」此一擁有陰陽兩屬性的存有，其陰氣與陽氣相摩相盪，交互感應所發生的作用。不過筆者好奇，先民為什麼把這屬性分稱為陰、陽？如果以流動的概念去感受，是不是上、下

〔註 80〕徐復觀，《中國人性史》，頁 382。

流動，左、右流動，較先入主？也就是說以思維的進程言，陰、陽是根據什麼情況命名的？

（一）「陰」「陽」命名探討

整合前輩的探究，筆者提出三種可能性：

1. 根據地貌

《詩經·大雅·公劉》篇談及待民寬厚的公劉（后稷之裔孫）遷都城於豳時，特別爬上小山崗，觀察山下地貌，決定在哪架屋，最適宜居住。「相其陰陽，觀其流泉」〔註81〕，這可能是「陰」、「陽」兩字最早的出處。不過，以劉公已有陰陽概念，可見當時此概念已流傳民間。漢·劉熙（？～329）撰《釋名》以「同音相諧，推論稱名之由」。〈釋天〉中說：「陰，蔭也，氣在內奧蔭也，陽，揚也，氣在外發揚也。」〔註82〕劉熙已是漢人，注釋可能受經書影響。「同音相諧」，常有以後起字釋原始字之嫌，不能做為原始義。再用前文我們提到的文字源流疏解一下。《說文解字》「陰，闇也，水之南，山之北也，從阜侌聲。」（頁738）闇，現今作暗。為什麼陰有暗的意思？我們援引前文所述，形聲字聲必兼義（四種例外），分析一下「侌」字，「侌」本身也是形聲字，從今得聲，今甲文作∧與金文∧略同。林義光以為即「含」之古文，象口含物，不吐不茹。〔註83〕下半部「云」即今「雲」字，雲含水而不雨，厚而遮日，故侌。今加阜作「陰」〔註84〕，為什麼許慎解釋成「水之南，山之北」？段玉裁認為是根據《春秋·穀梁傳》〔註85〕僖公廿八年「水北為陽，山南為陽」而來，以中國所處的經緯度和山的走向來說，山南為陽光照射的地方，稱其為「陽」，是說得通的。

這樣的「陰」、「陽」義又和「氣」有什麼關係呢？顧名思義，太陽照射

〔註81〕 王靜芝，《詩經通釋》，新北市：新莊輔大文學院，1968，頁549。而後再引《詩經》，皆指此書，只在文中注篇名及頁次，不再列注。

〔註82〕 劉熙，《釋名》，收錄於《四庫全書薈要》，卷三千三百十三，釋名卷一，頁79～532。

〔註83〕 高樹藩編纂，《正中形音義綜合大字典》，台北：正中書局，1971，頁48。

〔註84〕 「陰」，會意形聲，甲文陰字闇，小篆陰从阜从侌，亦从侌聲，阜示高平無石之山，侌本訓「雲覆日」，日為雲所蔽，則大地無光而山阜亦幽暗，其本義作「闇」解。同上，頁462。

〔註85〕 唐文治，《十三經讀本》，〈春秋穀梁傳〉，台北：新文豐，1980，頁2639。而後引此書，只在文中注頁次，不另列注。

到的地方，當然感覺較溫暖，熱是觸覺對氣的感受，自然稱其為「陽氣」。陰陽對舉，背陽的地方所感受到的寒氣，就稱為「陰氣」了。

2. 根據天候

《詩經・豳風・七月》：「七月流火……春日載陽」（頁 313）。由於中國的地理位置，冬季高氣壓在北方大陸，故北風南下；夏季高氣壓在南部海洋，故南風北移。海風畢竟比陸風溫暖，因此，中國人感覺：「天地嚴凝之氣，始於西南而盛於西北。溫厚之氣，始於東北而盛於東南。」（《禮記・鄉飲酒義》頁 974）也就是說東南、西南部比西北、東北暖和。而《詩經・七月》中的春日必是溫暖之氣，既稱其「陽」，可見「陰」「陽」是以天候命名。

3. 根據觸覺

先民在日常生活中感到熱氣是往上竄的，寒氣是往下沉的。於是稱熱氣為陽氣，表示向陽之氣，即面向太陽上升於天之氣；寒氣為背陽之氣，即陰氣，往地下走。《莊子・田子方》：「至陽肅肅，至陰赫赫；肅肅出乎天，赫赫發乎地。」（頁 590）莊子的發言，代表了先民的感受。「陰」「陽」的命名，是以先民在日常生活中的感受而來。

至於，哪一種才是「陰」「陽」的原始義，殊難定奪。筆者較為偏向文字起源說，也就是上述的地貌論。

（二）氣化作用

氣化作用，是「氣」的陰陽兩屬性，經過相摩相盪後，化成天地萬物，從此萬物萬事都和「氣」相互聯結。茲分和大自然的聯結、人的身體聯結、人的精神聯結以及人文制度的聯結四面向討論。

1. 和大自然的聯結

氣論學者（指探討氣概念及氣化作用的歷程和影響的哲人）不論是「氣本體論」、「道本體論」、「理本體論」、「心本體論」或「性本體論」，咸以為「氣」〔註86〕是天地萬物構成的原始物質，而氣化的流行，足以作育天地萬物。只是流行的規則軌跡有以「道」、以「理」、以「心」、以「性」或根本以本身的「氣」為遵循的動線而已。從《左傳》的六氣說開始，氣化作用就在文獻中

〔註86〕氣本體論是以氣為宇宙的本原或本體。道本體論是以「道」作為萬物之本體而氣源於道。理本體論是以氣為理產生萬物的必不可少的材料。心本體論是以心為萬事萬物的本原，心氣為心之本。性本體論主張性體氣用。詳見張立文，《氣》，台北：漢興書局有限公司，1994，頁 10～11。

呈現：「天有六氣……六氣曰陰、陽、風、雨、晦、明也。分爲四時，序爲五節。」（《左傳・昭公元年》，頁2211）六氣流動運行形成春、夏、秋、冬四季，也排列了水、火、木、金、土五種材質的秩序，以生養萬物，形構世界。到了《國語》就簡化成只有「陰、陽」二氣了。《國語・周語上》記載周幽王時，西周三川（涇、渭、洛三水）發生地震，周的大臣伯陽父就認爲是「陰」「陽」二氣失調所致：「陽伏而不能出，陰迫而不能烝。」〔註87〕而後莊子同樣認爲：「天氣不和，地氣鬱結，六氣不調，四時不節。今我願合六氣之精以育羣生。」（《莊子・在宥》，頁312）陰陽失調，聖人操心至極，故莊子藉雲將之口願「合六氣之精以育羣生」，然而氣是自然流動著，雲將爲之奈何！

　　荀子也認爲陰陽氣化作用是天地萬物生滅變化的原因，〈天論〉篇說：「列星隨旋，日月遞炤，四時代御，陰陽大化，風雨博施，萬物各得其和以生，各得其養以成。」（頁327）這是陰陽二氣調合時的大自然變化，一切依序而行，各得其所。這是氣和大自然的正面聯結，就如老子所言「沖氣以爲和」一樣。

　　《管子・形勢解》將這份聯結講得更深入：「春者，陽氣始上，故萬物生。夏者，陽氣畢上，故萬物長。秋者，陰氣始下，故萬物收。冬者，陰氣畢下，故萬物藏。」（頁990）把氣和四季的關係交代得清清楚楚，至今農作物的春生、夏長、秋收、冬藏，已成一定律。

　　《淮南子・天文訓》是以「道」論「氣」的，但仍然認爲氣化作用足以生化萬物。「氣有涯垠，清陽者薄靡而爲天，重濁者凝滯而爲地。」〔註88〕然後「天地之襲精爲陰陽，陰陽之專精爲四時，四時之散精爲萬物。」高誘注：「襲，合也。」「精，氣也。」天地由輕濁之氣定形後，就相合成陰陽之氣，陰陽之氣聚合就成四季，分散就成萬物。可見即使是承續老莊「道本體論」的學者，仍承認氣化作用和大自然的聯結。

　　董仲舒的《春秋繁露》對氣和大自然關係的認知，仍承襲先哲。「天地之氣，合而爲一，分爲陰陽，判爲四時，列爲五行。」（〈五行相生〉，頁256。）可以看見《左傳・昭公》的影子。「春氣生，而百物皆出，夏氣養，而百物皆長，秋氣殺，而百物皆死，冬氣收，而百物皆藏。是故惟天地之氣而精，出

〔註87〕左丘明著，秦峰譯注，《譯注國語》，南昌：江西高校出版社，1998，頁28。
〔註88〕高誘，《淮南子注》，台北：世界書局，1991，頁35。而後凡引《淮南子》章句，只在文中注篇名及頁次，不再列注。

入無形，而物莫不應。」（〈人循天之道〉，頁 313）簡直就是前引《管子‧形勢解》的注釋。接著王充的《論衡》也說「天地，合氣之自然也。」（〈談天篇〉，頁 473）「天地之行，施氣自然也，施氣則物自生。」（〈說日篇〉，頁 502）大抵秦漢文獻，口徑一致：氣化流行，天地化生。

魏晉以降，氣概念漸漸轉入美學範疇，和大自然的聯結，大概要在山水畫中賞見。宋明理學興起，從張載提出「太虛即氣」揚言「太虛不能無氣，氣不能不聚而爲萬物，萬物不能不散而爲太虛。」〔註89〕到戴震（1724～1777）的《孟子字義疏證》「凡有生，即不隔於天地之氣化，陰陽五行之運而不已，天地之氣化也。」〔註90〕氣本體論的氣論學者，把氣和氣化當作同一件事。

倡言「理在氣先」的朱熹，也承認：「天地初間，只是陰陽之氣，這一個氣運行，磨來磨去，磨得急了，便拶許多查滓，裡面無處出，便結成個的在中央，氣之清者便爲天、爲日月、爲星辰，只在外常周環運轉。地便只在中央不動。」〔註91〕把「氣」造天地的理論，說得多淺顯明白。

顯而易見的，中國哲人將氣視作大自然的元質，已經是個基本的共識，氣與大自然的內在聯結是一而二，二而一互爲一體的。

2. 和人身體的聯結

在先秦哲人的思考模式中，整個大自然是個大宇宙，人的身體是個小宇宙。「氣」在大宇宙運行，也在小宇宙運行。大、小宇宙之間有一種互相呼應的內在聯結。人身體的各種狀況可以徵諸天的各種變化。從春秋時晉侯求醫的記載可證：

> 晉侯求醫於秦，秦伯使醫和視之，曰：疾不可爲也。……天有六氣，降生五味，發爲五色，徵爲五聲，淫生六疾。六氣曰陰、陽、風、雨、晦、明也。分爲四時，序爲五節，過則爲災。陰淫寒疾，陽淫熱疾，風淫末疾，雨淫腹疾，晦淫惑疾，明淫心疾。女陽物而晦時，淫則生內熱惑蠱之疾，今君不節不時，能無及此乎。出告趙孟。……趙孟曰：良醫也。厚其禮而歸之。（《左傳‧昭公元年》，頁 2211。）

晉侯得病，醫和以天之六氣若運行不合其度，就成天災，而六氣與人的五腑

〔註89〕張載，《張子全書》，〈正蒙‧太和篇〉，台北：廣文書局，1970，頁 18。
〔註90〕戴震，《戴震全書》，〈孟子字義疏證‧卷中〉，合肥：黃山書社，1995，頁 182。
〔註91〕宋‧黎靖德編輯，《朱子語類》卷六二，台北：大化書局，1988，頁 23。

六臟相呼應，若違背天時，就會生病。晉侯（平公）的病源於違背「晦」氣的運行，「不節不時」，亂了「氣」所致。趙孟聽完，欣然認同，還稱讚他是良醫，可見「五運六氣」之說在當時的可信度。

的確，徵諸於可能是秦漢之際完成的《黃帝內經》〔註92〕說得更清楚。它解釋「過」及「氣淫」的意義是：「未至而至，此謂太過，則薄所不勝，而乘所勝也，命曰氣淫。」〔註93〕可見晉平公錯在還不該做愛時就先做了。它又把六氣運行時產生的四時、五味、五色、五聲和人的五臟相對應，做了仔仔細細的描述。茲只舉直接和四時之氣相通的見解，陳述如後：

> 心者，生之本，神之變也，其華在面，其充在血脈，為陽中之太陽，通於夏氣；肺者，氣之本，魄之處也，其華在毛，其充在皮，為陽中之太陰，通於秋氣；腎者，主蟄，封藏之本，精之處也，其華在髮，其充在骨，為陰中之少陰，通於冬氣；肝者，罷極之本，魂之居也；其華在爪，其充在筋，以生血氣，其味酸，其色蒼，此為陽中之少陽，通於春氣。〔註94〕

不但把五臟的內蘊說明白，還把它形諸於外的表徵說清楚，難怪中醫看病，都把「望」字放在第一。

《國語‧周語上》周幽王二年，西周三川地區發生地震，周大夫伯楊父解釋為：「夫天地之氣……陽伏不能出，陰迫而不能蒸，於是有地震。」〔註95〕這種陰陽不和的情形也形諸於人的身體，「口內味而耳內聲，聲味生氣，氣在口為言，在目為明……若視聽不和，而有震眩，則味入不精，不精則氣伏，氣伏則不和。」〔註96〕陰陽不和影響視聽，視聽不和又影響氣的運行，身體與氣的連絡，已成交互循環狀態。而後《莊子》曾借季咸之口，論述陰陽之

〔註92〕周忠顯、陸周華編譯，《黃帝內經》，重慶：西南師範大學出版社，1993，前言。《黃帝內經》的成書年代，後世說法頗多，均不可信。宋人高保衡因此發展出疑問：「人生天地之間，八尺之軀，臟之堅脆，腑之大小，谷之多少，脈之長短，血之清濁，十二經氣血之大數，皮膚包絡，其外可剖而視之乎？非大聖大智，熟能知之？」這個疑問雖引起筆者興趣，但非本論文之議題，故不作考證。

〔註93〕同上，頁13。

〔註94〕同上，頁14。

〔註95〕左丘明著，秦峰譯注，《譯注國語》，南昌：江西高校出版社，1998，頁28。

〔註96〕同上，《周語‧國語下》，〈單穆公諫景王鑄大鐘〉，頁118。

氣在人體內循環的調和狀況〔註 97〕，藉以論斷人的禍福壽夭。而壺子卻深知小宇宙和大宇宙的內在聯結，故以「地文」：大地寂然之狀。「天壤」：天地間之生氣。「太沖莫勝」：太虛無預兆等大自然現象做為取法的對象，去協調體內的陰陽之氣，使其與天地之氣和合，呈現各種不同的生理狀況，以超越個體的定相，見證人與大自然果真是「通天下一氣耳」（《莊子·知北遊》，頁 611），已經是直接的聯結，不需要再透過大自然的對應。

　　而後《列子》又用人生的過程和氣作聯結：

　　　　人自生至終，大化有四：嬰孩也，少壯也，老耄也，死亡也。其在
　　　　嬰孩，氣專志一，和之至也；物不傷焉，德莫加焉。其在少壯，則
　　　　血氣飄溢，欲慮充起；物所攻焉，德故衰焉。其在老耄，則欲慮柔
　　　　焉；體將休焉，物莫先焉。《列子·天瑞》，頁 21

人的一生變化，真是如此這般，血氣的運行，已不止於形體，漸漸接近心性關係了。

　　至於葛洪所說：「人在氣中，氣在人中，自天地至於萬物，無不須氣以生者也，善行氣者，內以養身，外以卻惡，然百姓日用而不知焉。」〔註 98〕「百姓日用而不知」，可見已臻自然之極，人的身體和氣的聯結已成一體。

3. 和人的精神聯結

　　前文已經論述過「物質能夠思維」（見本章第一節結尾）。因此，氣論學者將中國的氣化作用提升至精神層面是「合理的思想」。精神層面涵蓋了聖、賢、智、愚、心、性、才、情等面向。從春秋的六氣說開始：「民有好、惡、喜、怒、哀、樂生於六氣，是故審則宜類，以致六志。」（《左傳·昭公廿五年》，頁 2297）子產所謂的「六志」，就是人的好、惡、喜、怒、哀、樂六種精神表現。而這六種精神是由氣的陰、陽、風、雨、晦、明六種屬性流動生發的，這時期的氣論，是以氣和大自然的聯結為仲介。

　　作為儒家之宗的孔子，他的氣概念已超越和大自然的聯結，以身體的「血氣」為論述重點，「君子有三戒：少之時，血氣未定，戒之在色；及其壯也，血氣方剛，戒之在鬥；及其老也，血氣既衰，戒之在得。」（《論語·季氏》，頁 261）色、鬥、得都是人的心性所含，表現在外的行為。而其內在制約仍在氣的流行，故孟子提出善養浩然之氣。後來成為儒家心性修養、工夫論的主

〔註97〕詳見《莊子·應帝王》，頁 242～244。
〔註98〕王明，《抱卜子內篇校釋》，北京：中華書局，1985，頁 114。

軸。《荀子》在〈王制〉中也認為「人有氣、有生、有知、亦且有義」（頁158），「義」就是精神性的產品，在〈修身篇〉中又說「凡治氣養生之術，莫徑由禮」（頁22）也在討論氣與精神的聯結。

　　莊子，追求人生境界，是中國先哲中第一位重視精神表現的思想家。「若一志，無聽之以耳而聽之以心，無聽之以心而聽之以氣！……氣也者，虛而待物者也。……虛室生白」（《莊子·人間世》，頁129）氣是空明而能容納外物的，用氣去傾聽外物的道理，做事才無成見，不以己意強加於人，也不致被外物所累而侷限了自己的精神自由。

　　《管子》雖然也看重人的精神，但側重點和《莊子》是迥不相侔的，《莊子》注重個人的精神自由，而《管子》著力點在治國安邦的人君南面之術。人君之所以要了解人的精神需要，目的在於「養民」、「使民」。所以《管子》提出「精氣說」，強調人是「精微」之氣所生，一方面提升人的先天價值，一方面表示人的後天是可以接受教化的。鼓勵人君行政以順民心為要。「民惡憂勞，我佚樂之。民惡貧賤，我富貴之，民惡危墜，我存安之。民惡滅絕，我生育之。」（〈牧民〉，頁7）如何才能「從其四欲」？當然在教化上要用工夫，首先要務就是「賤所貴，而貴所賤」（〈侈靡〉，頁610）為什麼可以做到這一點呢？因為精神是可以陶鑄的。「善氣迎人，親於弟兄；惡氣迎人，害於戎兵。」（〈內業〉，頁828）所以要養氣得宜，使民心充溢善氣，自己也要「摶氣如神，萬物備存。……能勿求諸人而得之己乎？思之，思之，又重思之。思之而不通，鬼神將通之，非鬼神之力也，精氣之極也。」（〈內業〉，頁830）精氣的力量可以讓人反躬自省，這不就是去欲潔心，安定社會的最大力量？

　　氣與精神的聯結，《淮南子》論述得最仔細。〈精神訓〉開宗明義就說：「古未有天地之時，惟像無形……有二神混生，經天營地……於是乃別為陰陽，離為八極，剛柔相成，萬物乃形，煩氣為蟲，精氣為人。是故精神，天之有也；而骨骸者，地之有也。」（頁99）「二神」高誘注：「陰陽之神也。」陰陽二氣化生天地，天化生精神，故陽氣化生精神。而後〈墜形訓〉又說：陽氣在地上流動，有的流向平原，有的流向山土，有的流向質地疏鬆的土壤，有的流向質地板結的土壤，有的流向清水邊，有的流向濁水。氣的流向影響到當地人的性格，在平原之氣中生活的人多半仁愛，在大土山雲氣生活的人多半貪婪；在土質疏鬆的地方生活的人多半動作快，在土質結實多半動作慢，

在清水邊生活的人多半輕聲細語，在濁水邊的人嗓門特別大。〔註99〕

我們不知道氣的存在環境是否會影響它的質，但比以氣的量去決定氣的質要合理些。王充認為稟氣多少，影響人的心性：「人之善惡，共一元氣。氣有少多，故性有賢愚。」（《論衡·率性》，頁81）如果我們用「人」去推理，由經驗得知人所處的環境會漸漸改變人的品質。王充一生致力評諸子，疾虛妄，尤其對董仲舒的天人相感，災異譴告之說，不遺餘力的抨擊，而自己卻陷入命定論的泥淖，殊為可惜。〔註100〕但也可看出王充認為「氣」可以決定人的一切。

其後道教的導引神氣、駐形延年，佛教的氣為識所見之境，都不在本論文討論範圍。宋明理學的氣論說得精微深入，但幾乎仍是儒、道兩家雜揉而成，不再討論。

4. 和人文制度的聯結

「氣」概念，既已擴展到精神層次，那麼維繫社會安定的人文制度，必然也依循氣化作用而釐訂。《左傳·昭公廿五年》子大叔引子產的話：「夫禮，天之經也，地之義也，民之行也……生其六氣，用其五行。氣為五味，發為五色，章為五聲，淫則昏亂，民失其性，是故為禮以奉之。」（頁2297）因此，作為政令制度的禮是以氣為根據的，根據天地之性、六氣之化、五行之變而制定。用以協調人的五味、五色、五聲，不致昏亂。

在《禮記·鄉飲酒義》有個最具體的生活例證：

> 天地嚴凝之氣，始於西南，而盛於西北，此天地之尊嚴氣也，此天地之義氣也。天地溫厚之氣，始於東北，而盛於東南，此天地之盛德氣也，此天地之仁氣也。主人者尊賓，故坐賓於西北，而坐介於西南以輔賓，賓者，接人以義者也，故坐於西北。主人者，接人以德厚者也，故坐於東南。（頁574）

〔註99〕《淮南子·墬形訓》：「衍氣多仁，陵氣多貪。輕土多利，重土多遲。清水音小，濁水音大。」（頁59）

〔註100〕王充的命定論，貫徹在《論衡》的〈逢遇〉、〈累害〉、〈命祿〉、〈氣壽〉、〈幸偶〉、〈命義〉、〈無形〉、〈吉驗〉、〈偶會〉、〈初稟〉各篇中，如〈命義〉：「人稟氣而生，含氣而長，得貴則貴，得賤則賤。」（頁48）接著又說：「凡人受命，在父母施氣之時，已得吉凶矣。」（頁50）〈無形〉：「人稟元氣於天，各受壽夭之命，以立長短之形……用氣為性，性成命定。」（頁59）〈氣壽〉：「夫稟氣渥則其體強，體強則其命長；氣薄則其體弱，體弱則命短。命短則多病，壽短。」（頁28）等等。

連生活中讌會賓客，主（主人）、賓（主客）、介（陪客）的座位都按照自然之氣的方位列序，因爲聖人已把自然之氣置入人文精神層面，賦予象徵的意義，以利教化的推行。這就是規範人行爲寓有鼓勵人向善意念的禮。

除了禮，樂更是施政的典範。《禮記・樂記》「樂由中出，禮自外作」（頁615）樂求和，「大樂與天地同和」（同上，頁616）「樂者，天地之和也。」（同上，頁 618）和諧的音樂，對人心的教化，更不是言教可以替代的。「仁言，不如仁聲之入人也深」（《孟子・盡心上》，頁 620）故而，「聲樂之入人也深，其化人也速」（《荀子・樂論》，頁 409）已成不刊之論。於是，施政者莫不重視音樂的品質，推行樂教，但其大前提仍舊落在政通民和的美善點上。所以《國語・周語下》記載單穆公諫景王鑄大鐘。就因爲鑄大鐘將弄得民貧國窘、天怒人怨，鐘音豈能平和？「上作器，民備樂之，則爲和，今財亡民罷，莫不怨恨，臣不知其和也。」（頁 119）而樂聲平和是因爲「氣無滯陰，亦無散陽，陰陽序次，風雨時至，嘉生繁祉，人民龢利，物備而樂成，上下不罷。故曰樂正。」（頁 118）足見「氣」足以「嘉生繁祉，人民龢利」，故政治措施自然要順「氣」而行。

《管子》提出「精氣」說，認爲「一氣能變曰精」（《管子・心術下》，頁683）所謂能變就是能夠運動變化，這是氣的本質，也是它的屬性，只是把它看得更精微細緻些。這種精氣不僅是形成天地萬物和人類的物質，更是治國安邦的總指導。〈五行〉通篇討論：

> 以冬至日，爲歲氣發端之始，自甲子、丙子、戊子、庚子以至壬子，將全年三百六十日分爲五個部份，各得七十二日，恰與五行相配。而行政的原則，應該順陰陽，本五行：行春政，則依據木德原則，行夏政，則依據火德原則，行夏秋之政，則依據土德原則，行秋政，則依據金德原則，行冬政，則依據水德原則，如此順時治理政事，便可以上應天道，下協地宜，中合人事，臻於「治之至境」。
> （頁 739）

五行就是陰陽之氣交互作用所產生的五種結構世界的物質。行政措施必須配合五行的「德」，「德」就是一物之特質。這是戰國時期陰陽家的思想，充分表現了「氣」在人文制度上扮演的角色。

承繼了老莊學派，《淮南子》也主張「氣源於道」。因此在人文制度上也是「體道」而行，「依道」而治的。具體表現在人主之術的「無爲」上。「有

道之主，滅想去意，清虛以待，不伐之言，不奪之事，循名責實，使有司，任而弗詔，責而弗教，以不知爲道，以奈何爲寶。如此，則百官之事，各有所守矣。」（《淮南子・主術》，頁 434～435）所謂「滅想去意，清虛以待」，就是《莊子・人間世》所說的「無聽之以心，而聽之以氣……氣也者虛而待物也」（頁 129）。可見氣在人主身上足以掌控他的南面之術。

　　董仲舒的「天人相副」理論，更把陰陽之氣轉化爲人倫綱常。「君爲陽，臣爲陰，父爲陽，子爲陰，夫爲陽，妻爲陰。」（《春秋繁露・基義》，頁 247）而天之道是「陽方盛，物亦方盛。陽初衰，物亦初衰……以此見之，貴陽而賤陰也。」（《春秋繁露・陽尊陰卑》，頁 228）故人之道亦是「丈夫雖賤皆爲陽，婦人雖貴皆爲陰」（同上，頁 229）由是「王道之三綱，可求於天也」三綱依《白虎通》引《禮緯・含文嘉》曰：「君爲臣綱，父爲子綱，夫爲妻綱。」〔註101〕以三綱配五常，父義、母慈、兄友、弟恭、子孝，規範人的行爲，社會穩定性因此奠定。除了近世紀，西方以科學成就，強行植入其宗教文明，漸漸讓這個具有強大包容性的國度之文化日趨異化。三綱五常反成「吃人的禮教」。社會秩序要靠另一股內在的力量重新建立。這股新力量在哪裡？足以讓新一代的知識份子反思！

　　綜觀傳統中國是一直承續氣的作用以維持陰陽平衡來治國安邦的。簡單的說從《左傳》的「六氣說」結合《國語》的「陰陽理論」最終完成了氣論的哲學體系，是氣論學者一致努力的方向。曾振宇在《中國氣論哲學研究》第二章〈氣的哲學化歷程〉中語重心長的說：

> 由陰陽對立、陰陽交感和陰陽轉化建構而成的「陰陽之道」，從哲學意義上首次論證了精氣化生天地萬物的內在動力、內在本質和內在規律等問題。在中國氣論發展史上，陰陽理論與氣論的「聯手」是具有重大哲學意義的。因爲正是陰陽理論的產生，才得以從邏輯的意義上彌補了氣論的內在缺陷，使「氣化生萬物何以可能」這一哲學問題終於得到了論證與解答。〔註102〕

眞是一個可喜的結論。

（三）小　結

　　透過以上的探討，得知「氣」不僅是個概念，更是一種物質，一種能動

〔註101〕陳立，《白虎通疏證》，北京：中華書局，1997，頁 373。
〔註102〕曾振宇，《中國氣論哲學研究》，山東：山東大學，2001，頁 38。

的物質。這個能動的物質，是由陰陽兩種屬性構成。陰陽二氣的流行，化成天地萬物。前文之所以要談氣和大自然、人的身體、精神以及人文制度的聯結，就是要論證氣和現象界的密切關係已幾近融爲一體的程度。這種關係當然不是一蹴可幾的，每個時代對氣都有不同的體察及詮釋。早期的氣思想，是先哲觀察大自然變化的領悟，從《左傳》的六氣說到《國語》的陰陽理論，逐漸開始認知到氣的變化對人類生活產生多大的影響。漸漸的，使「氣」具有範疇的意義。解釋了現象界的各種現象，甚至於某些不合理的人文制度。由於天地萬物皆一氣所生，與天地同體的思想，雖然提昇了人的價值，但也形成了自以爲「替天行道」的帝王，屬行專制的學理支柱。這個支持點建構了五千年的中華帝國。

　　而氣論最大的貢獻是跨入美學領域之後，「氣」由哲學範疇過渡到美學範疇。一切藝術品都優先以「氣」作爲審美及創作的指標，較之於西方著重於形式，鑒賞線條、顏色、構圖的美學理論，更能掌握藝術品的內在精神。這點在第五章將詳細論述。

第三節　象　論

一、就字源說論象

　　說文：「象，南越大獸，長鼻牙，三年一乳，象耳牙四足尾之形。」段玉裁（1735～1815）注「象耳牙四足尾之形」的「象」爲「像」之假借（頁464），故「象」爲象形字無疑。至於「象耳牙」，段氏亦云：「耳牙疑當作鼻耳。」孫詒讓（1848～1908）認爲「近是」。且尊、鼎中的「象」皆畫橫像，「後定古文，變衡爲從，以就篆勢。」〔註103〕羅振玉說：「今觀篆文，但見長鼻及足尾不見耳牙之狀。卜辭亦把象長鼻，蓋象之由異於他畜者其鼻矣。」〔註104〕這是對段注及孫詒讓的認同。至於象爲南越大獸，爲何甲骨文中已有象字出現？據羅氏考證：

> 象爲南越大獸，此後世事。古代則黃河南北亦有之。爲自從手牽象。則象爲尋常服御之物。今殷墟遺物有鏤象牙禮器。又有象齒甚多。卜用之骨有絕大者。殆亦象骨。又卜辭卜田獵有獲象之語。知

〔註103〕戴家祥校點，孫詒讓，《名原‧象形原始第三》，濟南：齊魯書社，1986，頁11。
〔註104〕羅振玉，《增訂殷虛書契考釋》卷中，東方學會，1927，頁30。

古者中原有象。至殷世尚盛也。王國維曰：「呂氏春秋古樂篇。商
人服象爲虐於東夷，周公乃以師逐之，至於江南。」此殷代有象之
確證矣。〔註105〕

徐中舒（1898～1991）說：「據考古發掘，知殷商時代河南地區氣候尚暖，頗
適於兕象之生存，其後氣候轉寒，兕象遂南遷矣。」〔註106〕這些考證，有憑
有據，當然可信。故周人韓非（280～233B.C.）在《韓非子‧解老》中說：「人
希見生象也，而得死象之骨，案其圖以想其生也，故諸人之所以意想者皆謂
之象也。」〔註107〕韓非把具象的「象」，提升到「人之所以意想者」的抽象詮
釋，是邁向哲學思維的一大步。

二、就哲學義涵論象

（一）型態義

　　以「象」表其形態的，中國文字最是代表。許慎對中國文與字的定義是：
「倉頡之初作書，蓋依類象形故謂之文，後形聲相益即謂之字。」（《說文解
字》，頁 761）也就是說，漢字是以象其形爲初創原則：畫其具象之形，稱象
形，如：日、月、山、川；畫其抽象之意，稱指事，如：本、末、上、下，
這些叫文。兩文以上結合，或取其形相益叫會意，如：林、磊、燚、苗、集、
武等；或取其形聲相益叫形聲，如：江、河、雞、鴨，這些叫字了。這和西
方文字的拼音系統迥異，該是最具型態的「象」了。這樣的型態義，當然是
感官所感受到的，是人對外物的視覺感受。換言之，就是「客體對象投射到
人的感覺中形成的主觀映像〔註108〕」，這客體對象不像「道」般大到無法感受
它的形，因此它是有形的。以它的形，呈現它的「象」，漸漸的，形和象聯結，
成爲「形象」，這是由型態義衍生的新範疇。「形象」成爲現象界的萬事萬物

〔註105〕同上。
〔註106〕徐中舒主編，《甲古文字典》卷九，成都：四川辭書出版社，1988，頁 1065。
〔註107〕邵增樺注譯，《韓非子今註今譯》，台北：台灣商務印書館股份有限公司，1992，
　　　　頁 900。又：《韓非子》中的〈解老〉、〈喻老〉兩篇，有學者考證爲錯簡，因
　　　　與全書主題不諧。邵氏：「胡適中國古代哲學史，則以爲本篇（按：解老）是
　　　　另一人作的。容肇祖韓非子考證，更指出本篇有些地方，和韓非基本思想不
　　　　一致，以證明本篇不出於韓非。」（頁 861）但此議題，非本論文論述範圍，
　　　　故不予深究。
〔註108〕李丹歌，《論象範疇系統》，2005，頁 1。

咸具的外貌樣態，成為「象」最具代表性的意義。當這種形態呈現一個「類」時，就定形成為「型」了，型態自然成為某種類的「形象」了。

（二）象徵義

就象徵義言，《周易》中的「象辭」，就是敍述一卦象徵之意。如：乾卦☰，象曰：天行健，君子以自彊不息。用來解釋乾卦的象徵義。每一卦本身，都是一抽象的符號，各具其象徵的意義。「卦則伏羲所畫也，伏羲仰觀俯察，見陰陽有奇耦之數。故畫一奇以象陽，畫一耦以象陰，見一陰一陽，有各生之象。」（頁145）來知德的說明，是讀《易》者最基本的概念。同樣，坤卦☷之象曰：地勢坤，君子以厚德載物。以「乾」象徵自強不息，以「坤」象徵厚德載物。這些意向就是「象」的象徵義，正是「人之所意想者」。這種「意想」是從「觀物」中得來。《易·繫辭上》：「聖人有以見天下之賾，而擬諸其形容，象其物宜，是故謂之象。」（頁430）聖人看見天下事物何其紛雜，若不整理分類，豈不亂成一團？於是就將其形貌相似者，以其共通點，聚成一類，作一「象」代表。更進一步，不僅形貌，若「事物所包含之意義，如上文所述，乾卦所含意義為剛健，坤卦所含意義為柔順等。同一類意義之物事，可用同一象來表示，此即所謂：『象者，出意者也。』」〔註109〕「象」是意念的表出，也就是「象」的象徵義。不僅是物象，對事情也可以「象」表出：「聖人設卦，觀象繫辭焉，而明吉凶，剛柔相推，而生變化。是故吉凶者，失得之象也；悔吝者，憂虞之象也；變化者，進退之象也；剛柔者，晝夜之象也。」（《易·繫辭上》，頁420）以吉凶、悔吝之卦辭象徵失得憂虞，以柔變乎剛象徵息而盈的進。剛化乎柔象徵消而虛的退。剛屬陽象徵晝，柔屬陰象徵夜。大自然的變化、人事的變遷，甚至人的精神概況都可以卦象表徵，可謂天下事盡在「象」中。

（三）「道」中之「象」義

在《老子》廿一章中描述：「道之為物，惟恍惟惚，惚兮恍兮，其中有象。」句中的「象」是指「道」的型態義還是象徵義？韓非子在〈解老〉篇中指「象」是「人之所意想者」，既是「意想」該是抽象的象徵意義了，但他接著又說：「今道，雖不可得聞見，聖人執其見功以處其見形。故曰：『無狀之狀，無物

〔註109〕樓宇烈校釋，《王弼集校釋》，台北：華正書局，1992，頁610。

之象。』」〔註110〕這段話是韓非詮釋第十四章的「道體」。以爲聖人可以從「道」的功能去意想它的形象，所以「道」是「無狀之狀，無物之象」的。那麼，無物之象到底是怎樣的「象」呢？是存在的嗎？吳澄注：「形之可見者成物；氣之可見者成象。」〔註111〕前文曾論及氣是無形無狀的，如何可見？想必就是韓非所說的「意想者」了。即使不是目之所視，亦是心之所感。正如劉德燕所說：「『象』的最初意義，基本上是一個感性範疇，指客觀事物投射到人的頭腦中的主觀映象。〔註112〕」張映暉說得更徹底：「『象』不是本有的，而是人們在創造時，由直覺體悟，從物象型態中提取出來的，與『物』相比，象具有活潑潑的動態生成屬性。〔註113〕」可見「象」的重點是存在人的腦中。就算沒有「客觀事物」，也可以藉由腦的想像而存在。這是可以成立的。世上只有「矛盾」是不存在的。比如：圓的方、液態的固體……所以，「道」中的「象」是存在的。

　　既然道中之象是存在的，它是一種怎樣的存在呢？先看《老子》的原文：

　　　　視之不見，名曰「夷」；聽之不聞，名曰「希」；搏之不得，名曰
　　　　「微」。此三者，不可致詰，故混而爲一。其上不皦，其下不昧。
　　　　繩繩不可名，復歸於無物。是謂無狀之狀，無物之象，是謂惚恍。
　　　　迎之不見其首；隨之不見其後。（〈十四章〉，頁82）

原來這個無物之象是夷、希、微三者的混合體，叫做「惚恍」。這個「惚恍」是什麼？著實叫人恍惚！依王弼「名號生乎形狀〔註114〕」之意，物有形狀才能有名稱，「道」無形，故無以名之，那麼「道」中之「象」也應該有形才能有名，爲什麼不見其形？好在《老子》在廿五章替我們回答了這個問題：

　　　　有物混成，先天地生。寂兮寥兮，獨立而不改，周行而不殆，可以
　　　　爲天地母。吾不知其名，字之曰道，強爲之，名曰大。大曰逝，逝
　　　　曰遠，遠曰反。故道大，天大，地大，人亦大。域中有四大，而人
　　　　居其一焉。人法地，地法天，天法道，道法自然。（頁113）

〔註110〕邵增樺注譯，《韓非子今註今譯》，台北：台灣商務印書館股份有限公司，1992，頁900。
〔註111〕吳澄，《道德真經注》，收錄於《奧雅堂叢書卷之二》，頁1。
〔註112〕劉德燕，〈論宗炳「澄懷味象」之「象」〉，濰坊教育學院學報第19卷第1期，2006年三月。
〔註113〕張映暉，〈生命之「象」──論「象」的基本內涵和文化理念〉，北京理工大學報（社會科學版）第七卷第一期，2005年2月。
〔註114〕王弼，〈老子指略〉，收錄於樓宇烈，《王弼集校釋》，頁198。

　　《老子》對「大」字，情有獨鍾，對道之名即強之爲「大」，也許「大」給老子的感覺即無限，故「道」大，「天」大，「地」大，人亦「大」，天下皆謂我：「『道』大，似不肖。夫唯大，故似不肖。若肖，久矣其細也夫！」（〈六十七章〉，頁212）《老子》說得很明白，就因爲它大，所以無物可以比擬，沒有具體的東西可以概括它。可見，道、天、地、人都是無法用具象去限制的。然而，它們都是有「象」的，爲了有別於其他的「象」，只好稱之爲「大象」了。「大象無形」（〈四十一章〉，頁158）並不是沒有形體，而是它大到你無法看到它的形體，但卻是有「跡」可尋的。這個「跡」化作抽象的概念就是「律則」。天下萬物只要固守它的律則，就能適其所適，安其所安，互不侵犯，和樂共融，天下豈有不安泰的道理？這就是「執大象，天下往。往而不害，安平太」（〈卅五章〉，頁140）的境界。

　　《淮南子・泰族訓》把「象」提升到大自然生生之理：「天設日月，列星辰，調陰陽，張四時，日以暴之，夜以息之，風以乾之，雨露以濡之。其生物也，莫見其所養而物長；其殺物也，莫見其所喪而物亡。此之謂神明。聖人象之。」（頁374）聖人把大自然的造化以「象」去概括它。進一步說，宇宙萬物的「象」，就是人文「象」的原初態勢。現象界一切的「象」皆效法大自然的「象」活動著。換句話說，《淮南子》所謂「聖人象之」的「象」就是《老子》「大象」的具體描述。「象」在《老子》的「道」中是本體界與現象界的共同擁有，故道中之「象」就是「大象」，是「道」的同義詞。

　　美學中的「象」是指作品的意象，是作家以物爲對象，透過「氣」的運作，孕育成「意象」，表現於作品中。「人」就是造物者的「意象」，而這個「意象」是依「道」而成的。因此我們簡化的說，美學中的「象」就是「道」的「象」了。

第四節　物　論

一、就字源說論物

　　說文：「物，萬物也。牛爲大物，天地之數起於牽牛，故從牛勿聲。」（頁53）王國維認爲許愼說得太曲折迂迴了：

> 案許君說甚迂曲。古者謂雜帛（按：雜色旗幟也）爲物。蓋由物本雜色牛之名，後推之以名雜帛。詩小雅曰：「三十維物，爾性則具。」傳云：「異毛色者三十也。」實則「三十雜物」。與「三百

維羣」「九十其犉」句法正同。謂雜色牛三十也。由雜色牛之名，因
之以名萬有不齊之庶物。斯文字引申之通例矣。〔註115〕

依王先生之意，從雜色牛推之雜帛，更推之爲庶物，這就是「物」字的演變
過程。簡單說，物就是指現象界的各種東西。

林義光也不同意許慎的牽牛說：「舉牛以包眾物，非取牽牛之象。」〔註
116〕馬敘倫也說：「愚謂物者牲畜之品類，推而廣之，凡天地閒形色、血氣之
相類者，俱謂之物。」〔註117〕此物指動物而言。

劉節有一說是作動詞用，物的本義是「牧」的意思，與本論文論述之議
題相去太遠，姑且不論；另有一說，「物，指圖騰中所繪的物象。」〔註118〕
這樣的說法，已將「物」跨入美學領域了，容後再論。

二、就哲學義涵論物

王國維將物釋爲「萬有不齊之庶物」，該是最廣泛的概說，因爲是「萬有
不齊」，所以可以分類。如果依《老子》「道之爲物」的概念，那麼《周易·
繫辭傳》所說「形而上者謂之道，形而下者謂之器」（頁 448）該是最粗糙的
分類。而道之所以爲物，是因爲它有一陰一陽的屬性。這陰陽就是氣，因此，
我們就以形下之器和形上之氣分別討論。

（一）形下之器——認知客體

在此，我們要討論的形下之器，並非只限於《老子·十一章》：「埏埴以
爲器，當其無，有器之用」（頁74）之器；或〈三十一章〉：「夫佳兵者，不祥
之器……兵者不祥之器，非君子之器」的器；或〈廿九章〉「天下神器」之器
（頁125），而是泛指現象界可以認知的客體，包括器物、植物、動物、人物、
事物、天下國家……等等。試看：「是以聖人常善救人，故無棄人；常善救物，
故無棄物，是謂襲明。」（〈廿七章〉，頁 120）這裡的「物」指除人之外的現
象界的認知客體。

「天下神器，不可爲也，爲者敗之，執者失之。故物或行或隨，或歔或

〔註115〕王國維，《定本觀堂集林上·釋物》第一冊卷六藝林六，台北：世界書局股份
　　　　有限公司，2009，頁 287。
〔註116〕林義光，《文源卷十一》，收錄於《金文文獻集成第十七冊》，香港：明石文化
　　　　國際出版有限公司，2004，頁 55。
〔註117〕馬敘倫，《說文解字六書疏證·卷三》，北京：科學出版社，1955，頁 35。
〔註118〕劉節，《古史考存·說》，北京：人民出版社，1958，頁 166。

吹。或強或羸，或挫或隳。是以聖人去甚，去奢，去泰。」（〈二十九章〉，頁125）皇帝這個位子，不是好坐的。坐在那裡動來動去，椅子就垮了，越想坐得穩，垮得越快，因為沒有順著這個座椅的自然之性去坐它。天下萬物，都是這樣的，各有天性，不順著它，就失去了它。人尤其如此，不順著自然之道行事，將自取滅亡。所以聖人絕不用激烈的方式去求取任何事物。這段中的「神器」指帝位，「物」則泛指萬物，其重點在「人」。

「物壯則老，是謂不道，不道早已。」（〈卅章〉，頁129）這一章是上一章的疏釋，換一個角度接著講治天下之道。「以道佐人主者，不以兵強天下」（同上），這裡的「物」該指天下，以兵強天下則老。「壯」，依王弼注：「武力暴興，喻以兵強於天下者也。飄風不終朝，驟雨不終日，故暴興必不道，早已也。」（同上）上一章講人之道，本章講佐人主之道，重點都在強調天下既不可「馬」上得之，更不可「馬」上治之。物，指天下。

「道生一，一生二，二生三，三生萬物。萬物負陰而抱陽，沖氣以為和。」（〈四十二章〉，頁158）顯而易見此「物」指萬物，說明現象界的萬物是如何形成。

「心使氣曰強，物壯則老，謂之不道，不道早已。」（〈五十五章〉，頁148）這章的結尾句和卅章完全一樣，但論述的對象完全不同。本章描述修養深厚的人所能達到的人生境界。王弼只注了「心使氣曰強」，曰：「心宜無有，使氣則強。」下句無注，不知是不願意重複書寫，還是讀者該一目了然，不必再注。其實對象不同，意思該完全不同。本章的「物」指的是人，人若逞強，必加速滅亡。物「壯」的壯，陳鼓應注應指上句「強」（逞強）而言（頁186）深合我心。

「天下多忌諱，而民彌貧；朝多利器，國家滋昏；人多伎巧，奇物滋起；法令滋彰，盜賊多有。」（〈五十七章〉，頁189）這裡的「物」指事情。統治者對百姓了無誠意，百姓也就有樣學樣，做盡壞事，即使嚴刑峻罰也無濟於事。老子仍然貫徹他「無為而治」的治國主張。

「常知稽式，是謂玄德。玄德深矣，遠矣，與物反矣，然後乃至大順。」（〈六十五章〉，頁209）這裡的「物」，泛指萬事萬物。一切事、物能反璞歸真，然後就叫做自然了。

以上列舉了七章的「物」，都表示存在現象界，能被認知的客體，儘管有些「物」詭譎多端，但仍在能被認知的範圍內。

　　至於《莊子》中的「物」，就不勝枚舉。舉凡動物、植物，莊子莫不仔細觀察其生態環境，作各種寓意。目的仍在發揚老子「物順其性」的道理。甚至虛構些真人、至人、聖人或是畸形的人，去闡明「道」之所在。可知莊子論物，概念重於形式，強調的是物性所寓之道。物各有性，不可齊一，如「騏驥驊騮，一日而馳千里，捕鼠不如狸狌。」「鴟鵂夜撮蚤，察毫末，晝出瞋目而不見丘山。」（〈秋水〉，頁）因此，不能違背牠的天性去支配牠，如果叫騏驥去捕鼠，叫鴟鵂去導航，將一事無成。物不但各有其用，且無一物無用。《莊子》第一篇〈逍遙遊〉有這樣的記載：

> 惠子謂莊子曰：「吾有大樹，人謂之樗。其大本擁腫而不中繩墨，其小枝卷曲而不中規矩，立之塗，匠者不顧。今子之言，大而無用，眾所同去也。」莊子曰：「子獨不見狸狌乎？卑身而伏，以候敖者；東西跳梁，不避高下；中於機辟，死於罔罟。今夫斄牛，其大若垂天之雲。此能為大矣，而不能執鼠。今子有大樹，患其無用，何不樹之於無何有之鄉，廣莫之野，彷徨乎無為其側，逍遙乎寢臥其下。不夭斤斧，物無害者，無所可用，安所困苦哉！」（頁29～30）

這番話顯示了，在莊子眼裡，萬物平等，既無貴賤，也無是非。物性不能其一，是得之於「德」的殊相；萬物可以齊一，是得之於「道」的共相。為此，他接著寫下〈齊物論〉繼續論述這番道理。

（二）形上之氣──宇宙本體

　　《老子》講「物」也有指形而上的。本論文在前節談氣的時候，再三論述過氣本身是一物質，但在氣化流行時，它就可以進入精神層面，這時它就和「道」合為一體。先看《老子》的原文：「視之不見，名曰『夷』；聽之不聞，名曰『希』；搏之不得，名曰『微』。此三者，不可致詰，故混而為一。其上不皦，其下不昧。繩繩不可名，復歸於無物。是謂無狀之狀，無物之象，是謂惚恍。」（〈十四章〉，頁82）此章的兩個「物」都指「不具任何形象的實存體」（頁82），它就是「道」，不是我們的感官可以知覺到的。用「無」字並不表示沒有，只是形容「道」的無感性。

　　「企者不立，跨者不行，自見者不明，自是者不彰，自伐者無功，自矜者不長。其在道也，曰餘食贅行。物或惡之，故有道者不處。」（〈廿四章〉，頁112）此章的「物」，指造物者，造物者厭惡這些「企者」、「跨者」、「自見

者」、「自是者」、「自伐者」、「自矜者」，所以這些人絕不是有「道」的人。造物者當指形而上的「道」。

> 有物混成，先天地生。寂兮寥兮，獨立而不改，周行而不殆，可以為天地母。吾不知其名，字之曰道，強為之，名曰大。大曰逝，逝曰遠，遠曰反。故道大，天大，地大，人亦大。域中有四大，而人居其一焉。人法地，地法天，天法道，道法自然。（〈廿五章〉，頁113）

這章的「物」，顯而易見指「道」而言。它在天地之前就存在著，它就是氣的合成體。

老子把「物」視作形上之「道」，莊子更進一步說明為什麼可以如此，因作〈齊物論〉一篇。

「齊物論」三個字，學界執兩種句讀，一作「齊物、論」，一作「齊、物論」。前者論述物之所以可以齊的道理，後者闡明物論之所以可齊的道理。綜觀全篇，筆者以為前半部是「齊物、論」，陳述莊子的萬物平等觀，說明不要以人為本位去觀物，則萬物平等，不必貴此賤彼。為什麼？因其根相同，所有生命來自同一源頭──道，是道之轉化、氣之流行的結果。「人之生，氣之聚也；聚則為生，散則為死。若死生為徒，吾又何患！故萬物一也。是其所美者為神奇，其所惡者為臭腐。臭腐復化為神奇，神奇復化為臭腐。故曰：『通天下一氣耳。』」（〈知北遊〉，頁611）成玄英疏得好：「生死既其不二，萬物理當歸一。」〔註119〕既然如此，為什麼「是其所美者為神奇，其所惡者為臭腐」？原來「物無美惡而情有向背，故情之所美則謂為神妙、奇特，情之所惡者則謂為腥臭腐敗。」〔註120〕可見是情之所鍾，非道之所在也。

既然，人從「情」看世界，自然就有「我執」的心態產生，有情而又累於情，難免不有是非、美惡等爭端。〈齊物論〉的後半篇從「今且有言於此」至終結，則是〈齊、物論〉了。莊子企圖「以道通為一」，將當時眾說紛紜的「物論」齊一化。崔大華說：「《莊子》『齊物論』的涵義有不同的解釋。從該篇的實際內容看，它包括兩個方面的內容：一是『天地一指，萬物一馬』，齊同天地萬物；一是『物無非彼，物無非是』，齊一是非物論。」〔註121〕張默生

〔註119〕郭慶藩編，《莊子集釋》，台北：萬卷樓圖書股份有限公司，2007，頁803。
〔註120〕同上。
〔註121〕崔大華，《莊學研究》，北京：人民出版社，1992，頁541。

說得更仔細：

> 在莊子全書中，的確是既「齊」物的，又齊「物論」的；在本篇中
> 尤其是發揮這種道理。事物的紛紜不齊，是宇宙的客觀事實；物論
> 的是非同異，是人們對於事物的主觀解釋。主觀的解釋，不必契合
> 於客觀的現實，而客觀的現實，也決不去遷就主觀的解釋，於是事
> 實與理論兩不相符，在天地間演出許多錯過。莊子在本篇中是戡定
> 這雙重意義來立論的，他是期於把事實和理論撮合為一的。所以他
> 一方面來說明自然的現象，自天地之大，以至於昆蟲之微，儘管是
> 形形色色，變化萬殊，然萬殊終歸於一本；一方面來評衡世間的言
> 語名相，自聖賢之德，以至於辯士之談，儘管是公說公有理，婆說
> 婆有理，然為免除語過，仍須歸於無言。前者可說是齊「物」，後
> 者可說是齊「物論」。如果「物」與「物論」，兩相符應，毫無出
> 入，則即所謂「萬物並育而不相害，道並行而不相悖」了。於此即
> 發為物論，亦是因物付物，絕無怨尤，此即莊子所謂「卮言日出」
> 的道理。〔註122〕

的確與我心有戚戚焉。然而，郭象對〈齊物論〉的注：「夫自是而非彼，美己
而惡人，物莫不皆然。然，故是非雖異而彼我均也。」〔註123〕是偏向於〈齊、
物論〉的，也許這就是學界對本篇名解讀有異的源頭吧！

　　由以上的討論，可以得知《莊子》論物，重在形上概念的解說，非真正
的「寓諸庸〔註124〕」，寄託在物的功用上而已。物的功用在美學上言就是創作
的源頭，藝術家要有所對之物才能展現化腐朽為神奇的本事，正如造物主要
造出人來，人才能彰顯祂的大能。「物」概念是一切概念的基石，藉著它，「道」、
「氣」、「象」才能如實的開展。

〔註122〕張默生，《莊子新釋上冊》，台北：漢京文化，1983，頁33～34。
〔註123〕郭慶藩編，《莊子集釋》，台北：萬卷樓圖書股份有限公司，2007，頁49。
〔註124〕〈齊物論〉：「唯達者知通為一，為是不用，而寓諸庸。」不用，不用固執自
　　　　己的成見。庸，用也。寓諸庸：物各有其用，亦即各得其性，而各物一律歸
　　　　於平等，這便謂之「寓諸庸」。《莊子今注今譯》，頁72。

第五章　「道、氣、象、物」的融通

　　本章是本論文的核心。筆者在上章討論道、氣、象、物之存在與義涵時，就試圖對這四者的內在聯結作一初步的討論，字裡行間，已透露出他們之間相生相成的循環關係。本章再作全面性的深層探討，希望能論出個所以然來。

第一節　道與氣──道轉化為氣；氣以明道

　　「道生一，一生二，二生三，三生萬物。萬物負陰而抱陽，沖氣以為和。」（《老子‧四十二章》，頁 158）這章中的三個「生」字，意思該是一樣的。「生」依方東美的解釋「含五義：一、育種成性義；二、開物成務義；三、創盡不息義；四、變化通幾義；五、緜延長存義。」〔註1〕這裡到底該是哪一種義呢？依方先生後文提到：「老子曰：『道生一，一生二，二生三，三生萬物。』道乃能生，能生又出所生，所生復是能生，如是生生不已，至於無窮。〔註2〕」那麼，這「生」字既有創造不息又有緜延長存義。不過，這是照整章文義講，如果單講道「生」一的「生」是什麼意思呢？

　　馮友蘭根據《莊子‧天下》篇中「建之以常無有，主之以太一」，推論太一為絕對唯一的道，他說：「道，為什麼又稱太一呢？……道生一，所以道是太一，這個太，就是太上皇老太爺那個太，皇帝的父親稱為太上皇，老爺的父親稱老太爺，一是道所生，所以道稱為太一。」〔註3〕如此「生」就是一般人所說的出生，生出來的意思了。

〔註1〕方東美，《生生之德》，台北：黎明文化事業公司，1982，頁 152。
〔註2〕同上。
〔註3〕馮友蘭，《中國哲學史新編》，北京：人民出版社，1998，頁 335。

　　徐復觀認爲「老子的所謂道，指的是創生宇宙萬物的一種基本動力。我不稱爲『原理』而稱爲『動力』，因爲『原理』是靜態的存在，其本身不能創生；要創生，後面還需要一個指揮發動者，有如神之類。」〔註4〕依徐先生之意，「生」是「創生」，就是創造生命的意思。「道生一」就是「道」創造了「一」。筆者比較不解的是爲什靜態的本身不能創生，必須要有個神之類去指揮發動，那言下之意，神是動態的嗎？否則，衪不是還需一個動力發動者？如此，無窮追溯，永不得其解。我們姑且這般思考：「道」如果是動態的，它就可以直接創造萬物，不必生一，再由一生二……

　　至於創生出來的「一」是什麼？「二」又是什麼？「三」呢？馮友蘭說：「就《老子・四十二章》說，它大概是一種宇宙形成論的說法，因爲它在下文說『萬物負陰而抱陽，沖氣以爲和』，照下文所說的，一就是氣，二就是陰陽二氣，三就是陰陽二氣之和氣，這都是確有所指的，具體的東西。」〔註5〕這倒容易懂，也是學界最流行的說法。徐復觀則認爲道生「一」的「一」是指萬物最基本的共同元素，「二」並不指陰陽二氣，而是指天、地〔註6〕，「一」生了天、地。但天、地並不能生萬物，萬物仍是「一」所生，天地是所以載持萬物的。一、天、地，此之謂「三」，於是生萬物之條件始備，此之謂「三生萬物〔註7〕」。

　　「一」生萬物之後，萬物在天地之間長養。「萬物負陰而抱陽，沖氣以爲和」指的是「萬物既生以後的長養情形，沖氣指的日光相背的陰陽之氣以外的氣，老子認爲是虛的，而萬物得此虛氣以成其生命諧和。」〔註8〕徐先生的詮釋很合乎詮釋學的融合原則。〔註9〕唯一沒說清的是：道生一的「一」具體指什麼？萬物最基本的共同元素是氣嗎？如果不是氣，萬物在長養時「負陰抱陽」的陰陽之氣從何處來？是天地本有的嗎？從何本有？徐先生強調的只

〔註4〕徐復觀，《中國人性論史》，台北：台灣商務印書館，1999，頁329。

〔註5〕馮友蘭，《中國哲學史新編》，北京：人民出版社，1998，頁335。

〔註6〕謂「二」爲天地者，前有奚侗《老子集解》：「易繫辭：『是故易有太極，是生兩儀。』道與易異名同體，此云『一』即太極，『二』即『兩儀』，謂天地也。」

〔註7〕徐復觀，《中國人性論史》，台北：台灣商務印書館，1999，頁335。

〔註8〕同上。

〔註9〕詮釋學對多元解釋的判準力下的三個原則：1. 歷史具體化。2. 融合性。3. 豐富性。所謂融合性是指詮釋者在解釋文本時，必需注意全書的思想理路，使解釋的意思能與整理思想融合一致。（詳見劉昌元，〈研究中國哲學所遵循的解釋原則〉，發表於第11屆國際中國哲學會議。）

是氣不是生萬物的元素，而是養萬物的物質。那麼，「生」萬物的最基本共同元素在生天、地、萬物後就消失了嗎？

檢視《老子》書中的「一」，學者一致解釋爲「道」。〔註10〕如此，「道生一」豈不成了「道生道」了嗎？所以此處的「一」字，學者討論的最多，也最複雜，除了指「氣」，指「基本共同元素」外，張岱年（1909～2004）是以次序論一、二、三。他說：「此所謂一二三，以次第言，一即陽，二即陰，三即盅氣。道生一當陽，一生與之相反之二爲陰，二生反之反而爲陰陽之和之盅氣。由盅氣乃生出萬物。」〔註11〕張先生的理由是「老子書中言兩個皆用兩字，不用二字。〔註12〕」所以，二、三都不該指數字。這依前文提及的詮釋學融合原則是說得通的。不過張先生仍然認爲「生」乃「創生」之意。筆者認爲「創生」的概念，該在宗教領域，只有神有創造生命的大能。如果我們仍將「道」作爲哲學範疇，看看「生」字解釋成「轉化」，是不是能有說服力。

所謂轉化，簡單的說就是一物可以隨時移易爲對立面，或破裂爲對立的兩個面。如果我們依《老子》「道之爲物也」（二十一章）的概念，視「道」

〔註10〕　《老子‧十章》：「載營魄抱一，能無離乎？」王弼注：「一，人之眞也。」樓宇烈校釋：「眞」即樸。根據王弼注〈二十八章〉：「樸散則爲器。」樸，眞也。樓氏又注「樸」也就是無、道。根據〈三十二章〉：「樸雖小，天下莫能臣也。」王弼注：「樸之爲物，憒然不偏，近於無、有。」（頁10）無有就是「道」的本質（見本論文第四章）。推而言之，抱「一」的「一」就指道。陳鼓應解：「抱一」指魂和魄合而爲一。魂和魄合而爲一亦即合於「道」了（頁71）。可見「一」仍指道。

〈廿二章〉：「聖人抱一爲天下式。」王弼注：「一，少之極也。」樓宇烈校釋：此處以「一」爲天下萬事萬物之法則。當然仍指「道」。陳鼓應也解釋「抱一」爲「守道」。嚴靈峯：「一者，道之數。」

〈卅九章〉：「昔之得『一』者，天得『一』以清，地得『一』以寧，神得『一』以靈，谷得『一』以盈，萬物得『一』以生，侯王得『一』以爲天下貞。」王弼注：「一，數之始而物之極也。各是一物之生，所以爲主也。」樓氏校釋：「宜作：『各是一生，所以爲物之主也。』意謂，物均是由一（即道）而生，所以一是萬物之主。下文『物皆各得此一以成……』正申此義。」（頁107）也是把一作「道」解。

〈四十二章〉：「道生一……」林希逸《老子獻齊口義》注：「一者，道也。」收錄於《續修四庫全書954本子部道家類》，頁385。蔣錫昌《老子校詁》：「道始所生者一，一即道也。」台北：明倫出版社，1971，頁280。

〔註11〕　余雄（張岱年），《中國哲學概論》，台北：源成文化圖書供應社，1977，頁55。

〔註12〕　同上。

為一「物」。則「道」隨時可以移易為道的對立面。道若是一個靜態的原理，它的對立面就是動態的動力。氣剛好具備這個條件，於是我們就可以把道的轉化對象說成「氣」，而且它還可以破裂為對立的兩個面──陰、陽。當然，轉化的原則是彼此共融，並非吞噬了對方。比如：莊子在〈齊物論〉結尾時說的那個莊周夢蝶的寓言，「不知周之夢為蝴蝶，蝴蝶之夢為周與？」儘管如此，「周與蝴蝶，則必有分矣。」莊子和蝴蝶還是不同的個體。莊子稱這種現象叫「物化」，指物與物之間之間的轉變，但道與氣作為哲學的範疇僅是為一概念，直稱「轉化」較妥。

至於「道」為什麼可以「轉化」？在《老子》的邏輯中，「道」是「先天地生」，又「象帝之先」的。一個能在天地、天帝之前就有的實存者，該是概念上的實存者而不是一個有形有象的有限個體存有。既是概念，它的一切，皆由人合邏輯的付予。

於是「道生一，一生二，二生三」，筆者把它理解為：靜態的道，轉化為對立面動態的氣，再破裂為陰陽兩個面向。但轉化為氣的道，依然存在著，它掌握著陰陽兩面氣的運行去化育萬物。萬物按照「道」的規律生長茁壯，接受「氣」的聚散生死榮枯。生命就如此這般的循環輪轉，生生不息。「道」與「氣」靠「轉化」關係，聯結起來。

在上章，討論「道」的義涵及性徵，都是從《老子》的形容裡抽繹出來的。到底「道」是什麼，老子沒給它任何定義。《易傳》的作者，倒是清楚說出。《繫辭傳》：「一陰一陽之謂道。」（頁425）韓康伯依王弼注老的思路把「一」視作道體的「無」，「一陰一陽之謂道者，即由陰陽之極以見無之，一即是道」。牟宗三認為全錯。他贊成的是朱熹（1130～1200）的講法。

> 一陰一陽之謂道，朱子之解甚諦。陰陽是氣，是形而下者，不是道。一陰一陽乃見道……由一陰一陽之變化過程乃見道也。可見此「一」字為副詞。陰陽是氣，這是分解地表出成變之因素。一陰一陽則是綜合地表變之過程，由之以見道。道不是此現象的變之過程本身，乃是所以成此過程而亦帶著此過程而見者。……此即所以由「一陰一陽」以明道之意。〔註13〕

牟先生的意思，依筆者的理解：「一陰一陽之謂道」，說的不是道本身，而是道和陰氣、陽氣的關係。一陰一陽是用來呈顯「道」以「氣」大化流行的現

〔註13〕牟宗三，《才性與玄理》，台北：台灣學生書局，1993，頁115～116。

象。陰、陽不是「道」，「所以」陰陽才是「道」。「所以」之意就是宋明理學家所追求的「理」。氣以明道，就是用「氣」來闡明「道」的理。「道之理」是什麼？牟先生是把《易傳》認作孔門經典，於是把「道之理」訂爲孔門天道性命相貫通之義理。因此他說：

> 此綜合把動態地所表示之道，即「天命流行」一語之意，亦即「維
> 天之命於穆不已」之意。……頓時即通於中庸「天命之謂性，率性
> 之謂道」……依是，「一陰一陽之謂道」下兩語「繼之者善也，成
> 之者性也」，即可解成繼道而行謂之善。完成而具有之於個己即謂
> 之性。〔註14〕

於是，他把道、天命、性，貫穿起來，以異名同體作結。

　　陳鼓應是把《易傳》亦視爲道家經典，筆者設想如果他同意「無陰無陽之謂道」，如何安置「氣」之歸屬？上章討論過道體的「有、無論」，道體既爲「無」，亦爲「有」。因此，即使用道體去詮釋「一陰一陽之謂道」不見得一定要用「無」。可以用「有陰有陽之謂道」，「道」裡是有陰陽之氣的。順理成章的，就可以用陰陽之氣的相摩相盪，造化萬物，來說明「道」的實存性、先在性及規律性了。

　　至此，我們可以說儒道兩家，都認爲「氣」是合於「道」中去彰顯「道」的。以其形成的過程而言，「道」轉化爲「氣」；「氣」用來闡明「道」之理，可以充分說明兩者互爲表裡的關係。

第二節　氣與象——氣寓居於象；象以顯氣

　　上節討論了「道」用「氣」來彰顯自己的作用與功能。那麼，「氣」以什麼來顯現「道」的作用與功能完成本身任務？筆者以爲是「象」。

　　上章討論過「象」的義涵。象既可傳達一物之外形，我們稱之爲「形象」，又可表徵一物之精神，我們稱之爲「氣象」。前者爲形而下的「器」，後者爲形而上的「道」。理所當然的，後者比前者更耐人尋味。「聖人立象以盡意」，事實上「氣象」是難以盡意的，所謂「象外之象」，往往因思維主體的領悟而感受不同，這是跨入美學的問題，容後再論。

　　「八卦咸列，象在其中，因而重之，爻在其中。」（《繫辭傳下》，頁451）

〔註14〕同上。

韓康伯《繫辭注》：「夫八卦，備天下之理而未極其變，故因而重之以象其動。用擬諸形容，以明治亂之宜；觀其所應，以著適時之功。」〔註15〕足見卦象、爻象足以囊括天下事物變化之理，而且這個理可以通神明之德；這個象可以類萬物之情。之所以可以如此，只因這個卦象，爻象就是陰陽二爻組成，也就是說卦象、爻象是因「氣」的流行而產生千變萬化的象，足見「氣」是寓居於「象」中，靠「象」顯現的。我們不妨舉些例證：

≣≣否卦，坤下乾上，其象也陽爻在上，陰爻在下。「至陰肅肅，至陽赫赫；肅肅出乎天，赫赫發乎地；兩者交通成和而物生焉。」（《莊子‧田子方》，頁 590）陽氣由天發出，往下沉。陰氣由地發出，往上升。如今否卦陽氣往上，陰氣往下，永遠無法交合，所以大象辭曰：「天地不交，否。君子以儉德辟難，不可榮以祿。」來注：「儉德，儉約其德，歛其道德之光也。避難者，避小人之禍也……言若不儉德，則人因德而榮祿小人忘之，禍即至矣。」（頁 280）卦象之可以充分顯示人事況景，完全是因爲卦中氣之運行的緣故。

孤證不可取信，我們再看看「泰」卦。≣≣泰卦，剛好和否卦相反，乾下坤上，解繹者稱此兩卦爲錯卦。陰氣下沉，陽氣上升，陰陽交通成合。大象辭曰：「天地交泰，後以財成天地之道，輔相天地之宜，以左右民。」（頁 203）天地以氣交，氣交而物通者，天地之泰也。天地交泰後，氣化流行，聖人則爲之分春夏秋冬之節。地勢廣邈，聖人則爲之分東南西北之限，此裁成天地之道也。裁定天地之序後，聖人又順時運之自然教民春生秋殺。因地勢之所宜，高黍下稻，以遂其生。之所以能從卦象看出所以然，乃因爲氣化流行之故。

≣≣咸卦，艮下兌上。艮爲山，兌爲澤。大象辭曰：「山上有澤。咸，君子以虛受人。」來注：「澤性潤下，有以感乎山。山之虛，有以受乎澤。」（頁 278）山澤相感，構成咸卦。咸，感也。無心之感爲咸。爲什麼咸可以解作感？一說聲符兼會意；一說同音通假。象辭中的「君子以虛受人」，則是將大自然景象移諸人事之領悟，乃是從陰陽之氣的流行，呈顯卦象。

以上舉三例，說明「象」的象徵義和氣的關係。道中的象和氣的關係更爲密切。「道之爲物……窈兮冥兮，其中有精。」（〈二十一章〉，頁 104）這個精，《管子‧內業》：「精也者，氣之精也。」（頁 822）精是氣中最細緻的，是氣的精華。這「精」字置於「氣」之前，呈爲一個組合式合義複詞，作名詞

〔註15〕韓康伯，《繫辭注》，收錄於《影印文淵閣四庫全書第七冊》，頁 7～549。

用，精氣指最細緻之氣、頂級之氣。「精氣」二字首先於《易傳》：「易與天地準，故能彌綸天地之道……精氣爲物，遊魂爲變，是故知神鬼之情狀，與天地相似故不違。」（《繫辭傳上》，頁 423）來注：「人之陰神曰魄，耳目之聰明是也。人之陽神曰魂，口鼻之呼吸是也。死則謂之魂魄，生則謂之精氣。陰精陽氣，聚而生物，則自無而向於有。乃陰之變陽，神之伸也。魂遊魄降，散而爲變，則自有而向於無，乃陽之變陰，鬼之歸也。」言下之意，人之生死，神鬼之伸歸，皆與天地之道彌合，都在「精氣」的範圍之下。《易傳》以卦象去解說陰陽二氣相感，「精氣」化生萬物的情形，如上文提及的咸卦 ䷞「象曰：咸，感也。柔上而剛下，二氣感應以相與，止而說，男下女，是以亨利貞，取女吉也」象辭用來解釋卦辭：「亨，利貞，取女吉也。」在二氣交感的情況下，男歡女愛，嫁娶是吉利而亨通的。「精氣」化生，得以完成。

　　《老子》「道」中之「象」，有時是用來形容道的樣態。比如〈十四章〉寫道體夷、希、微的混沌現象，最後以「無狀之狀，無物之象」定型。這個「象」就是道的「型」了。直接的說它就是「氣」的混沌狀態，以「象」顯示。以至最終老子提出「大象」的概念，以作爲轉化爲氣的「道」的異名而已。

第三節　象與物——象表徵事物；物以載象

　　上節討論到「氣」寓居於象中，「象」顯現出氣象。如果再進一探究「象」靠「氣」彰顯，到底彰顯什麼？那就是「物」了。上章討論「物」的義涵時，將物粗分爲「形下之器」與「形上之氣」兩大類。粗糙的說「形下之器」，就是一般所說的實物，一個實實在在的東西。不管是實用性的，還是觀賞性的；不管是大自然的，還是人爲的。「形上之氣」該屬概念層面，除了直接指「道」外，就該指人世間的「事」了。誠如第四章開宗明義筆者引用唐君毅先生的看法：「物與物相關曰事。物無不與他物相關，而無不有事，故物皆物事，事皆事物。」說得透徹。筆者以比較通俗的看法解釋：「物」是具體的認知客體，「事」是由「物」的牽扯所生發的抽象過程。這個過程，同樣可以用「象」去表達，和具體的物，有一形象一樣。理所當然這個抽象的象就要用抽象的方式徵顯出來，這就叫象徵。抽象的事用象徵的方式表達；具體的物就用形象表達。這就是這節要討論「象表徵事物，物以載象」的意義。

　　一具體之物的形，靠象去表達，這個「形象」意念很容易了解，憑直覺也認為理所當然。而一「事」何以能用「象」去表徵，就需要討論了。

　　這一層的功能，要拜中國文字之賜。上章討論過中國文字本身就是「象」，象形字是「畫成其物，隨體詰詘」，也就是畫物的具體之「形」，包括看得見的大自然景物，如：日、月、山、川、艸、木等。指事字，就是把事件指給你看，畫抽象之「意」，如：「上」字，甲骨文作上（9332甲），長的在下的一畫表示一個平面，稍短的一畫表示平面上的東西。在這平面之上就叫著上。以後發展到金文，指事意味更強，作⊥（弔和鐘）或ᘖ（古爾），隸書以後就作「上」了。這種直接書出意義的文，稱獨體指事。有些指事是附在象形文上表示的，如：「本」字，一是指給你看木之根在此。「末」是指出木之末端，因為要強調，所以那一橫比木字長。「未」，指出那個部位尚未長出，所以那一橫比木字短，這些叫合體指事。有的是把象形文改變一下形態，畫出意念。如：「人」，甲古文作人（8896甲），隸書就寫成「人」了。人往前行走，若改變方向就表示進入另一地方。「入」就是「人」的變體指事。其他會意字、形聲字都是由這兩種文字孳生而出。得知，象形文是中國文字的本根。

　　如果再把時間往前推些，在黃帝史官倉頡尚未造字之前，伏羲氏已用一長條，兩短條來取代結繩記事。同時把這些長長短短的線條，組成八組思想符號，表示某些「象」。這些象分別代表自然界的八種景觀：天☰、地☷、雷☳、風☴、水☵、火☲、山☶、澤☱，但這八種景象變化無窮，我們不了解伏羲這八組符號到底能表達多少事物。直到三千五百年後，文王被因於羑里（1144B.C.）。這八組符號留給他太多思考空間，他認為僅此八個「象」，不能窮盡天下之事理，於是他以排列組合的方式，把它推衍出六十四個「象」來，他稱這些「象」為「卦」。又因為當時文字已經製作運用，他就替每一個卦取了卦名，又用文字說明一下，稱為卦辭。又把組合成卦的每條線條稱為「爻」，也替它們寫下爻辭。如此「象」所表徵的意思，大略可知。直到漢儒覺得文王寫得還不夠明白，就替它添上羽翼，寫了「十翼〔註16〕」。其中解說卦的「象」的就叫〈象傳〉，我們要了解這卦的意義，就從〈象傳〉去領悟。至於〈象傳〉

〔註16〕十翼：指解說卦辭的〈彖傳〉分上、下，解說卦象的〈大象傳〉，爻辭的〈小象傳〉也分上、下，以及解說整部《易》的立意的〈繫辭傳〉上、下，和專釋乾、坤兩卦的〈文言〉，闡述卦德的〈說卦傳〉，說明卦的排序的〈序卦傳〉，以及雜亂序卦的〈雜卦傳〉共十篇，又稱〈易傳〉。如今經、傳合成一書，稱《周易》或《易經》。傳說十翼為孔子所作，被錢穆否定。

是否能盡「象」之意，這就牽涉到言能不能盡意的問題，前文已討論過，不再贅述。

「象」既然可以用來表達抽象之事，那麼，它怎麼表達呢？不妨再將前文提及的咸卦䷞深入討論一下。

咸䷞由艮☶和兌☱兩卦重成。〈說卦傳〉：「艮，三索而得男，故謂之少男。兌，三索而得女，故謂之少女。」（頁491）所謂「索」，來知德注：「陰陽之相求也。陽先求陰，則陽入陰中而爲男，陰先求陽，則陰入陽中而爲女。」（同上）咸卦艮在下而兌在上，「艮爲止，兌爲悅，柔上而剛下，二氣感應以相與。」（頁277）就如同山（艮）澤（兌）之通氣也。「凡婚姻之道，無女先男者，必女守貞靜，男先下之，則爲男女之正。」（頁278）咸卦少男在下，少女在上，這樣的婚姻是幸福的。而這個觀念，到今天，還被多數的中國人所堅持。

再看看豫卦：豫䷏，坤下震上。〈說卦傳〉：「坤爲地，爲母，爲布。震爲雷，爲龍，爲玄黃。」來知德注：「純陰爲地，資生爲母，爲布者陰柔也。且地南北經而東西緯，亦布象也。震者，動也，爲雷者，氣之動於下也。爲龍者，物之動於下也。乾坤始交而成震，兼天地之色，故爲玄黃。」（頁223）這樣的卦德，無怪〈象傳〉說：「雷出地奮。豫。先王以作樂崇德，殷薦之上帝。以配祖考。」（同上）雷從地出，奮發而成聲，此聲即先王作樂之聲，何以知是王？因爲震是龍，是玄黃，置諸人間，豈不就是王？何以知作樂？因爲中爻坎，爲樂，律樂之象。何以知崇德？因爲五陰而崇一陽，崇德之象也。簡而言之，豫的「象」表徵的是先王作樂以祀上帝並配以過世的祖先這件事。更神奇的是它不但畫出了這件事，還畫出了這件事所達到的境界──和樂。何以知之？因爲整個卦象畫的就是五陰配一陽。

最後看看最後的一卦：未濟。未濟䷿，坎下離上。〈說卦傳〉：「坎☵爲水……其於人也爲加憂，爲心病，爲耳痛，爲血卦，爲赤。……離☲爲火……其於人也，爲大腹，爲乾卦。」來知德注：「水內明，坎之陽在內，故爲水……陽陷陰中，心危慮深，故爲加憂，加憂則心病矣！心、耳皆以虛爲體，坎中實，故爲病爲痛。在天地爲水，在人身爲血，爲赤者，得乾之一畫，與乾色同。」（頁495）可見坎卦在人不是個吉祥卦。

來知德注離卦☲：「離者麗也，火麗木而生，故爲火。二陽夾一陰，故中虛。其爲人也，故大腹。水流濕，故稱血，火就燥，故稱乾。」（同上）而未

濟卦是水火不合，故〈象〉曰：「火在水上，未濟。君子以慎辨居方。」（頁414）表示什麼事都無法做成，所以要小心謹慎的辨別事物的類別，不亂其分定，就可以完成要做的事。

　　《易》為什麼要把未濟卦放在結尾？這就是《易》的宗旨，易有三義，簡易、不易、變易。萬事萬物，瞬息萬變，人要在萬變中尋其不變的原則，又得在不變中求其權衡的變通，所以在未濟卦前置既濟卦，既濟 ☲☵ ，離下坎上，每一爻都當位，水火相交，表示事情都已完成。但人生不見得事事圓滿，未濟卦又讓你一元復始，重頭再來，新的困難來了，要如何克服？在「既濟」時就要居安思危，「未濟」來時，才能從容以對。這是《易》的精神內涵。從「象」中顯示了這個事理。

　　「象」如此表徵事，而回歸本身的物呢？物是「象」的載體。物把「象」具體的呈顯出來。《易·繫辭上·第十章》：「易有聖人之道四焉：以言者尚其辭，以動者尚其變，以制器者尚其象，以卜筮者尚其占。」（頁 438）也就是說《易》有四個面向可供取捨，仁者取仁，智者取智，每位聖人取向不同，側重點也就不一樣了。其中簡潔的說明了「象」是用來呈顯「器」。這個器就是這裡指的形下之「物」了。〈十一章〉說得更清楚：「見乃謂之象，形乃謂之器。」（頁443）一個東西，本身所具足的叫「形」，被人所看見的叫「象」。簡言之，一物之形象，指的就是此「物」。不過漸漸的「形象」一詞也具抽象意念，我們說一個人的「形象」不好，並不是指他形體的殘缺，而是說他的德性不好，行為不能讓好人接受。這都表現了中國人對字詞活用的無限度。徵諸今日的校園文化、網路文化，更不得不予承認。

　　「象」表徵事物，物以載「象」，這就是象與物的內在聯結。

第四節　物與道——物藏隱於道；道以成物

　　上節討論到物以載「象」的問題。物是象的載體，但象的呈顯是氣的運作，氣之存有，靠道的轉化，由此推論，物之理是隱藏於道中。什麼叫物之理，就是一物之所以為此物的道裡。一物之型，與此物之用是密切結合的。鍋、碗、瓢、盆有它不同的作用，就有它不同的形狀，這就是物之理，簡稱物理。物理必須合於「道」，它才能適，適才能好用，才能滿全它之為物的功「德」。所以，不論什麼物，都具有「道」所附予它的「德」，「道」是共相，

「德」是殊相。「德」不離「道」之原理，「道」供應「德」之需求。簡言之：
物在道中，道在物中，如是而已矣！

《莊子・知北遊》有這樣的一段對話：

> 東郭子問於莊子曰：「所謂道，惡乎在？」莊子曰：「無所不在。」
> 東郭子曰：「期而後可。」莊子曰：「在螻蟻。」曰：「何其下邪？」
> 曰：「在稊稗。」曰：「何其愈下邪？」曰：「在瓦甓。」曰：「何
> 其愈甚邪？」曰：「在屎溺。」東郭子不應。（頁 627）

莊子打比方說明「道」無所不在，從有生命的比到無生命的，再到被人鄙棄
的排泄物，在東郭子心目中崇高神聖的「道」，居然藏在這般污穢的廢棄物中。
驕傲的心態，讓他不能接受莊子的開示。莊子警悟，馬上以「道」的周徧性
解惑，因其周徧，所以偉大。綜言之「物物者與物無際」，支配物者的「道」，
和物是沒有分別的界限，以此說明「道」無所不在。上章討論物的義涵時，
曾指出《老子》中的物，多半指向「道」，也就是說道和物在「理」字上是同
體的。日人福永光司也持同樣的看法，他在《莊子》論道中說：

> 道是使物而爲物的根源理法，是跟物異其存在之次元的。因此，在
> 這一意義上，道乃是超越了物，是超越的活混沌。但，道畢竟非只
> 是個超越的活混沌而已，它是與物同在，内在於物的。它，尤其正
> 是物之爲物而在的本身。離了物，便沒有道，離了道也沒有物；道
> 是無所不在的。〔註17〕

多麼明白的訴說了物中有道，道中有物。

《易・繫辭下》：「天地絪縕，萬物化醇，男女構精，萬物化生。」（頁 466）
天地之氣如麻桑絮綿般纏綿交密，纏綿的結果漸漸凝成有形的萬物（初始生
命）。男女之陰陽精氣，亦纏綿相交，生出萬物（一代又一代的新生命）。男
女泛指雌雄，雌雄交配，萬物繁衍，這種以物生物之不止不息的現象，就是
「道」。「氣」承行「道」的旨意，讓大化流行，永不止息。「物」就倚此「道」
而成形。「道」以成「物」是現象界的普遍現象。

道之用於物，不僅成全於「有」其形，也完成於「無」其形。以「無」
論道之本質，則「無」表現在「物」上亦有其大用。《老子・十一章》（頁 74）：

> 三十輻，共一轂，當其無，有車之用。

〔註17〕福永光司著，陳冠學譯，《莊子》，台北：三民圖書公司，1969，頁 120。

　　三十根輻射出去的木條，必須匯集到車輪中心的圓木，以其間隔的中空，車輪才能轉動，車子才有功用。

　　　　埏埴以為器，當其無，有器之用。

　　陶土做成的器皿，有器皿的中空處，才能盛物，器皿才有用。

　　　　鑿戶牖以為室，當其無，有室之用。

　　蓋房子，必須開門、窗，人才能居住，房子才有用。

　　　　故有之以為利，無之以為用。

　　所以說，「有」的「形」是給人方便的，「無」的「空」才是物的真正功用。

　　陳鼓應說：「老子的目的在於引導人的注意力，不再拘著於現實界中所見的具體形象。」（頁 75）話是不錯，如果從「道」是「有」又是「無」的本體論視角審度，物的「有」與其「無」都是倚「道」而成的，無形之中也彰顯了「道」的理。

　　物本該藏隱於道中，若此「物」跳離了「道」，則不祥：「五色令人目盲，五音令人耳聾，五味令人口爽，馳騁畋獵令人心發狂，難得之貨，令人行妨。」（〈十二章〉，頁 76）色、音、味、畋獵所獲難得之貨，都是物。五色、五音、五味並陳，馳騁之獲、難得之貨狂取，都背離了「道」的規律性及虛靜性，人無此警醒，一味追求，結果陷自己於目盲、耳聾、口爽、心狂、行妨等等的傷害，這就是「人」這個「物」，脫離了「道」的下場。

　　《莊子・大宗師》有一則寓言：「今之大冶鑄金，金踴躍曰『我且必為鏌鋣』，大冶必以為不祥之金。今一犯人之形，而曰『人耳人耳』，夫造化者必以為不祥之人。」（頁 209）鐵匠打造器物，有他的道理，「物」若勉強求之，必不合「道」，不合「道」則不祥。造化者之於人也，也是如此。倚道而行，是成物的基本原則。

　　因此，老子又說：「是以『聖人』欲不欲，不貴難得之貨；學不學，復眾人之所過，以輔萬物之自然而不敢為。」（〈六十四章〉，頁 205）聖人是悟道的人，他懂得追求別人所不追求的，不珍視稀世之寶。學習別人所不願學習的，以便教導眾人如何改過。他順著道的自然發展去輔助完物之成長，不敢自作主張。如此這般，就能成就物之性，也合於「道」之理。

　　的確，只有悟道的人，才懂得「道以成物」的道理。「天之道，其猶張弓與？高者抑之，下者舉之；有餘者損之，不足者補之。」（〈七十九章〉，頁 229）

「道」之理，就像拉弓射箭一樣，在弦上的箭，位置太高了，就壓低些；位置太低了，就抬高些。「道」對物也是一樣的，那裡物質太多了，就減少它；那裡不夠了，就增加它。「孰能有餘以奉天下，唯有道者。」（同上）誰可以把剩餘的物質，供給天下不足的地方？只有得「道」的人。錢公輔〈義田記〉中記范仲淹購義田以養濟族人之事，其原則即是「仕而家居俟代者與焉；仕而居官者罷其給。」〔註18〕只施給在家待賦尚無薪俸的人，如果居官而有薪俸的人就不再周濟。就是實踐這個道理的典範。

物中所隱藏的道，最重要的是：物盡其用，「貨惡其棄於地也，不必藏於己。」（《禮記・禮運》，頁362）「是以聖人常善救人，故無棄人；常善救物，故無棄物，是謂襲明。」（〈二十七章〉，頁129）「襲明」一詞，造得真好，含藏著了解「道」的智慧，當然非聖人莫屬。聖人了解物中之「道」，故不廢棄人（人亦物之一）、物，成就人與物之功用。

物中所隱藏的「道」的至高點就是歸根。「夫物芸芸，各復歸其根。」（〈十六章〉，頁89）天下萬物，林林總總，最後都回歸它的本原。它的本原是什麼？「歸根曰靜」（同上）就是「道」的性徵「虛靜」，「是謂復命」（同上）這就叫復歸本性。陳鼓應注引福永光思說：

> 老子此一思想，其特色所在，實是在認現象個物之根源有個本體之道的永恆不滅；即是說，一切個物，就其自身而言，雖是有限不完全，但其存在之根源，卻是穩踏著無限而完全的「道」，因與「道」有著連續的本末關係，故由自末歸本的復歸，而得脫出其自身之有限性與不完全性。——這便是復歸思想之本質。（頁91）

福永光司用這一大段言辭去詮釋復歸，其目的只在說明，物的有限性必須回歸在「道」的無限性這個根源上才能超克。換句話說，物是藏隱於「道」中，「道」是物的本根。物是靠「道」成就的。

接著福永光司把這種思想更加廣化：

> 此一復歸思想，在中國哲學史上，便形成了兩種特徵性思想。其一：就人的內在的主體性實踐性這一方向作復歸。人心原本清淨圓滿，因後天種種欲望與知識而被騷亂，故意捨棄人欲以復歸其源本的清淨圓滿，此唐李翱及其承繼者宋學之復性說可為其代表，而中國佛教與道教之修養論，亦可謂在基本上亦立於此一立場。其二：

〔註18〕林文月等主編，《古今文選・第七集》，台北：國語日報出版社，1989，頁1599。

就古今此一時間之推移，作歷史方向之復歸。以「過去」爲「道」
之完全實現之至德之世，「現在」爲墮落下降之不完全時代，自不
完全的「今」復歸於完全的「古」；此即所謂復古或尚古思想，儒
家之信堯舜禹湯之世爲聖人實在之世，而冀復歸於彼古聖之道，可
爲最好代表。老子之復歸思想，實兼此二方向。而尤其不可忽視
的，是他所展示的二方向是屬原型的。（同上）

作者企圖把老子的復歸思想和宋儒的復性思想串聯。筆者以爲「復性」重在
要求「人」的無欲境界。而老子的復歸偏重於引領「物」臻於無限境界。雖
然兩者都與「道」冥合，但後者的「道」，該是最原始的「物道」了。這最原
始的物道，莊子稱之爲純素之道。他自己解釋：「素也者，謂其無所與雜也；
純也者，謂其不虧其神也。」素就是樸，「見素抱樸」，「素」「樸」在這裡
是異字同義（〈十九章〉，頁97）而樸，即老子對「道」的指稱，如：「道常無
名樸」，「無名」「樸」就是「道」（〈卅二章〉，頁134）或者形容「道」如：「常
『德』乃足，復歸於樸，樸散則爲器。」王弼注：「樸，眞也，眞散則百行出，
殊類生，若器也。」這個注最能說明物與道的關係。作爲物殊性的「德」，足
具之後，便回歸眞樸的「道」，這個眞道分化之後就成就各行各類的物。「道」
的眞樸性使萬物各得其『德』，順其自然。如此，才能不虧其神。不虧神，則
天機顯豁，不以心機相加害。誠如莊子對「至一」的嚮往：「當是時也，陰陽
和靜，鬼神不擾，四時得節，萬物不傷，羣生不夭，人雖有知，無所用之，
此之謂至一。」[註19] 成玄英疏：「均彼此於無爲，混是非於恬淡，物我不二，
故謂至一也。」至一就是物我不二，一切物皆復歸於「道」而成一體，焉能
有二？故「道」即物，物即「道」也。

　　小結：透過以上的討論，道、氣、象、物的內在聯結是一種環環相扣的
循環連鎖關係。由上而下再由下而上循環來回。若以圖表：

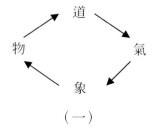

（一）

〔註19〕郭象注，成玄英疏，《南華眞經注疏・繕性》，頁322。

這是道轉化爲氣；氣寓居於象；象表徵事物；物藏隱於道的由上而下，再復歸於上的順轉關係。再看圖（二）

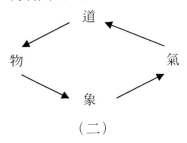

（二）

這是道以成物；物以載象；象以顯氣；氣以明道的由上而下，再復歸於上的逆轉關係。

這順轉、逆轉，就使道、氣、象、物四者聯結起來。再加上間亦相通的跳脫會合，如：道與象，可透過氣或物，氣與物可透過道或象作中介，彼此融貫。如圖（三）：

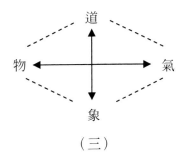

（三）

如此，道、氣、象、物四者，彼此融通，即道、即氣、即象、即物而已。

第五節 跨入美學範域的探討

一、哲學範疇何以能轉化爲美學範疇

在本章第一節曾提及「轉化」的概念。美學之祖鮑姆嘉通，認爲美學是研究「感性認識的完善」。他把人的認識分成兩部分，一是低級的感性認識，二是高級的理性認識。研究理性認識的理論是邏輯學，研究感性認識的理論則是美學。〔註20〕邏輯學是認識論的運作方式，認識論是哲學的入門知識，經由認識論的切入，才了解形上學、倫理學的議題。換言之，哲學是理性認

〔註20〕朱光潛編譯，《西方美學家論美與美感》，台北：丹青圖書公司，1983，頁 181。

識的理論，美學是感性認識的理論。理性與感性是兩個對立面，從理性移至感性，稱之為轉化。因此，哲學的範疇，理所當然就可以轉化成美學範疇。但轉化不是異化，這對立面絕沒有反撲的傾向，反倒是從對立中求得統一。即使今日美學已獨立成一門學科，但它仍需哲學理論作背景，失去這靠背，藝術則淪為技術，美學理論也不知從何談起。這就是本論文需從哲學的存有論切入，肯定「美」的存有，才能繼續討論本論文主題的緣由。

　　如果追本溯源，藝術在古早時是被視作技藝的。比如柏拉圖（Platon，472～347B.C.）就把它視作「摹本的摹本」，「和真理隔著三層」，〔註21〕要把詩人趕出理想國。當時，從事這種工作的人都是奴隸和勞苦的平民，「貴族是不屑做這種事的，他們對『藝術』的鄙視，很像過去中國對於『匠』的鄙視。」〔註22〕中國對「匠」的鄙視，史不可考。但，史書所載的藝術和今日我們所謂的藝術的界定，落差很大。在《魏書》〔註23〕中稱為「術藝」，指的是天文、曆法、卜筮之類的技藝。《晉書》〔註24〕雖把「術藝」改為「藝術」，但涵義仍與魏書相同。真正把藝術當作創作，視藝術為藝術的要到魏晉，但美學的理論建立，還是要靠哲學家。歐洲美學思想的奠基人是亞里斯多德，中國則是老子。因此將哲學的範疇轉化成美學的範疇是件順水推舟的事。

二、道、氣、象、物在人物涵養上的意義

　　作為哲學範疇的道、氣、象、物跨入美學領域後，更講究四者的融通。這四範疇融通之後，才能產生美的意象。「美」的「意象」，和含象徵意義的意象不同，劉勰《文心雕龍・神思》：「獨照之匠，窺意象而運斤。」（頁340）有獨特見解的工匠是看到物的「意象」才動斧頭的，這「意象」就是「美」的「意象」了。是藝術家在構思活動中和客體對象交流融通後，再形塑的象外之象，它是創作者意念的表出。不論是審美判斷，還是藝術創作，有了意象，活動才能進行。審美經驗也該是對融貫四者後，所得意象的感受。這種感受亦需通過理性的洗禮，才能真切。即使不看前文的論述，憑理性的直覺

〔註21〕朱光潛，《西方美學史上卷》，新北市：漢京文化事業有限公司，1982，頁33。
〔註22〕同上。
〔註23〕廿四史之一，北齊鉅鹿人魏收（505～572）奉敕撰，係紀傳體。今本凡百十四卷，起成帝毛，至孝靜帝善見。為斷代史。
〔註24〕《晉書》廿四史之一，唐房玄齡等奉敕撰。係紀傳體。共一百三十卷，起司馬懿，終於恭帝，為斷代史。

也能體會到「氣」是貫穿三者的中介，靠著它的能動性把其餘三範疇串連起來。進入美學範域後，「氣」不但繼續扮演這個角色，而且更形重要。

　　宗白華曾說，人物品藻是中國美學的出發點〔註25〕，是有見地的。而人物美就美在精神。在第二節氣論中言及氣是可以進入精神層面的。而中國人對生命精神的體會，最早是受「道」的啟示，大自然蓬勃的生機，花開花落，四季更迭，生命的生生不息，給人思考去追求生命無限的可能性，而這種思維，很自然的趨向於把有限的小我寄託於無限的大我之中，以期小我生命的不朽，於是立功、立德、立言，成為知識份子努力的目標。在政治上需要人才，心態上希望流芳百世，兩造一拍即合，於是東漢末年人倫鑑識蔚為風尚。

> 這種人倫鑑識，開始是以儒學為鑑識的根據，以政治上的實用為其
> 所要達到的目標，以分解的方法構成他們的判斷，而其關鍵之點，
> 則在通過可見之形，可見之才，以發現內在不可見之性，即是要發
> 現人之所以為人之本質。〔註26〕

徐復觀先生深入淺出的把「人倫鑑識」的初衷概括得一清二楚。而其中能發現對象「內在而不可見之性」，是有鑑識者的本事，這本事包括玄學的修養及對美的觀照能力，我們稱他們為題目人或評品家。他的本事越大，推崇者越多，地位就越高，往往一言九鼎，被評品的人也因此而水漲船高。當時的品評家以許虞（生卒年不詳）、許劭（150～195）兄弟及郭林宗（128～169）最為有名，而許劭尤具權威性。「曹操微時，常卑辭厚禮，求為己目，劭鄙其人而不肯對，操乃伺隙脅劭，劭不得已，曰：『君清平之姦賊，亂世之英雄』操大悅而去。」〔註27〕曹操也因此而聲名大噪，可見品題的力量。

　　正始之後人倫鑑識趨向人物品藻，原始的政治目的日趨淡化。劉劭的《人物志》替這項活動建立了理論系統，除了政治實用性外，更加上對人物美鑑賞的欣趣。很容易的理解到「氣」才真正是主導人物美的元素，尤其在它融通了道、氣、象、物之後，道、象則依靠它在現象界呈現。

　　所謂道、氣、象、物在人物涵養上的意義，意指此四者在人物涵養後所散發的人物美。

〔註25〕宗白華，〈論世說新語和晉人的美〉，收錄於《中國美學史論集》，合肥：安徽
　　　　教育出版社，2006，頁124。
〔註26〕徐復觀，《中國藝術精神》，台北：學生書局，1992，頁152。
〔註27〕《後漢書》卷六十八〈郭符許列傳第五十八〉，頁2235（579）。

　　魏晉人物雖然也相信「人秉氣而生，含氣而長〔註28〕」，但並不承認「得貴則貴，得賤則賤〔註29〕」的命定論。在人物品藻蔚為風尚的氛圍下，冀望靠涵養的工夫，散發自身的美感，以便得到同好者的認同。以下分四個面向論述：

（一）體　道

　　體道就是體悟、體貼、體諒「道之理」。道之理不外：自然無為；素樸寡欲；乾剛坤柔；生生不息。君子能體悟這些道理，躬親實踐，身體力行，必能由內而外，美七尺之軀。魏晉名士在精神上可以盡量追求自由的情境下，興起玄學。在玄理薰陶下的美學自然也以作為精神本體的「道」為指導原則。這「道」之理給美學最大的影響就是素樸自然。宗白華有感而發，指出：「魏晉六朝是一個轉變的關鍵，劃分了兩個階段。從這個時候起，中國人的美感走到了一個新的方向，表現出一種新的美的理想。那就是認為『初發芙蓉』比之於『錯采鏤金』是一種更高更美的境界。」〔註30〕因此，魏晉人士社交往來，雖論門第，但生活上大致仍以儉樸為尚。「王丞相儉節，帳下甘果，盈溢不散。涉春爛敗，都督白之，公令捨去。曰：『慎不可令大郎知。』」（《世說新語‧儉嗇》，頁875）丞相居一人之下，萬萬人之上，甘果盈溢也不捨得吃，爛了丟掉，還怕大兒子知道。若以「上行下效」推之，名士們的生活不致浪費到那裡去！

　　「芙蓉」比之「鏤金」除了樸實外，更有一種自然美。「自然無為」是名士們的生活態況，更是他們冀望的施政方針。當這種政治理念，無處施展時，很順理成章的就置入他們的生活中，阮籍醉臥鄰家婦側，其夫不疑。劉伶縱酒脫衣裸形，不畏人譏。他們訴求的只是隨心所欲的自然。

　　此外，「初發芙蓉」還有一種嬌豔貴氣之美。「何平叔美姿儀，面至白；魏明帝疑其傅粉。正夏月，與熱湯餅。既噉，大汗出，以朱衣自拭，色轉皎然。」（〈容止〉，頁608）余嘉錫箋疏：「尚書何晏，好服婦人之服。」貴為尚書，面若芙蓉，紅頂妝扮，魏晉名士欣賞男子嬌豔亮麗之美，算是另類的突破。

〔註28〕黃暉，《論衡校釋》〈義命〉，頁48。

〔註29〕同上。

〔註30〕宗白華，〈中國美學史中重要問題的初步探索〉，收錄於《美學散步》，上海：上海人民出版社，2006，頁60。

當然也有剛健自強的美：「過江諸人，每至美日，輒相邀新亭，藉卉飲宴。周侯中坐而歎曰：『風景不殊，正自有山河之異！』皆相視流淚。唯王丞相愀然變色曰：『當共勠力王室，克復神州，何至作楚囚相對？』」（〈言語〉，頁92）何等氣魄，何等胸襟，這就是體悟「天行健，君子自強不息」的乾道所呈顯的氣象。

體貼天道，是魏晉名士之所以能在「天下多故，名士少有全者」的政治生態下，求得精神自由的先決條件。試看嵇康臨刑時的胸懷：「嵇中散臨刑東市，神氣不變。索琴彈之，奏廣陵散。曲終曰：『袁孝尼嘗請學此散，吾靳固不與，廣陵散於今絕矣！』」（〈雅量〉，頁344）

嵇康受了天大的冤屈，幾乎在陪死的情況下被送入刑場，但從他臨刑時的表現，知道他能體貼天道的無私，「天無私覆，地無私載」，天也一樣眷顧惡人，福德不能一致，亦是天的旨意，何苦怨天尤人，陷自己於苦痛？由體貼到體諒後就能敞開心懷，接受事實，不怨不尤，苦中作「藥」，復歸到清明空靈的本性。很直覺的去慨歎藝術生命的終結，而不是自我生命的灰飛煙滅。

從體悟天道的無心，到體貼天道的無為，直至體諒天道的無私，是要下一番涵養工夫的。這套工夫論，是宋明理學的核心。本論文討論的範圍，止於魏晉，因此只從莊、孟的文本上縷析出一招半式的基本工夫，作為討論魏晉人物涵養的路數。畢竟，他們是活在宋、明之前的人物。

要下怎樣的工夫，才能涵養出倚道而行的美？筆者認為不妨從莊子提出的心齋、坐忘及孟子所謂的勿正、勿忘、勿助長入手。

心齋是莊子提出的一種悟道方法。就是把心空出來。把心從形體的執著中跳出來。簡單的說，就是去我執。因為心一執著，就容易痴迷，再往下陷就成狂熱，狂熱到極限就轉成冷酷，冷酷的行為表現就是殺戮，多少聖戰之名藉此行之。而上天有好生之德，肅殺豈合天道？因此執著的心是不能悟道的。把心空出來最是要緊，怎樣才能空出心來呢。就是用氣去領會道理，因為氣是空明而能容納外物的，裝得下「強為之名曰『大』」的道。莊子說：「若一志，無聽之以耳而聽之以心，無聽之以心而聽之以氣！聽止於耳，心止於符。氣也者，虛而待物者也。唯道集虛。虛者，心齋也。」（《莊子·人間世》，頁129）就是這個意思。人為什麼可以聽「氣」行事，因為人是氣聚而生的，徐復觀先生認為：「氣即是生理作用，在氣上開闢不出精神的境界；只有在人

的心上才有此可能。……並且他在上面所談的氣，實際只是心的某種狀態的比擬之詞，與老子所說的純生理之氣不同。」〔註31〕徐先生的詮釋很有想像力，其實「氣」是否可以開出精神境界，在本章第二節氣論中已經討論過了，答案是肯定的。不過，即使把氣視作「聚則生，散則死」的個人生理之氣，未嘗不可。畢竟，人要活著才能悟道。

　　心齋是把心空出來，把「道」放進去。而坐忘是連「道」都不要擺在心上。「墮肢體，黜聰明，離形去知，同於大通，此謂坐忘。」（《莊子‧大宗師》，頁227）叫人不要受肢體形骸，智巧心機的束縛，就可以和道同體了。換句話說，透過心齋和坐忘，就可以忘掉功利實用的考量，讓心境更自由。自由的心，才擁有審美的能力和創作的動力。所以「心齋，坐忘，正是美地觀照得以成立的精神主體。也是藝術得以成立的最後根據。」〔註32〕透過這樣的工夫，涵養出一顆能夠觀照美的感性心靈，這樣的心靈既充實又光輝。誠於中，形於外，魏晉人物美就在體道中呈顯。

　　孟子提出的勿正、勿忘、勿助長，是培養浩然之氣的方法。既不要先預期養氣的效果，也不能操之過急，用巧智去幫助它成長。因為它是靠日積月累自然而然積澱而成。換句話說，這種涵養工夫，仍是在去欲（勿正）、去智（勿助長）及持久（勿忘）的前提下實踐的。同樣得到淨空心靈的結果。至大至剛的浩然之氣，即由此出。成為《晉書‧忠義列傳》的書寫對象。

　　莊、孟兩家的涵養方式，形式或有不同，結論卻是一致的。可見「至道之極，混一不分，同為一體。」〔註33〕這些體道的進路，共同的目標都放在以道治欲，給予審美活動理性的指導，豐富審美者的心靈。

（二）養　氣

　　在玄學的氛圍下，養氣即養生，因為他們相信人的生命是氣凝聚而成。「人之生，氣之聚也；聚則為生，散則為死。」（《莊子‧知北遊》，頁611）養生的概念，不止於理論，也確實的實踐於生活中。魏晉名士煉丹服藥，已成生活的一環，尤其服用五石散，就像時下吃維他命一樣。「何平叔云：『服五石散，非唯治病，亦覺神明開朗。』」（《世說新語‧言語》，頁74）五石散即寒

〔註31〕徐復觀，《中國人性論史》，台北：台灣商務印書館，1999，頁381～382。
〔註32〕徐復觀，《中國藝術精神》，台北：學生書局，1992，頁72。
〔註33〕阮籍，〈達莊論〉，見嚴可均輯《全三國文‧卷四十五》，北京：商務印書館，1999，頁481。

食散。余嘉錫在箋疏中引秦丞相〈寒食散論〉曰：「寒石散之方雖出漢代，而用之者寡，靡有傳焉。魏尚書何晏首獲神效，由是大行於世，服者相尋也。」（同上）就何晏政治及學術地位言，當然是五石散的最佳代言人。筆者認為，他們感興趣的，不止於藥效，而是行散時的樂趣。相傳五石散藥性燥烈，服後必須在戶外散步散熱，稱之「行散」或「行藥」。試想：傍晚時分，清風拂袖，步行之間，相見言歡，各顯神氣，互相品評，是怎樣的畫面？名士們陶醉其中，把人物鑑賞直接和生活互動。《世說新語》中記載的人物品題，該是行散時談話的書面報告了。

　　服藥意在養身，養身就是養形，養形是養生的起點，終極目標在於養神。因為「形恃神以立，神需形以存」，要使「形神相親」，「表里俱濟」，才能延年益壽，達到養生的目的。這是嵇康〈養生論〉的立論點〔註34〕。他在〈答向子期難養生論〉時，又重申養生之道首重去智：

> 感而思室，饑而求食，自然之理也。今不使不室不食，但欲令室，
> 食得理耳。夫不慮而欲，性之動也；識而後感，智之用也。性動
> 者，遇物而當，足則無餘；智用者，從感而求，倦而不已。故世之
> 所患，禍之所由，常在於智用，不在於性動。〔註35〕

人一用智就不易滿足，好再求好，多再求多，終至逐物害性，咎由自取，是養生者最大的忌諱。其次去功利之心。「又常人之情，遠雖大，莫不忽之；近雖小，莫不存之。夫何故哉？誠以交賒相奪，識見異情也。」〔註36〕人是很短視近利的，「見交則非賒〔註37〕」，所謂「交」指的是立竿見影的現實利害。「賒」指是日積月累才見功效的好處。所以「三年喪不內御，禮之禁也。莫有犯者。酒色乃身之讎也。莫能棄之。」〔註38〕守孝三年不近女色是做得到的，但長久以往就不容易了。明知酒色傷生，仍不能拒絕，這就是人之常情，縱欲則傷生。形、神皆傷，當然犯忌。

〔註34〕嵇康，〈養生論〉，收錄於嚴可均輯《全三國文・卷四十八》，北京：商務印書館，1999，頁501。
〔註35〕嵇康，〈答向子期難養生論〉，收錄於嚴可均輯《全三國文・卷四十八》，北京：商務印書館，1999，頁504。
〔註36〕同上，頁505。
〔註37〕嵇康，〈答張遼叔釋難宅無吉凶攝生論〉，收錄於嚴可均輯《全三國文・卷四十八》，北京：商務印書館，1999，頁527。
〔註38〕嵇康，〈答向子期難養生論〉，收錄於嚴可均輯《全三國文・卷四十八》，北京：商務印書館，1999，頁504。

　　嵇康認爲養生者最要克服的五大困難是：名利不滅、喜怒不除、聲色不去、滋味不絕、神慮轉發。除了「滋味不絕」外，都是養神的致命傷。王戎云：「與嵇康居二十年，未嘗見其喜慍之色。」（《世說新語・德性》，頁 19）可見他如何努力去克服了「喜怒不除」的困難。累積經驗，於是他建議「棲心於玄冥之崖，含氣於莫大之涘〔註39〕」，能夠親近大自然，含氣澄心使吐納順暢，即可克服這些困難，達到「有老可郤，有年可延〔註40〕」的目的。

　　延年益壽是養生者的終極目的。然而，形、神在調養的過程中所呈顯的美，才是最值得激賞的。筆者將在第六章，作具體的描述。

（三）造　象

　　造象者，營造形象也。這裡所說的形象包括外型和神情。上章論及「象」之義涵時，曾提出「型象義」、「象徵義」及「道中之象義」，而人之神情就從象的「象徵義」及「道中之象義」中朗現。「故其剛柔明暢貞固之徵，著乎形容，見乎聲色，發乎情味，各如其象。」（《人物志・九徵》，頁 19）劉劭所說的象就是「道中之象」，也就是「氣」所呈顯的「象」。「道」轉化爲「氣」，化成萬物後，萬物各得其「德」以成長。剛、柔、明、暢、貞、固就是不同的「德」，表現在人物身上就是不同的「象」。劉昞注：「自然之理，神動形色，誠發於中，德輝外耀。」（同上）這「自然之理」就是道，「神動形色」就是氣，「誠發於中，德輝外耀」就是象了。而發揮這些作用的就是人（物）。要道、氣、象、物融合會通，才能成爲一個審美對象，這就是美學中的「意象」。

　　「象」之營造，靠氣之涵養。劉劭認爲氣和形是表裡的關係，「凡有血氣者，莫不含元一爲質，稟陰陽以立性，體五行而著形。」（同上，頁 13）「元一」指「氣」，「陰陽」是氣的屬性，五行是陰陽相摩相盪所產生的五種元素，這些元素就構成了有血氣之「物」的形象。就人來說：「容之動作，發乎心氣。」（同上，頁 20）一個人的形象是心氣的外現。「心氣」是指有心功能的「氣」。中國人認爲「心」主宰人的思想和情感。「心氣」指人稟賦了「道」之氣所具足的思想情感。簡單的說，人的思想、情感制約人的動作、儀態、臉色、表情。「故誠仁，必有溫柔之色。誠勇，必有矜奮之色。誠智，必有明達之色。」（同上）溫柔、矜奮、明達的形「象」是由仁、勇、智的「心象」所煥發的。這「心象」就是氣的象徵義。如同剛健是「乾」的象徵義一樣。心象要美，形象才會美，先醞釀美的心象，才能呈現美的形象。

〔註39〕同上。
〔註40〕同上。

要如何涵養心象，才能營造出美的形象？只有用心經營。經營的第一步就是培養平和之氣。「觀人察質，必先察其平淡，而後求其聰明。」（同上，頁14）劉昞注：「雖超逸絕群，若氣性不和，必有毀衡碎首決胸之禍。」劉昞雖是以馬喻人，但也說出實情。一個氣性不和的人即使再聰明，也會因使氣任性而失控，結果可想而知。擁有平和之氣不僅是作領袖先決條件，也是人格美的最高境界。

其次要勤讀聖賢書，殷仲堪云：「三日不讀道德經，便覺舌木閒強。」（《世說新語・文學》，頁242）讀書最大的效用就是變化氣質。曾國藩在家訓中教育兒子：「人之氣質由於天性，本難改變，惟讀書可以變化氣質。」〔註41〕讀書何以能變化氣質？養氣。「善讀書者，養氣即在其內。」〔註42〕養的是什麼氣？眞氣！

> 夫氣以雄放爲貴，若長江、大河，濤翻雲涌，滔滔莽莽，是天下之至動者也。然非有至靜者宰乎其中，以爲之根，則或放而易盡，或剛而不調，氣雖盛，而是客氣，非眞氣矣。故氣須以至動涵至靜，非養不可。養之云者，齋吾心，息吾慮，游之以道德之途，潤之以詩書之澤，植之在性情之天，培之以理趣之府，優游而休息焉，醞釀而含蓄焉，使方寸中怡然渙然，常有郁勃欲吐暢不可遏之勢，此之謂養氣。〔註43〕

眞氣必須在「至靜」中攝取。從雄放的至動之氣陶煉爲「至靜」之氣更要下工夫，朱庭珍提出的功夫中以「潤之以詩書之澤」最爲具體。詩書是個概括詞，書要讀得多、讀得廣、讀得深。「讀書之道杜元凱稱若江海之浸，膏澤之潤。若見聞太寡，蘊藏太淺，譬猶一勺之水，斷無轉相灌注，潤澤豐美之家。」〔註44〕所以，讀書要如金字塔又要博大又要高，寬博能拓展胸襟，高深能提升視野。何況讀書時，靜坐澄心，用心吸納書中眞理所吐出的純素之氣。日久天長，眞氣藏於胸，自然營造出純眞無邪的「象」。

〔註41〕曾國藩，《曾國藩全集・家訓・諭紀澤紀鴻》，台北：大俊圖書有限公司，1982，頁798。

〔註42〕李重華，《貞一齋詩說》，收錄於《叢書集成續篇201冊》，台北：新文豐出版社，1989，頁328。

〔註43〕朱庭珍，《筱園詩話》，收錄於《叢書集成續篇202冊》，台北：新文豐出版社，1989，頁165。

〔註44〕曾國藩，《曾國藩全集・日紀己未五月》，台北：大俊圖書有限公司，1982，頁363。

再次要多交益友。朋友的影響是潛移默化的。直、諒、多聞的益友，不僅切磋道德學問，更重要的是感染對方的氣質。俗話常說「有樣學樣」、「近朱者赤，近墨者黑」，就算行為不被對方複製，談吐、儀態卻暗藏對方的影象。這就是聲氣相求的交流感通所至。魏晉人士的形象之所以可以用「類」區分，就是在人物品藻的流行下，物以類聚的結果。

最後就是親近大自然。《史記》太史公云：「遷生龍門……二十而南游江、淮、上會稽、探禹穴、闚九疑，浮於沅湘，北涉汶、泗。」司馬遷（145 或 134～？B.C.）以弱冠之年就遍遊大江南北，目的當然是要培養寬闊的胸襟，在山靈水秀、雲蒸霞蔚的大自然中陶養性靈。蘇軾讚譽「其文疏盪，頗有奇氣〔註45〕」。文如其人，想司馬遷一定也給人神氣奇妙的形象。由此可知，個體的形象，直接靠氣營造。

造象當然不是一蹴可幾的事。有時累積千百年，經由文化的陶養，慢慢琢磨成型。比如：民族的形象。各個民族由於地理、天候、人文、宗教的凝聚方式不同，形成各民族的獨特形象。這些地理、天候、人文、宗教的源頭，中國人就稱其為「道」，由此可知「象」是由「道」塑形的。

（四）化　物

物者，事事物物也。化物就是化解對事物無止盡追求的欲望。人生而有欲，基本的欲望，是人生存的必要條件，理當滿足。故絕欲可能要到某個年齡之後，才能修持。但耽於物欲，逐物喪身，絕非明智。物欲雖不可除，卻可轉化。可轉化為某種生命的衝創力，去營造光輝燦爛的生命形象。轉化的第一步是導正，使欲望向正面發展，在發展的過程中，化解非分際的欲望。

物欲涵蓋面甚廣：名、利、情、慾，甚至對貪、癡、瞋的堅持，都因耽於物欲的緣故。化除物欲的最高境界，筆者認為是物化。「昔者莊周夢為胡蝶，栩栩然胡蝶也。自喻適志與！不知周也。俄然覺，則蘧蘧然周也。不知周之夢為胡蝶與，胡蝶之夢為周與？周與胡蝶，則必有分矣。此之謂物化。」（《莊子・齊物論》，頁 101）當莊周和蝴蝶同為一體時，莊周還企圖捉住這隻蝴蝶嗎？當我與物，我與事的界限都泯除時，「我」還會對「物」或「事」有欲望嗎？「我」之所以希望佔有「它」，就因為「它」不是「我」。如果「它」就是「我」，「我」就是「它」，還需要追逐、佔有嗎？為什麼「它」可以是「我」，

〔註45〕蘇軾，〈上樞密韓太尉書〉，收錄於齊鐵恨主編，《古今文選・第五集》，台北：國語日報出版社，1986，頁 401。

「我」可以是「它」？當然還是同出一「氣」的緣故。因此要養天地之氣，才可與萬物同體。與萬物同體之後，「我」是不是不存在了？「周與胡蝶，則必有分矣。此之謂物化。」可見莊子認為「物化」後的莊周和蝴蝶還是有分別的。換句話說，「我」與「它」還是各別存在的個體。因為沒有「它」，「我」的存在失去意義，試想沒有物的世界，人能生存嗎？但單靠「它」而生存，「我」就不是人了。

因此，化物並不要求到「物化」的最高境界，但也不能被「物」鯨吞蠶食，銷熔到生死與共的地步，「人為財死，鳥為食亡。」根本罔顧「形象」了。如何把物欲轉化為生命的衝創力，是廿世紀以後的人類共同努力的目標。成功的企業家就是最好的實例。君不見松下幸之助、王永慶、賈伯斯都替自己營造了美好的形象？

要下怎樣的涵養工夫，才能化物？怡情。人的一切欲望皆由「情」出發，貪婪、執著、沉迷、畸戀，都因為「情」不由「性」。自董仲舒將人與天相副，天有陰陽、人有性情、陽善陰惡，故性善情惡。往後，「性善情惡」的命題，成了學者辯論的議題。〔註46〕直到郭店楚簡出土，其中有一篇被視為儒學文獻的〈性自命出〉，開宗明義就說：「性自命出，命自天降。道始於情，情生於性。」〔註47〕如此，情既生於性，性惡則情惡，性善則情善，無從對舉。然而性從命出，命從天降，那麼性該從天而來。因此，人之性是一樣的，都來自同一個天，邏輯的必然結果，情也該是一樣的。因此，王弼才認為「聖人同於人者五情也，然則聖人之情應物而無累於物。〔註48〕」這裡所說的「應物而無累於物」就是化物的功夫。要得到這功夫，當然要從「情」字上下工夫。怎樣使情不受物累？物累，其實就是欲，有情必有欲，要能節欲才不至被物所累。如何節欲，要靠怡情，讓情感平和而淡定。怡情最好的方式是傾聽天籟，「夫天籟者，吹萬不同，而使其自已也，咸其自取，怒者其誰邪？」（《莊子‧齊物》，頁38）「天籟」是指各種能發聲的東西，都依自己的自然狀態而發出音響，既不靠風吹也不靠人為。傾聽天籟的意思是叫人要去我執，

〔註46〕 如：劉向的「性情相對」論，荀悅的「性情相應」論，何晏、王弼的「聖人有情無情」爭論，乃至吳隆的「約情歸性」等。

〔註47〕 〈性自命出〉，收於《上博楚簡三篇校讀記》，台北：萬卷樓圖書公司，2002，頁65。或《郭店楚簡國際學術研討會論文集》，武漢：湖北人民出版社，2000，頁330。

〔註48〕 〈何劭王弼傳〉，收錄於樓宇烈校釋，《王弼集校釋》附錄，頁640。

一切順其自然，「吾喪我」，摒棄偏執的我，找回和萬物一體的真我。一個人能復歸自然，與道合一，還有什麼是非、貴賤、彼此的執著？情緒平靜，態度自然祥和，自然能營造出仙風道骨的形象。

（五）小　結

前文曾提及人物美是要靠「氣」顯「象」的。當人透過體道、養氣、造象、化物等四個層面的涵養功夫，把美的形象呈顯出來，這是道、氣、象、物四者融通後，所賦予人物美上的意義。在這個意義上產生的最大效用就是營造出人的韻味！

「韻」在人物美上的義涵是指「一個人的情調、個性，有清遠、通達、放曠之美，而這種美是流注於人的形相之間，從形相中可以看得出來的。」〔註49〕而這種「韻」，是值得人再三回「味」的，故稱之為「韻味」。

三、道、氣、象、物在藝術創作的滲透

中國人對藝術創作的鑑賞，首重創作者對「氣」呈顯的功夫。這種「氣」，當然是在道、氣、象、物四者融通後的再現。這再現的「氣」就不只是陰陽相盪，化成萬物的物質元素而已。它不但是作品精神力量的表徵，也是創作者自我精神涵養的投射。最早體會到「氣」在藝術裡的作用的是曹丕，作為「藝術家」的曹丕是可愛的。曹丕在《典論・論文》〔註50〕中提出了「文以氣為主」的命題。強調不同氣質的作家作品，具不同的氣勢，「雖在父兄，不能以遺子弟」。其間，無所謂高低軒輊，只是面向不同而已。其實，遠在先秦的莊子就以「氣」解釋美醜，提出齊物論。葉朗先生詮釋為

> 作為宇宙本體的「道」是最高的、絕對的美，而現象界的「美」和「醜」則不僅是相對的，而且在本質上是沒有差別的。因為「美」和「醜」的本質都是「氣」……對於一個自然物或一件藝術品，人們最看重的並不是它的「美」或「醜」，而是它是否充分表現了宇宙一氣運化的生命力。〔註51〕

葉朗先生的見解是高明的，在「道」自然無私的性徵下，現象界的一切，本質都是相同的，都是一「氣」呵成的。王充在《論衡》中以「氣」論人和物。

〔註49〕徐復觀，《中國藝術精神》，台北：學生書局，1992，頁178。
〔註50〕蕭統，《昭明文選》，台北：文化圖書公司，1964，頁720。
〔註51〕葉朗《中國美學史大綱》，上海：上海人民出版社，2005，頁106。

善的事物是「和氣」所生，包括醴泉、朱茸、鳳凰、麒麟、聖人等。至於「妖氣生美好，故美好之人多邪惡」（〈言毒篇〉，頁 958）且列舉「叔虎之母」證之，謂之「世之毒也」，雖然偏重於「善」的取向，但也見證了「氣」是決定人或物性質的元素。可惜的是文中並未稱讚「美有勇力」的叔虎。對比於此，Agesander，Athenodor 和 Polydorus 三人所雕的「Laocoon（勞孔）人像群〔註52〕」：勞孔對承受神責罰所表現的痛苦掙扎，真的表現了「宇宙一氣運化的生命力」，使這件藝術品傳世不朽，而西方人卻從未注意到這是藝術家將自身的氣灌注在作品上的成果。只在「形式」上盤旋，稱讚他的線條肌理之美，面目表情之真。而不能理解天地之氣和人的血氣結合時所產生的力道。《淮南子‧說山訓》更具體的說：「畫西施之面，美而不可說；規孟賁之目，大而不可畏，君形者亡焉。」（頁 281）所謂「君形者」就是主導形式的東西，高誘注：「生氣者，人形之君，規畫人形，無有生氣，故曰『君形亡』。」已經注意到「氣」在美學上的價值。直到魏晉，藝術家掙脫了所謂「禮教」的束縛，將追求無限的生命力，展現在人物畫上，鍾馗畫像、羅漢群像，都跳脫了世俗所謂的「美」，和勞孔一樣，表現了「宇宙一氣運化的生命力」。

　　到了現代美學研究的對象更不止於美，故義大利小說家安柏托‧艾可（Umberto Eco）在編完《美的歷史》後又編了一部《醜的歷史》，文圖並茂，皆被列為美學鉅作，而兩部鉅作皆選取了「勞孔人像群」，可見同一對象，從不同角度切入，感受不同。遠在兩千多年前莊子已有此領悟《莊子‧德充符》說得很清楚：「所謂愛其母者，非愛其形也，愛使其形者也。」（頁172）成玄英注：「使其形者，精神也。」主宰形體的精神，才是可愛的。因此，斷腳的王駘申徒嘉，叔山無趾，醜人哀駘它等在莊子眼中都美，可惜莊子在哲學上的光芒蓋過了美學〔註53〕。因此，真正把「氣」提升至美學層面是要到魏晉南北朝。因為：

> 魏晉六朝是我國古代藝術發展突飛猛進的時代，音樂、文學、繪畫、書法、園林建築等種種審美形式都呈現出全面的轉變和躍進的態勢，而成為這種轉變的鮮明標志，就是氣思想在藝術領域裡的突

〔註52〕見王文融等譯，《世界藝術史》，台北：聯經出版事業有限公司，1998，頁 126。又見彭淮棟譯，《美的歷史》，台北：聯經出版事業有限公司，2006，頁 46。

〔註53〕不論是〈人間世〉的「氣也者，虛而待物」或〈逍遙遊〉中的「乘雲氣、御飛龍，而遊乎四海之外」，還是〈知北遊〉中的「通天下一氣耳」的「氣」都仍是哲學層面的氣。

出。〔註54〕

的確，氣思想在藝術領域裡的突出，首先表現在：曹丕提出了「文以氣爲主」，接著阮籍的〈樂論〉：「樂者，使人精神平和，衰氣不入，天地交泰，遠（按：《初學記》作「百」）物來集。」〔註55〕何以能如此，因爲作曲家及演奏者的平和之氣灌注其中。嵇康的〈聲無哀樂論〉：「夫聲者，氣之激也。」〔註56〕將聲之強弱和氣之盛衰相連。劉勰《文心雕龍》更有一篇專論〈養氣〉，認爲神疲氣衰是寫不出好文章的。這些理論再再彰顯了「氣」在藝術創作中的重要性，到底「氣」在藝術創作中扮演什麼角色？針對這個問題，葉朗作了一個概括：1.「氣」是概括藝術本源的一個範疇。2.「氣」是概括藝術家的生命力和創造力的一個範疇。3.「氣」是概括藝術生命的一個範疇。〔註57〕言下之意：「氣」就是藝術家和藝術品之生命聯結。簡言之，沒有「氣」就沒藝術品。

以上討論的是道、氣、象、物融通之後，作爲中介的「氣」如何利用「物」將「道」外現在「象」上。如果就這四個層次分別討論，可以分：以形媚「道」、「氣」韻生動、澄懷味「象」、神與「物」遊，四個命題再作論述。

（一）以形媚「道」

「以形媚道」是宗炳（375～443）在〈畫山水序〉中提出的命題，「山水以形媚道，而仁者樂〔註58〕」。「形」是一件藝術作品最基本的陳述。一位藝術家想表達自己的思想情感，首先要選擇一個對象，這個對象先要是個「形」，再透過藝術家的涵養，營造出一個「象」來表現，即所謂的「意象」。詩詞文章靠文字；繪畫、雕刻靠線條、色彩；庭園、建築靠造景，但都是由「形」蛻變而來。沒有形，就沒有物，遑論藝術品？只是稱得上藝術的物，除「形」之外，還要有神。形神之間的微妙關係，點點滴滴都在藝術家的心頭，只是「形似」確實是創作的起步。元朝劉因說得實在：「夫畫，形似可以力求，而

〔註54〕吳中杰主編《中國古代審美文化論・範疇卷》，上海：上海古籍出版社，2000，頁 94。

〔註55〕阮籍，〈樂論〉，收錄於《全三國文・卷四十六》，見嚴可均輯《全三國文・卷四十五》，北京：商務印書館，1999，頁 486。

〔註56〕嵇康，〈聲無哀樂論〉，收錄於《全三國文》卷四十六，見嚴可均輯《全三國文・卷四十五》，北京：商務印書館，1999，頁 511。

〔註57〕葉朗《中國美學史大綱》，上海：上海人民出版社，2005，頁 218～219。

〔註58〕宗炳，〈畫山水序〉，收錄於俞崑編著，《中國畫論類篇》，台北：華正書局，1984，頁 583。

『意思』與『天者』，必至於形似之極而後可以心會焉。非形似之外，又有所謂意思與天者也。」〔註59〕可見要做到蘇軾（1307～1101）所謂的「意思」，和朱熹所說的「風神氣韻之天者」是要靠媚道後的「形」，被「氣」逼出「韻」來。氣韻生動後，自然傳神。「形」要如何「媚」道呢？

前文論及象的「型象義」時，曾討論過形、象、形象及型象的區別。大抵說來，「形」是一個最簡單的「物」的概念，就是一個固定的物體，表現出來的樣式。當這個樣式成為某一種類的定形後就稱其為「型」。把每一類型的共相抽離出來，形成某種表徵，就叫做「象」了。「在天成象，在地成形。」（《易·繫辭傳上》，頁417）「見乃謂之象，形乃謂之器。」（同上，頁443）其實兩者都是可以讓視覺感受到的東西，在藝術作品稱之為形象，只不過「形」仍是最基本元素（可能抽象畫完全離形直接寫象）。宋·晁說之（1059～1129）：「畫寫物外形，要物形不改。」〔註60〕可見，古人以畫形的精確度，丈量畫家的基本功夫。只是「形」要媚「道」，才能入畫。媚者，親也。形要寫得合乎自然的規律，才能打動審美者的心弦。宗炳〈畫山水序〉說：「山水以形媚道而仁者樂。」〔註61〕仁者之所以樂山水，只因山水之形能與道親。何以見得山水之形親於道？試看：「山近看如此，遠數里看又如此，數十里看又如此，每遠每異，所謂山形步步移。山正面如此，側面又如此，背面又如此，每看每異，所謂山形面面看。」〔註62〕宋·郭熙（1023～1085）、郭恩父子合撰的〈林泉高致〉裡寫山形的變化就是媚於「道」的。「道」就是可遠、可大，在不變中呈萬變，又在萬變中有其不變之理的自然規律性。寫形要與道冥合，才能寫出真形。清·鄒一桂（1686～1772）的《小山畫譜》論章法中說：「章法者以一幅之大勢而言。幅無大小，必分賓主。一虛一實，一疏一密，一參一差，即陰陽晝夜消息之理也。」〔註63〕這陰陽晝夜消息之理，就是道之理。構圖要合道之理，才能定型。定型之後才能造象。造象務求鮮活，表現道之

〔註59〕劉因，〈田景延寫真詩序〉，收錄於俞崐編著，《中國畫論類篇》，台北：華正書局，1984，頁484。

〔註60〕同上，頁66。

〔註61〕宗炳，〈畫山水序〉，收錄於俞崐編著，《中國畫論類篇》，台北：華正書局，1984，頁583。

〔註62〕郭熙、郭恩，〈林泉高致〉，收錄於俞崐編著，《中國畫論類篇》，台北：華正書局，1984，頁635。

〔註63〕鄒一桂，《小山畫譜·畫法》，收錄於俞崐編著，《中國畫論類篇》，台北：華正書局，1984，頁1164。

美。「畫見其大象，而不為斬刻之形，則雲氣之態度活矣！」〔註64〕大象即道也。一幅山水畫，想把對象畫活，就要把握「道」之美。什麼是「道」之美？就是道所具足的無限性。可以從「有以通向無之美〔註65〕」。因此，「形」要媚「道」，才能將具體對象的有限性，發揮至無限，這無限就是創作者精神解放的結果，只有在精神不被俗物牽扯糾纏下，才能自由的創作，將作品推向無限的時空。傳達出作者與作品彼此的精神，人物畫更是如此。顧愷之說：「凡生人亡有手揖眼視而前亡所對者，以形寫神而空其實對，荃生之用乖，傳神之趣失矣。」〔註66〕「亡」者無也，一個人的眼神、手勢一定是針對眼前的對象而發。因此，畫人物畫不只於畫出形象而已，重要的是要體悟出畫中人物手眼之所對，藉其所對之勢傳達人物之精神。這就是說，畫人物，先要瞑想畫面的空間關係。這種空間關係，就是「道」之所在，看係空白，其實隱藏著畫家意想中的「象」，也就是顧氏所說的「實對」（比如：目送歸鴻，並不需要畫出歸鴻）。如果畫家「荃生」時，忽略了這一點，就寫不出神來了。但「荃生」仍是基本工夫，「若長短、剛軟、深淺、廣狹，與點睛之節，上下、大小、醲薄，有一毫小失，則神氣與之俱變矣。」〔註67〕顧愷之對寫形的要求是嚴刻而細膩的。從姚最讚美他：「長康之美，善高往策，矯然獨步，終始無雙。有若神明，非庸識之所能效；如負日月，豈末學之所能窺？」〔註68〕可見他「以形寫神」的命題，絕非空談！

　　寫形，講究的就是筆法，鄒一桂批評西洋人：「善勾股法，故其繪畫於陰陽遠近，不差錙黍，所畫人物、樹屋，皆有日影……布影由闊而狹，以三角量之，畫宮室於牆壁，令人幾欲走進，筆法全無，雖工亦匠，故不入畫品。」〔註69〕他不滿意西方人的定點透視法，因為這種畫法不親於道的虛、靜之理，怎能把對象畫活？中國人的審美方式偏向靜中取動、動中取靜，實中有虛，

〔註64〕郭熙、郭恩，〈林泉高致〉，收錄於愈崑編著，《中國畫論類篇》，台北：華正書局，1984，頁635。

〔註65〕徐復觀，《中國藝術精神》，台北：學生書局，1992，頁246。

〔註66〕顧愷之，〈畫論〉，收錄於張彥遠編《歷代名畫記‧卷五》，浙江人民美術出版社，2011，頁182～183。

〔註67〕同上。

〔註68〕姚最，〈續畫品並序〉，收錄於愈崑編著，《中國畫論類篇》，台北：華正書局，1984，頁368。

〔註69〕鄒一桂，《小山畫譜‧西洋畫》，收錄於影印《文淵閣四庫全書子部 114 冊》藝術類，頁838～733。

虛中有實。即使畫靜物，也以畫得鮮活靈動，以展現蓬勃生機為美，而不在於色彩、光影，表現得真實如照片一般，尤其不在意背景的充填。畫不留白，怎有靈氣？

就因為中國藝術家認為「形」要跟著「道」走，才能走出既合「陰陽之理」，又合「無限之美」的「象」來，這樣的「象」，才有呈顯「氣」的可能。如此，「以形寫神」、「氣韻生動」、「傳神寫照」、「澄懷味象」、「神與物遊」等美學命題才能成立。

所謂跟著「道」走，不只是客觀對象的「形」是媚於道的，主要是主觀的創作者構思的「造象」也是媚於「道」的。「道」要存於藝術家的心中，藝術家以道心體物，在觀察物之形時，就得體悟出此物之道，用心去「造象」，抓住物形所蘊含的氣、韻、神、味等等本質。透過「觀山則情滿於山，觀海則意溢於海〔註70〕」的物我融通之後，再現於藝術作品中。所謂「外師造化，中得心源」〔註71〕，張璪（？～1903）所說的心源就是「道」。同時代的符載（生卒年不詳），在〈觀張員外畫松石序〉中讚嘆張璪「觀夫張公之藝非畫也，真道也。當其有事，已知遺去機巧，意冥玄化，而物在靈府，不在耳目。」〔註72〕靈府，心也。物之形在心，「故得於心，應於手，孤姿絕狀，觸毫而出，氣交沖漠，與神為徒。」〔註73〕藝術家心中有「道」，就能讓藝術品中之「形」去媚「道」，營造出心中所感之「象」，充分掌握住傳神的效果。簡單的說，形要媚道才能傳神。

整體說來，「形」在藝術創作的過程中，是一個客觀的物的外現，是醞釀創作的起點。透過藝術家心源的粹煉，作品中的「神」才是創作者精神世界的呈顯，也是創作過程的終點，又是審美者和藝術家所講求的「境界」。這個境界是通過「道、氣、象、物」交融後獲得的成果，也因此，才有資格躋身於審美的世界中。

（二）「氣」韻生動

自從曹丕提出「文以氣為主」的命題後，「氣」成為美學領域的領頭羊，

〔註70〕劉勰著，周振甫譯注，《文心雕龍譯注》，台北：五南圖書公司，1997，頁341。

〔註71〕張璪，〈文通論畫〉，收錄於俞崑編著，《中國畫論類篇》，台北：華正書局，1984，頁19。。

〔註72〕符載，〈觀張員外畫松石序〉，收錄於俞崑編著，《中國畫論類篇》，台北：華正書局，1984，頁20。

〔註73〕同上。

被視爲品評者或創作者對作品的第一個要求。五代‧荊浩（生卒年不詳）的〈筆法記〉：「夫畫有六要：一曰氣，二曰韻，三曰思，四曰景，五曰筆，六曰墨。」〔註74〕就把氣放在第一位。梁‧謝赫（479～502）把衛協（生卒年不詳）的畫放入第一品就因爲他氣壯，把夏瞻（生卒年不詳）置於第三品只因爲「氣力不足」〔註75〕。寫字和畫畫一樣，以氣的運勢作爲評審作品優劣的度量衡。王僧虔（426～485）的〈書賦〉便以「氣」來說明書法之美：「形綿靡而多態，氣陵歷其如芒。」〔註76〕書法的形無實物可對，完全靠書家心之想「象」，以氣行之。「情憑虛而測有，思沿想而圖空。」〔註77〕臨池不僅要收放心，更要潛氣內轉，一氣貫注，才能寫出一筆好字。梁武帝蕭衍的〈答陶隱居論書〉也把「棱棱凜凜，常有生氣〔註78〕」的作品列爲「甲科」。

　　就音樂而言，早在《禮記‧樂記》裡就陳述了音樂和氣的關係，先王在作樂的時候，必定「合生氣之和，道五常之行，使之陽而不散，陰而不密，剛氣不怒，柔氣不攝，四暢交於中而發作於外，皆安其位而不相奪也。」（頁626）怎樣讓曲子中的聲氣平和呢？就得依五行中陰陽的交轉，使樂曲中的陽氣不飄散，陰氣不鬱結，剛健的氣不見忿戾，柔順的氣不見懦弱。四種氣交融於曲子之中，不相干擾，這樣的音樂才能使聽者心氣平和，收到樂教的效果。這樣的論述已判定氣是音樂的靈魂，何況它還進一步深化爲：「凡姦聲感人，而逆氣應之，逆氣成象，而淫樂興焉。正聲感人，而順氣應之，順氣成象，而和樂興焉。」（同上，頁628）已說到人的心氣如果和樂聲配合，就能夠逐漸建構一種音樂風潮。荀子站在儒教立場，把這份影響擴大成「凡姦聲感人而逆氣應之，逆氣成象而亂生焉。正聲感人而順氣應之，順氣成象而治生焉」（〈樂論〉，頁410）的社會態勢。將「氣」在藝術創作的滲透，放大爲社會治、亂的根源，充分展現了藝術的教化功能。

〔註74〕荊浩，〈筆法記〉，收錄於愈崑編著，《中國畫論類篇》，台北：華正書局，1984，頁387。

〔註75〕謝赫，〈古畫品錄〉，收錄於愈崑編著，《中國畫論類篇》，台北：華正書局，1984。「古畫之（皆）略，至協始精。六法之中，迨爲兼善。雖不說（該）備形妙，頗得壯氣。凌跨群雄，曠代絕筆。」（頁356）至於夏瞻：「雖氣力不足，而精采有餘。擅美遠代事非虛美。」（頁361）

〔註76〕王僧虔，〈書賦〉，收錄於收錄於影印《文淵閣四庫全書子部194冊》類書類，頁888～544。

〔註77〕同上。

〔註78〕蕭衍，〈答陶隱居論書〉，收錄於影印《文淵閣四庫全書子部194冊》類書類，頁888～735。

氣若太盛，必有凌人之勢，難見和諧之美。於是緊接著產生「韻」的概念。「韻」，本來指音樂的律動。魏・張揖《廣雅》：「韻，和也。」聲音和諧就叫「韻」。劉勰界定得較爲詳細：「異音相從謂之和，同聲相應謂之韻。」（《文心雕龍・聲律》，頁 409）試想，在「同聲相應」下，其節拍律動，不需人爲調配，渾然天成，多麼叫人神往。於是對「韻」的探求，很自然就把它提升到具有普遍性的美學範疇。最初的應用，仍在人物品藻上。對於一個風姿神貌，含蓄內斂，又平和深遠的人，往往用「韻」字品題（詳見第六章「韻」的美）而後文論、畫論、書論、雕刻及園林藝術都以「韻」爲一種美的「意境」。謝赫在〈古畫品錄〉的序中提到繪畫的六種法度，即將「氣韻生動」列爲第一〔註79〕，從此「氣韻」成了一個組合式合義複詞。氣韻指的是「氣」在藝術作品中運行時所產生的韻味，也就是「氣」在其間和諧遊走時所產生之意象。

氣韻怎能生動？氣的本質含具能動性，又有化生萬物之能，說它生動，理之當然。而它所產生的韻呢？韻是一種靜態的美，可以稱讚它幽遠，如何說得上生動？這就印證了「道」的「虛靜」之理。唯有虛、靜才能幽、遠，幽遠是通向無限的過程。以有限的人，面對無限，自然有一種自歎弗如的感動。這份感動可能比「氣」之感人更深刻，更值得回味。因此，氣韻生動雖不等於傳神〔註80〕，卻可以傳神。

徐復觀在〈釋氣韻生動〉中分析氣韻與生動的關係：

1. 將「氣韻生動」一語的主體是在氣韻。氣韻是生命力的昇華，所以有氣韻便一定會生動，但僅有生動不一定便有氣韻。氣韻才是此一詞句中的決定者。是謝赫的本意。

2. 生動才是此一詞句的決定者，畫能生動，氣韻自在。

第二種顛覆傳統的說法，目的是矯正清初四王（王時敏、王鑑、王翬、王原祁）以後文人畫停頓於筆墨的趣味上而忘記外師造化的最基本工夫。〔註81〕這樣的分析是綜觀美學史流變的心得論述。但，無論如何，都表示這是「氣」滲入藝術創作後才研發出來的命題。

〔註79〕謝赫，〈古畫品錄〉，收錄於愈崑編著，《中國畫論類篇》，台北：華正書局，1984，頁 355。

〔註80〕詳見葉朗《中國美學史大綱》，上海：上海人民出版社，2005，頁 221～222。

〔註81〕詳見徐復觀，《中國藝術精神》，台北：學生書局，1992，頁 190～192。

　　如果要把「氣」在藝術作品的作用力再探究一下，不妨分書、畫、詩、文四方面討論：

1. 書畫

　　氣在書畫上的運勢最明顯。尤其書法，要把抽象的符號用形象表達，氣的灌注及遊走是原動力。所謂「字勢雄強」、「筆勢洞精」句中的「勢」字就是氣韻生動的「氣」。〔註82〕「氣」帶動書法家筆隨意走，甚至臨池時的心氣早讓書法家意在筆先。王羲之把寫字的前置作業說得透徹：「夫欲書者，先乾研墨，凝神靜思，預想字形，大小偃仰，平直振動，令筋脈相連，意在筆前，然後作字。」〔註83〕句中凝神就是屏氣，要先把氣駕馭好，讓氣脈貫通筋脈，運筆才能收放自如。孫過庭也認為「時合氣潤」，寫起來一定順手，「意違勢屈」，即成劣品。〔註84〕可見氣勢的影響力。劉熙載《藝概・書概》：「高韻深情、堅質浩氣，缺一不可以為書。」〔註85〕韻、情、質、氣是書寫的四元素，質是藝術家的本質，這是天賦加上涵養陶煉出來的主體，這主體靠「氣」貫通筋脈後，將深情透過意象行諸筆鋒毫末，這趟游行運勢，逐漸呈顯出藝術家所要表現的韻味來，帶給審美者神遊的欣趣。所以「書要心思微，魄力大，微者條理於字中，大者磅礴乎字外。」〔註86〕磅礴就是氣盛，就是魄力大。韻者，就是心思微，字有條理。讓審美者在品其韻味之際，感受到一股生氣游走其間，又放諸其外。綜合言之，「筆性墨情，皆以其人之性情為本」，這就是「質」。「是則理性情者，書之首務。」〔註87〕理性情，就是養氣。如此，才能「幽思入於毫間，逸氣彌於宇內，鬼出神入，追虛補微。則非言象筌蹄所能存亡也。」〔註88〕氣之作用大矣！

　　繪畫更是這樣，從人物畫到山水畫，「氣」完全掌握畫面的布局，並營造

〔註82〕 「氣韻」一詞後來的評論家只作韻的意味使用，於是便常以「氣勢」或「力」的名詞，代替了原有的氣韻的「氣」。詳見同上，頁183或185。

〔註83〕 王羲之，〈題衛夫人《筆陣圖後》〉，收錄於王振復主編，《中國美學重要文本題要》，成都：四川人民出版社，2003，頁192。

〔註84〕 詳見孫過庭，〈書譜〉，收錄於王振復主編，《中國美學重要文本題要》，成都：四川人民出版社，2003，頁279。

〔註85〕 劉熙載《藝概・書概》，上海：廣文書局，1927，頁19。

〔註86〕 同上。

〔註87〕 張懷瓘，《書斷》，收錄於王振復主編，《中國美學重要文本題要》，成都：四川人民出版社，2003，頁304。

〔註88〕 同上。

氛圍，逼出「韻」味。明·張鵬的《淵明歸醉圖》〔註89〕畫中的陶淵明一臉
微醺，雙目低垂，嘴角似笑非笑，美髯隨風，寬衣肥袖，不見臃腫，一身道
骨，飄逸仙風，滿心陶醉，沉浸其中，雖未點睛，卻神情十足。畫家將陶淵
明的人格特質，展露無遺。身旁攙扶的童子，手持黃菊，以示老者身分。凝
神專注著老者的動靜，滿眼關懷，嘴形微彎，一臉「早知你會如此」的俏皮，
令人忍俊不禁。蒼勁老樹的背景，墨色由濃漸淡，延伸至無限晴空。全幅畫
作可以看出畫筆下的「氣」遊走於虛實之間，收放自如，韻味無窮。是以，
張彥遠能體會到顧愷之何以認為畫人最難，就因為氣韻要生動，是需要眞積
力久則至的，「若氣韻不同，空陳形似，筆力未遒，空善賦彩，謂非妙也。」
〔註90〕

　　山水畫的氣，更強於人物，除了人氣外，更多了雲霧氤氳之氣，山勢雄
偉之氣，瀑布奔瀉之氣，亭台清幽之氣。當然最要緊的是畫家掌控之氣，「以
一管之筆，擬太虛之體〔註91〕」談何容易。北宋范寬的傳世名作《溪山行旅
圖》，即以氣勢磅礴取勝。杜甫題畫詩中有題《奉先劉少府新畫山水歌》說他：
「元氣淋漓障猶濕。」〔註92〕能把山水畫中的雲氣、霧氣、水氣、山氣，恰
如其分的融入畫面，呈現淋漓猶濕的盎然生氣，清人方薰認為這就是「氣韻
生動」了。〔註93〕不過他仍強調：「氣韻生動為第一義，然必以氣為主，氣盛
則縱橫揮灑，機無滯礙，其間韻自生動矣。」〔註94〕該是「氣韻生動」的最
佳詮釋。

2. 詩文

　　從《尚書》、《左傳》、《詩經》、《楚辭》到漢賦，不論韻文、散文，「氣」
都是作詩行文的先決條件。正如王昌齡所說：「夫文章興作，先動氣，氣生乎

〔註89〕紀江紅編，《中國傳世名畫·卷四》，北京：內蒙古人民出版社，2002，頁276。

〔註90〕張彥遠，〈歷代名畫記敘論〉，收錄於愈崑編著，《中國畫論類篇》，台北：華
　　　　正書局，1984，頁32。

〔註91〕王微，〈敘畫〉，收錄於愈崑編著，《中國畫論類篇》，台北：華正書局，1984，
　　　　頁585。

〔註92〕杜甫題畫詩，〈奉先劉少府新畫水山水歌〉，收錄於愈崑編著，《中國畫論類
　　　　篇》，台北：華正書局，1984，頁591。

〔註93〕方薰，《山靜居畫》，收錄於原刻景印《百步叢書集成》，台北：藝文印書館，
　　　　頁2。

〔註94〕同上。

心，心發乎言，聞於耳，耳於目，錄於紙。」〔註95〕只是魏以前的文論未曾明白指出而已。到了曹丕在《典論·論文》中正式提出「文以氣爲主」之後，「氣」在文論中備受重視。在〈論文〉中，曹丕即刻品評：「徐幹時有骨氣⋯⋯應瑒和而不壯，劉楨壯而不密，孔融體氣高妙，有過人者。」〔註96〕已經以「氣」取文了。陸機〈文賦〉的「精騖八極，心遊萬仞〔註97〕」，所謂的心遊，即指氣的遊走，因爲「氣」是可以包容心的。劉勰《文心雕龍》論創作，第一就是強調「神思」，「神思胸臆，而志氣統其關鍵。」（頁339）志是思想，氣就是個人的心氣，心氣統御思想，形成作家個人的風格，有風格才稱得上是創作。韓愈〈答李翊書〉：「氣，水也；言，浮物也，水大而物之浮者大小畢浮。氣之與言猶是也，氣盛則言之長短與聲之高下皆宜也。」〔註98〕他以水喻氣，浮物喻詞藻。水大則物必浮，氣盛則詩的辭及韻都精彩。朱庭珍說：「蓋詩以氣爲主，有氣則生，無氣則死。」〔註99〕並引蘇東坡的話：「氣之盛也，蓬蓬勃勃，油然浩然，若水之流於平地，無難一瀉千里，及其山石曲折，隨物賦形，一日數變而不自知也，蓋行所當行，止所當止耳。是皆善於言氣者。」〔註100〕氣不但要盛，而且要掌控得宜，能「行所當行，止所當止」。正如李德裕在〈文章論〉上發揮曹丕的文氣論，提出：「氣不可不貴，不貴則雖有英詞麗藻，如編珠綴玉，不得爲全璞之寶矣，鼓氣以勢壯爲美，勢不可以不息，不息則流蕩而忘返。」〔註101〕李氏也認爲氣要通貫才能成勢，勢要強而有力才叫美，但又不可以過了頭，過了頭就散亂而抓不回來了。這就是曹丕評：「應瑒和而不壯，劉楨壯而不密」的道理。是以曾國藩在〈雜著〉裡論歛、侈、伸、縮：「後人爲文，但求其氣之伸，古人爲文，但求其氣之縮。氣恆縮則詞句多澀，然深於文者，固當從這裡過。」〔註102〕雖說人都有貴古賤

〔註95〕 王昌齡，〈詩格〉，收錄於《新唐書·藝文志》，台北：鼎文書局，1987，頁294。
〔註96〕 蕭統，《昭明文選》，台北：文化圖書公司，1964，頁720。
〔註97〕 同上，頁224。
〔註98〕 韓愈，〈答李翊書〉，收錄於齊鐵恨主編，《古今文選·第四集》，台北：國語日報出版社，1987，頁1553。
〔註99〕 朱庭珍，《筱園詩話》，收錄於《叢書集成續篇202冊》，台北：新文豐出版社，1989，頁165。
〔註100〕 同上。
〔註101〕 李德裕，《李文饒文集·窮愁志》，收錄於王振復主編，《中國美學重要文本題要》，成都：四川人民出版社，2003，頁363。
〔註102〕 曾國藩，《曾國藩全集·雜著》，台北：大俊圖書有限公司，1982，頁320。

今的心態，但曾氏還是坦承悶氣太過，文辭就不流暢了。可是這是寫好文章的必經過程，蹲得越低，跳得越高。要先學如何控制心氣，才能盡情放手，否則天馬行空，氣一散，文辭難免浮誇了，可見氣在文章創作上的意義。

詩論中談氣的更多，鍾嶸在《詩品》的序文開頭就說：「氣之動物，物之感人，故搖蕩性情，形諸舞詠。照燭三才，暉麗萬有，靈祇待之以致饗，幽微藉之以昭告。動天地，感鬼神，莫近於詩。」〔註103〕能驚天地、泣鬼神的是詩，而詩的創作力來自氣。詩到唐代鼎盛，詩論中提到氣的不勝枚舉。皎然雖是出家人，對詩的領悟與論斷卻是驚人的。他提出詩有四不，第一就是「氣離而不怒〔註104〕」，氣要高妙而不凌人。又在積極面提出：「氣象氤氳，由深於體勢。」〔註105〕詩中的韻味，完全在於創作者能深切體會氣勢的運作，苦心營造出來的。他認為作詩，取境最重要，「風韻正，天眞全，即名上等〔註106〕」。他把詩體概括於十九字中：「高、逸、貞、忠、節、志、氣、情、思、德、誠、閑、達、悲、怨、意、力、靜、遠。」並作出解釋：

> 高：風韻朗暢。　逸：體格閑放。　貞：放詞正直。　忠：臨危不變。
>
> 節：持操不改。　志：立性不改。　氣：風情耿介。　情：緣境不盡。
>
> 思：氣多含蓄。　德：詞溫而正。　誠：檢束防閑。　閑：情性疏野。
>
> 達：心迹曠誕。　悲：傷甚。　　怨：詞調淒切。　意：立言盤泊。
>
> 力：體裁勁健。　靜：非如松風不動，林狄未鳴，乃謂意中之靜。
>
> 遠：非如渺渺望水，杳杳看山，乃謂意中之遠。〔註107〕

仔細理解這十九字的注腳，很容易發現它們都和氣有密切關係。明顯標出「氣」字的不論，其餘如：正直、勁健就是氣足；閑放、曠誕就是氣逸；淒切、傷甚就是氣餒；靜、遠就是氣斂等等。殷璠（生卒年不詳）認為「律是詩之本，而氣因律而生。〔註108〕」所以眞正呈顯詩意的還是要靠氣所載的辭。不過筆者認為殷璠最大的貢獻是提出「興象」的概念（容後再論）。司空圖列詩二十四品，第一品「雄渾」說的「眞體內充」，充的就是氣。其他如：「勁健：行

〔註103〕鍾嶸，《詩品》，收錄於王振復主編，《中國美學重要文本題要》，成都：四川人民出版社，2003，頁226。

〔註104〕釋皎然，〈詩式〉，收錄於王振復主編，《中國美學重要文本題要》，成都：四川人民出版社，2003，頁315。

〔註105〕同上。

〔註106〕同上。

〔註107〕同上。

〔註108〕殷璠，《河岳英靈集》，收錄於王振復主編，《中國美學重要文本題要》，成都：四川人民出版社，2003，頁324。

神如空，行氣如虹」；「豪放：由道返氣，處得以狂」；「精神：生氣遠出，不著死灰」；「悲慨：壯士拂劍，浩然彌哀」；「超詣：少有道氣，終與俗遠」。〔註109〕都看得出來，「氣」在詩中的作用，否則南宋的姜夔（約 1155～1221 或 1230）和嚴羽（約 1192～1248）就不必將它列入詩法之中，姜夔還把它放在第一位呢！〔註110〕沿至清朝的劉熙載（1813～1881）還說：「山之精神寫不出，以煙霞寫之；春之精神寫不出，以草樹寫之。故詩無氣象，則精神亦無所寓矣。」〔註111〕換句話說，以煙霞表現山的精神，以草樹表現春的精神，而煙霞、草樹就是一種氣象，詩的精神就透過這些氣象傳出！

　　近代以降，由於西風東漸，詩文評論者漸漸忽略了「氣韻生動」的重要性，可惜！

（三）澄懷味「象」

　　前文論及「象」是從「物」抽離出來的共相。它的涵蓋面甚廣，象中有形的叫「形象」，古老中國就直呼其為「形」。象中有氣的叫「氣象」，可見而無形，如：大自然的雲蒸霞蔚，人物的神情氣勢等等。象中有意的叫「意象」，用以表達創作者的意念。倒過來說也一樣，以形表示的象叫「形象」，以氣表出的象叫「氣象」，以意念表達的象叫「意象」。不管怎麼說，「象」在藝術創作中的定義，就是藝術家將覯思創作的情感衝動，透過理智的冶煉、陶鑄而成的樣式。這個樣式所表達的不僅是作家的生命力，更是作品的生命力。殷璠批評南朝的詩文「都無興象，但貴輕豔，雖滿篋笥，將何用之？」〔註112〕在這裡，殷璠將「興」與「象」結合，提出「興象」這個概念。說明作品要生動有趣，作家必須先體會「物」象，再馳騁想像力，將象外之象，呈顯於作品中，才能給審美者審美的享受。這種感於物而動於情，生發出象來的過程，就叫興象。

〔註109〕司空圖，〈二十四詩品〉，收錄於王振復主編，《中國美學重要文本題要》，成都：四川人民出版社，2003，頁 379～383。

〔註110〕姜夔，《詩說》，收錄於王振復主編，《中國美學重要文本題要》，成都：四川人民出版社，2003，頁 510。「大凡詩自有氣象、體面、血脈、韵度。」嚴羽，《滄浪詩話》，收錄於王振復主編，《中國美學重要文本題要》，成都：四川人民出版社，2003，頁 522。「詩之法有五：曰體制，曰格力，曰氣象，曰興趣，曰音節。」

〔註111〕劉熙載《藝概‧詩概》，上海：廣文書局，1927，頁 19。

〔註112〕殷璠，《河岳英靈集》，收錄於王振復主編，《中國美學重要文本題要》，成都：四川人民出版社，2003，頁 323。

　　興象的目的是要產生意象，意象才是作家和作品的生命力。因此，宗炳在〈畫山水序〉中提出了「澄懷味象」這個命題。〔註113〕

　　先討論「味」的意涵，「味」根據《說文解字注》：「味，滋味也。」（頁56）意指辛、酸、鹹、苦、甘等味道。稍作引申，就成為口舌對這等滋味的感覺。如：「五味令人口爽」（《老子·十二章》，頁28）、「口之於味，有同耆也」（《孟子·告子上》，頁575）。不過《老子·卅五章》：「道之出口，淡乎其無味。」已有哲學義涵。〈六十三章〉：「味無味。」王弼注：「以恬淡為味，治之極也。」（頁164）雖具教化意義，但「恬淡」二字已有審美的趨向。到《列子·天瑞》提到的「味味者未嘗呈」（頁10），第一個味字已作動詞，有品嚐的意思。雖然談的仍是味覺，但已具審美意識。《後漢書·郎顗傳》：「含味經籍」（頁1070）的「味」就提升到精神領域了。「味」成了一種精神上的愉悅和享受，是一種審美的體驗了。

　　「澄懷味象」的「味」該視作動詞，作體會、享受講。「象」當然是審美的對象，是審美的客體。在藝術創作上，指的就是藝術家創作的藝術品。味象就是指從藝術品中所享受到的愉悅。如何才能享受到這份愉悅？先得「澄懷」，澄誰之懷？一是審美主體，就是想要得到這份享受的人。一是藝術品的創作者，就是製造這份享受的人。這兩個主體，都是直接和「象」發生關係的。他們的「味」也直接影響到「象」的表現。換句話說，要「味象」，先要這兩個主體「澄懷」。

　　「澄懷」是什麼意思？澄者，清也。懷者，心胸也。澄懷的澄作動詞用，把心胸沉澱乾淨，讓它明淨如清水，才能把「象」倒映在其中，呈現那份美感。審美者的心胸是純淨的，無功利、無目的，享受單純的愉悅而已。創作者的心胸也要純淨，也要無功利、無邀譽求名，唯一的目的，就是要創作一個讓審美者愉悅的「象」。這般的「澄懷」才真能「味象」。

　　接著宗炳提出「澄懷」之後如何去「味象」，就是要「應會感神，神超理得〔註114〕」。意思就是要把握住作品的「神」，從「神」中體會其中的「理」，就能得到創作與審美的樂趣了。簡單的說就是要「觀道」。《宋書·隱逸傳》記了宗炳曾如此感嘆過：「老病俱至，名山恐難遍睹，惟當澄懷觀道，臥以遊

〔註113〕宗炳，〈畫山水序〉，收錄於兪崑編著，《中國畫論類篇》，台北：華正書局，1984，頁583。。

〔註114〕同上。

之。」〔註115〕在前文「以形媚道」中曾提及「道」之美就在於其無限性,「道」之理在於其規律性。「澄懷觀道」就是握住了道之美,讓自己空靈的心作無限的想像。如此即使「臥以遊之」,亦能「味象」,享受審美的愉悅。同樣的,能體會道之理,就能掌握「神」的規律性,享受「象」所帶來的趣味。最後讓「萬趣融其神思」,不受時空限制的神遊,必能將各種趣味融入審美者的心腦之中,得到最大的快樂。這種快樂,宗炳稱其為「暢神」!

繼續要討論如何才能得到「暢神」的快樂。照宗炳所言,當然要「澄懷」。「澄懷」依前文所說就是沉澱心中的雜念,不使它影響審美或創作的心情。在前文「體道」的章節中曾提出「心齋」、「坐忘」作為體道的工夫。而體道必先「澄懷」,因此,「心齋」與「坐忘」亦可視作「澄懷」的工夫。不過在尚未「體道」之前的功夫似乎不必這般高深,意境也未達如此高遠。不妨用「復其本心」的方法,也就是老子所說的「復命」(〈十六章〉,頁89)即可。什麼叫復命?就是要找回原本單純的心。怎樣找回?就要「致虛極,守靜篤。」(同上)我們的心本來是虛的、靜的,也就是空明寧靜的,無奈掉入社會的大染缸後就不虛不靜了。那麼,如何才能不被汙染?就是要「致」、要「守」。把空靈的心推到極至,把寧靜的心固守到極點。如此,大染缸的顏色就無從侵入,就可以一直保有這顆單純的心。審美者或創作者,心地單純,情感就真實,真情實意就可以欣賞或創作令人愉悅的作品了。

「澄懷味象」的命題,是美學史的一個里程碑。因為它是要在審美主體和客體對象融通後才能成立的命題。這雙向的交流,對審美體驗起了很大的作用。

(四) 神與「物」遊

道、氣、象、物在藝術創作上,都不是一個孤立的範疇,前文筆者提及氣韻生動雖不等於傳神〔註116〕,但可以傳神,而傳神就是藝術家「神與物遊」的結果。所傳之「神」包括作品的風骨、神韻、氣勢、格調、意境等等,所以道、氣、象、物四者除了本身相互關連外,也和其他概念交通,比如上述的風骨、神韻、格調、意境等等。而「神與物遊」,就是融合這些概念後,發展出來的命題。

〔註115〕沈約,《宋書·列傳五十三·隱逸傳》,台北:鼎文書局,1987,頁1279。
〔註116〕詳見葉朗,《中國美學史大綱》,上海:上海人民出版社,1985,頁221～222。

劉勰《文心雕龍‧神思》：「故思理為妙，神與物游。神居胸臆，而志氣統其關鍵；物沿耳目，而辭令管其樞機。」（頁 339）此處之「神」指的是作者所達到的某種精神境界，「物」指觸發作者寫作的對象。「神與物游」是劉勰形容作者行文構思時，想像力馳騁的過程，並說明文思與辭令之間的關係。而後遂成一美學命題，稱創作主體與客體對象進行對話，沉湎其中，而逐漸融為一體的情境。這種境界可以思接千載，視通萬里，突破時空，泯滅物我，消融對立，在精神上絕對自由，情志上無限變化，是創作想像的至高點，是最美、最妙的境界。它的結束點落在作品產生後。審美者，卻在這個結束點上，開始審美活動，開始和作品啟動「神與物遊」，這「物」則指創作的作品、審美的對象。最後審美者的「神」亦達到和創作者相契相合的某種境界，獲得一次完整的審美體驗。

在前文「以形媚道」的論述中，提及藝術創作的「神」是以形入的。而形指物之形，物當然可以泛指：器物、景物、人物、事物，但在藝術創作中，是要將這些「物」置於作品之中，人是天主所創，無法納入人的創作中，只能以繪畫、雕刻表現。中國的塑像藝術，除了秦俑外，就是佛像了。佛像多依山勢而鑿，藝術家受大自然靈氣的薰陶，加以對神佛虔敬之心，更要求自己的精神與佛像融為一體。秦俑的雕塑是為帝王服務，自然不敢怠慢。而真正表現藝術家自我風格的雕刻就放在器物上，陶瓷器的造型、玉器的雕琢、石器的打磨，再再表現了創作者神遊其中的領悟。繪畫與詩文的傳神，在「氣韻生動」的章節中已經旁及。因此本節和上節一樣只作理論上的探討，何以審美者與創作者的神可以與物同遊？

進入美學領域的「神」，是哲學範疇「神」的延伸。將「神」與身、心、靈的關係移置於審美心理，與創作衝動上，前者指的是審美者的心，如何和作品中的「神」交流；後者指的是創作者的「神」如何灌注於作品中，使作品的「神」能感動審美者。

審美心理是很微妙的，它囊括了人的知性、理性和感性，這三種性徵既相互依附又互相制衡。審美客體先要啟動審美主體感性知覺，主體再發揮知性的理解，通過理性的梳理，再回到感性的感動。這種感動和頭先的感覺是不一樣的，審美主體必須體會到最後的感動，審美活動才告完成，審美主體就得到一次審美經驗。比如，當我們聽到某種歌聲時，還沒聽清楚歌詞和旋律，便被吸引，這就是這音色啟動了我們感性的知覺。當聽清楚歌詞和旋律

時，我們就進入狀況了，這就是知性理解的作用，最後理性會告訴我們這種旋律和歌詞，是否能夠讓我們感動。透過理性的篩檢，如果和我們的心神能夠交會，就被感動了。這樣的神交，就是審美經驗。其實每個人都有審美經驗的，只是對美的喜好不同，取向不同罷了。有人喜歡古典樂，有人喜歡搖滾，無傷於審美活動。唯一要有的共同點就是審美心理要單純，越單純，精神就越自由，就越有想像力，想像力越豐富，審美的過程就越精彩，最後的享受也就越甘甜，這就是前一小節說的「澄懷味象」。筆者覺得在審美過程中，先要「澄懷」，能使「神與物遊」後，才可以「味象」的。因此，「澄懷味象」和「神與物遊」兩命題，在審美活動中交叉進行著。當然，其間的貫穿者，就是「氣」的流行，要「氣韻生動」才能激發審美者「神與物遊」。

創作的衝動，起於情感要宣洩。只是這份情感必須經過理性的洗禮才能展現於作品中。然而情感的發動，必有一啟動者，就是一審美或創作的對象，可以是一事或一物。前文提及「物」的定義時，說過物必與物相互關連，此物存在才有意義，物物的內在聯結就是「事」了。如此，不妨從感物興情的「實物」和寓物言志的「事物」說起：

1. 感物興情：「人有不可已之情，而不可直陳於筆舌，又不能已於言，感物而動則為興。」〔註117〕人生也有情，情是人類與生俱來的本質之一。但若無「興」，情就不生。興者，起也，興起人的原始情感就叫「興」。為什麼能興起人的情感？因為有「物」相對，這個「物」觸動了觀看者的心，心有所感，自然生情。就像風吹浪起，風是物，浪是情，吹是感，起是興。吳喬說的「感物而動則為興」就是這個意思。

「興」本是《詩》的六義之一，與「賦」、「比」並列為詩的作法，也就是寫詩時用辭的方式。「賦」是敘述性的修辭，「比」是以彼物代此物的修辭，「興」則是有感而發的修辭。其中以「興」最牽動人的情感，也就最感人。「凡作詩，悲歡皆由乎興，非興則造語弗工……熟讀李、杜全集，方知無處無時而非興也。」〔註118〕李、杜的詩所以能永垂不朽，就在於創作者善用「興」的修辭法，去「興」起讀者的感情。主、客體皆能「興」，則主客交融，樂在其中矣！畫畫也是一樣，「山水之勝，得之目，寓諸心，而形於筆墨之間者，

〔註117〕吳喬，《圍爐詩話・卷一》，上海：廣文書局，1927，頁30。
〔註118〕謝榛著，宛平點校，《四溟詩話・卷三》，北京：人民文學出版社，1998，頁85。

無非興而已矣。」所以觸景能生情,無非「興」的作用而已!情生才能運「氣」,氣的流行,必呈顯於人的精神,精神一自由,必能神與物遊,創造出象外之象,這就是殷璠所說的興象。如此,創作活動才告完成。

2. 寓物言志:志,指心中的意念。這裡的物,指事而言。古今中外所有的寓言故事,都是寓物以言志的。在古老中國,先民是把志寄托在詩歌裡,詩裡「賦」的敘事修辭,就肩負這項工作。《尚書‧虞夏書》裡說:「詩言志。」(頁 18)到漢,毛亨、毛萇編纂的《詩經》在首篇〈關雎〉後作了一〈詩大序〉,深化了「詩言志」的意義:

> 詩者,志之所之也。在心爲志,發言爲詩。情動於中而形於言,言之不足,故嗟歎之:嗟歎之不足,故詠歌之:詠歌之不足,不知手之舞之,足之蹈之也。情發於聲,聲成文,謂之音。治世之音安以樂,其政和……故正得失,動天地,感鬼神,莫近於詩。先王以是經夫婦、成孝敬、厚人倫、美教化、移風俗。〔註119〕

在中國人的思維中,美與善是統一的。代言心志的詩,不但創作了美,也結成善果。藝術家把自己的心意,寄於作品中,審美者由作品和創作者精神縐合,心聲互遞,共同享受神遊的樂趣。

唐‧張彥遠認爲畫的作用也和詩教一樣。「夫畫者:成教化,助人倫。」〔註120〕於是他徵引了曹植的話:

> 觀畫者,見三皇五帝,莫不仰戴;見三季異主,莫不悲惋;見篡臣賊嗣,莫不切齒;見高節妙士,莫不忘食;見忠臣死難,莫不抗節;見放臣逐子,莫不歎息;見婬夫妒婦,莫不側目;見令妃順后,莫不嘉貴。是知存乎鑒戒者圖畫也。〔註121〕

這些歷史故事,透過畫家,以人物呈顯,觀者在獲得審美欣趣之餘,無形接受教化。換句話說,畫家將自身對歷史的感受,藉著藝術創作,傳給審美者,在共鳴中彼此心意交流,也在歷史事件中,攜手共遊!

檢視前文的討論,道、氣、象、物在整個藝術創作過程中,氣居主導之位且貫通全程。藝術家面對具體而有限的「物」時,必須先將它的形投入「道」

〔註119〕太倉唐文治先生編纂《十三經讀本‧詩經》,台北市:新文豐出版公司,1970,頁 503。
〔註120〕張彥遠,〈歷代名畫記敘論〉,收錄於俞崑編著,《中國畫論類篇》,台北:華正書局,1984,頁 27。
〔註121〕同上,頁 28。

中，營造能興起審美情感而具無限之美的「象」。這個象要讓「氣」勢貫穿產生韻味，才能搖動審美者的心神。當欣賞者的心神和藝術家的神韻交會時，那會心的一笑就是審美的愉悅了。

四、美感境界的追求

美感境界是指審美者對美的感受，以及藝術家對美的創造，所期盼達到的界域。換句話說，就是藝術家在創作藝術品時，希望帶領鑑賞者進入的境地。用宗白華的話說就是「以宇宙人生的具體爲對象，賞玩它的色相、秩序、節奏、和諧，借以窺見自我的最深心靈的反映；化實景而爲虛境，創形象以爲象徵，使人類最高心靈具體化、肉身化，這就是『藝術境界』。」〔註 122〕這段話，似乎概括了本論文的核心內容，該是對「藝術境界」最周延完滿的注腳，也是藝術家創作的心路歷程。

既然劃分爲「界」，當然含具高下次第的層級。因此，要求最高境界，就成了審美者對藝術品的企盼，以及藝術家終生努力的目標。這個境界就叫「意境」。其實從人類有能力從事藝術創作以來，每件藝術品都有其「境界」，只是比較起來，有層級上的區分而已，審美者的品評於焉而生。不過，確實而正式提出「意境」這個概念，要到唐朝。「因爲『境』『界』這兩個名詞本是從佛教典籍裡面來的。」「把境、界連在一起『境界』一詞，這是從主觀方面的心境上講。主觀上的心境修養到什麼程度，所看到的一切東西都往上昇，就達到什麼程度，這就是境界。」〔註 123〕王昌齡（約 698～757）在《詩格》中說：

> 詩有三境：一曰物境。欲寫山水，則張泉石雲峰之境，極麗絕秀者，神之於心，處身於境，視境於心，瑩然掌中。然後用思，瞭然境象，故得形似；二曰情境。娛樂愁怨，皆張於意而處身，然後馳思，深得其情；三曰意境。亦張之於意，而思之於心，則得其眞矣。〔註 124〕

王昌齡的分析，是站在詩人寫作的處境歸類的。「物境」指的是詩人面對對象

〔註 122〕宗白華，《美學散步》，上海：上海人民出版社，2006，頁 120。

〔註 123〕詳見牟宗三，《中國哲學十九講》，台北：學生書局，1983，頁 128～130。

〔註 124〕王昌齡，〈詩格〉，收錄於《新唐書・藝文志》，台北：鼎文書局，1987，頁294。

時，如何用「神」去掌握對象的形貌，他以山水為喻。「情境」是詩人以人生愛、恨、情、仇的了悟，築構詩情。「意境」則是言有盡而意無窮的詩外之「意象」了。以真為貴，應該是一種最高境界了。

近人王國維對「境界」一詞，領悟最深，他把境界的層級一分為二：「有有我之境，有無我之境。有我之境，以我觀物，故物皆著我之色彩。無我之境，以物觀物，故不知何者為我，何者為物。」〔註125〕無我之境來自莊子「物化」的啟示，有我之境極盡「物境」之能事。前者則為「意境」矣！

意境的企及，在創作的過程中，銷融的是作者的人格涵養、品味格調，王國維強調：「詞之雅鄭，在神不在貌。永叔少游雖作豔語。終有品格，方之美成，便有淑女與倡伎之別。」〔註126〕他之所以譬比得這般言重，責求如此之殷切。只因為恨周邦彥「創調之才多，創意之才少〔註127〕」，還是說他境界不夠高，「言情體物，窮極工巧〔註128〕」，「物境」、「情境」，這位「不失為第一流之作者〔註129〕」都達到了。獨缺跨入「意境」的一步，不難想像，「意境」是一種多麼深遠的境界，讓人「渴」望卻不可即。茲從藝術家和審美者對它的追求，分別探討：

（一）創作歷程

「意境」是藝術家夢寐以求的創作境界，終其一生，尋尋覓覓，探究起來，不外四條進路。

1. 觀察大自然：大自然是無字天書。「天地有大美而不言。」（《莊子・知北遊》，頁615）藝術家從天地萬物的形式美中體會藝術的奧秘〔註130〕。春、夏、秋、冬四季景觀之變化，晨昏明晦一日光影的遷移。山高水長，草綠葉黃，有大海的澎湃，有小溪的潺潺，仔細讀它，可以拓展想像力，想像力一馳騁，境界呼之欲出。「而藝術的最大奧秘，在於隱藏。」〔註131〕藝術家必須要把對大自然的體會，隱藏於藝術品中，就呼出了「意境」了。

親近大自然對人格的陶養，更具潛移默化的作用。看到天地無限的寬廣，

〔註125〕王國維，《人間詞話》，台北：台灣開明書店，1965，頁1。

〔註126〕同上，頁19～20。

〔註127〕同上。

〔註128〕同上。

〔註129〕同上。

〔註130〕王鼎鈞，《文學江湖》，台北：爾雅出版社有限公司，2009，頁93。

〔註131〕同上，頁198。

就更珍惜有限的個體生命。胸襟一開闊，既能容物，又能怡情。情欲恬淡後，自然有「採菊東籬下，悠然見南山」的品味格調。「意境」爲期不遠！

2. 讀書破萬卷：「讀書破萬卷，下筆如有神」，大詩人杜甫的警語，至今仍然鮮活。創新求變，仍是從對舊知識、老經驗理解後，翻身而出。舊瓶新酒，老調新詞，至少是創作歷程的基調。

3. 事事都關心：「家事、國事、天下事，事事關心」，「關心」是一種無私的關懷。事事都關心，就能從閱歷中，拓寬視野，視野一寬，心境就開朗起來，行事不至斤斤計較。不計較才能昇華情感，情感昇華後，自有一種超功利、超現實、超塵絕俗的境界產生。這種回歸本性的眞，就是「意境」了。

4. 抓住乍現的靈光：靈感來時從未告知，去時也不說再見。抓住那刹那的靈光是每一位創作者刻骨銘心的體驗。葉秀山對靈感的詮釋：「是一種不以自我意志爲轉移而爲『他人』所支配的一種創作活動，實際上是『他人』、『社會』、『歷史』……對『自我』施加影響，由經驗累積而形成的一個思想上的突破點。」〔註132〕靈光的乍見就是那一「突破點」，有些藝術家，他也遊歷，他也讀書，他也沉思，但就是不能「突破」。狄德羅在論〈天才〉時，起筆就說：「廣博的才智，豐富的想像力，活躍的心靈，這就是天才。」〔註133〕筆者認爲只有活躍的心靈，才能擁有那一點「突破」。當然，在中國人的思維中，「活躍的心靈」就是「氣」的靈動。

這四條進路，只是前置作業而已，也就是藝術家對自己創作心境的培養。這要靠日積月累的涵詠，內化爲藝術家的特質後，有意無意的呈現在作品中。其間的過程是藝術家對創作客體的神思。鄭板橋描寫他畫竹的心路歷程：「江館清秋，晨起看竹，煙光、日影、霧氣，皆浮動於疏枝密葉之間，胸中勃勃，遂有畫意。其實胸中之竹，並不是眼中之竹也，因而磨墨展紙，落筆倏作變相，手中之竹又不是胸中之竹也。總之，意在筆先者，定則也，趣在法外者，化機也。」〔註134〕從「眼中之竹」——竹的「表象」，到「胸中之竹」——竹的「意象」，再到「手中之竹」——竹的「再現形象」，板橋是經過一番處理工夫的。所謂「再現形象」，並不是將眼前的對象複製，而是經過藝術家對對

〔註132〕葉秀山，《美的哲學》，台北：五南圖書出版公司，1993，頁127。

〔註133〕桂裕芳譯，《狄德羅美學論文選》，北京：人民文學出版社，2008，頁506。

〔註134〕鄭燮，〈板橋題畫蘭竹〉，收錄於愈崑編著，《中國畫論類篇》，台北：華正書局，1984，頁1173。

象的反覆觀察，用心體會，窺測到對象的本質和生命的核心，透過適當的篩選及改造後，完整的呈現於作品中。改造後的「再現形象」是否能打動審美者的心，產生共鳴。端看藝術家的功力了，也就是他的前置作業是否飽滿充盈？前述的四條進路，對他起了多大的作用？他對「氣」的運行掌握到何種程度？是否能營造出韻味，達到「意在象外」、「趣在法外」的效果？經得起這一連貫的檢驗，藝術作品才算完成。

這樣的歷程是艱苦的。鄭板橋有首詩描寫這長時期的溫柔折磨：「四十年來畫竹枝，日間揮灑夜間思。冗繁削盡賽清瘦，畫到生時是熟時。」〔註135〕要花四十年手腦合一的苦功，才能用兩三筆畫出竹枝的內涵與個性，更別說杜甫的為詩消瘦〔註136〕；賈島的推推敲敲〔註137〕；王安石為一個字，快馬千里〔註138〕！

藝術家的心靈是個受苦的心靈，不知要經過多淒厲的「產痛」才能產生如此動人，如此有意境的作品，而唯一的償報就是產後的喜悅！

（二）鑑賞歷程

喬治・桑塔耶那（George Santayyna，1863～1952）在《美感》一書中認為藝術家所創造出來的形式，是鑑賞者第一時間的感受。所謂形式就是將所羅致的對象（或事或物）作一番適當的排列組合後，所顯現出來的花樣。當然，不管怎樣的花樣，給不同的審美主體，就有不同的感受，而審美客體本身也不見得表現同等的美。「因為在它們之間形成區分之主觀的偏見，正是美之成為美的根本原因，和個人幻想對照起來，真實而客觀的美，只不過是意指一種和較為普遍而持久的感性相似的親似性；一種對較為普遍而基本的需

〔註135〕鄭燮，《鄭板橋全集》，北京：中華書局，1962，頁209。

〔註136〕《戲贈杜甫》，見《李太白集注》，收於《文淵閣四庫全書・集部・第六冊》，頁1067～536。「飯顆山頭逢杜甫，頭戴笠子日卓午，借問別來太瘦生，總為從前作詩苦。」

〔註137〕《唐詩紀事》四十，「島赴舉至京，其驢賦詩，得『僧推月下門』之句，欲改推為敲，引手作推敲之勢，未決，不覺衝大尹韓愈，乃具言。愈曰：『敲字佳矣。』遂並轡論詩。」

〔註138〕洪邁，《容齋續筆》卷八〈詩詞改字〉：「王荊公絕句云：『京口瓜洲一水間，鍾山只隔數重山。春風又綠江南岸，明月何時照我還。』吳中士人家藏其草，初云又到江南岸，圈去『到』字，注曰『不好』，改為『過』。復圈去而改為『入』，旋改為『滿』。凡如是十許字，始定為『綠』。」而「綠」字是快馬追回改的。

要所起的感應罷了。」〔註 139〕簡單的說：美是不求一致性的，如此，審美的感受才能常保新鮮，畢卡索之所以能得到鑑賞者的青睞，就因為他的畫風屢變。李白的詩之所以越讀越有味，就因為他取材廣泛。莫札特的樂曲之所以百聽不厭，就因為旋律流麗而多樣。審美者主觀的偏見對藝術品的形式鑑賞當然有不同的品評，但基本上它是審美活動的第一道關卡，也就是桑氏所謂的「第一項中之美」。如果這關過不了，審美活動就無法繼續。

桑塔耶那進一步提出「第二項中之美」就是「凡是啓發於心靈之中，存在於想像之內」的美。這就是中國人說的「意境」了。由於這種「啓發於心靈，存在於想像」的美，是不受限制的，因此，藝術的發展可以無限的寬廣，無限的深遠。鑑賞的歷程，也就各有蹊徑，各有岔路。當審美者看夠了具象藝術之後，現代藝術就以感性的形式、理性的內容，挑戰鑑賞者的審美細胞。抽象藝術的誕生，讓審美者建立新的感受視角，接受這種「有意味的形式（significant form）〔註 140〕」洗禮。這種「有意味的形式」類似魏晉言意之辯的「言有盡而意無窮」。移於美學上，徐復觀給它了新的詮釋：

> 意，決不是「意義」之意，而是「意味」之意。「意義」之意是以某種明確意識爲其內容，而意味之意，則並不包含某種明確意識，而只是流動著一片感性的朦朧縹渺的情調，⋯⋯一切藝術文學的最高境界，乃是在有限具體事物之中，敞開一種若有若無，可意會而不可言傳的主客合一的無限境界。〔註 141〕

這種「主客合一的無限境界」就是意境。因此，在審美心理上，必須意識到作品中「流動著的一片情感的朦朧縹緲的情調」。然而，「審美經驗中的情感反應，卻是在理智的控制下進行的，因而是一種主動的和精神上的反應。沒有對眼前虛幻情勢的理解，就不能在熱情中保持冷靜，在直觀反應中保持體驗和回味。」〔註 142〕既然審美者需要對作品持有理性的理解，才得獲得審美的感受。那麼，作品本身先要有理性的樣貌（不管是形式或是內容），給予審美者。所謂「理性的樣貌」，首先是創作者的技法是可以用理性解釋的；其次是作品的內容是可以用理性說明的；最後作品的意味是可以用理性體悟

〔註 139〕劉文潭，《藝術品味》〈美感〉，台北：台灣商務印書館，1992，頁 189。
〔註 140〕Bell. C. Art. New York：Capricorn Books. 1958. 轉引自 Pickie. G. Introduction to Aesthetics. Oxford：OUP. 1997.
〔註 141〕徐復觀，《中國文學論集》，台北：學生書局，1980，頁 114～115。
〔註 142〕滕守堯，《審美心理描述》，新北市：漢京文化事業有限公司，1987，頁 71。

的。在這樣的情境下，審美者才能和作品進行美感的交流，產生審美的經驗。

審美的愉悅度和作品的意境及審美者本身的審美素養有關。審美素養包括專業的鑑別力和判斷力，非專業的品味和視角。總之，鑑賞歷程和創作歷程是對立的。創作的歷程愈艱辛，鑑賞歷程愈愉悅。唯一相同的，就是對美感境界的追求。

五、小　結

跨入美學領域的道、氣、象、物仍是相濡以沫、互相依存的。藝術家以對「道」的體認激發靈感，抓住那道靈光後就以大化流行的「氣」作為創作的動力，把眼前的事或物的形象加工改造，然後以意象再現於作品中，最後回歸於道的無限之美，達到最高的藝術境界。簡單圖示如下：

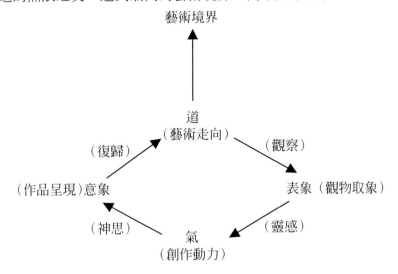

第六章　理論的落實——「氣」在人物美上的呈顯

　　透過道、氣、象、物四範疇的討論，不難發現四者的內在聯結是以「氣」作仲介的。「氣」悠遊其間，周行不迨。在審美主體與客體間遊走，掌握整個審美活動。在第四章開頭，提及唐君毅先生對「物」的看法，認爲它該與「事」聯結才有意義。如此，要談人物，必須由記載這些人物的事蹟談起。談魏晉人物，理當從記載魏晉名人逸事的《世說新語》取材。人物之所以美，要靠動人的生氣。「氣」的走勢不同，就產生不同的面「象」。筆者將魏晉名士的行事作風，分兩節討論。

第一節　觀物取象，氣在其中——談《世說新語》中的人物美

　　《易·繫辭上》：「聖人有以見天下之賾，而擬諸其形容，象其物宜，是故謂之象。」（頁 430）聖人之營構形象的目的，在解決天下事物之紛雜繁多，可見造象由觀物得來，如果所造的「象」不能讓人一看就明白究裡，就要用言語、文字去說明，至於「言」能不能盡「意」，這就是魏晉言意之辯的主題，本論文不擬去推斷是非，只是借邢璹注王弼的「夫象者，出意者也。言者，明象者也」之章句：「立象所以表出其意。作其言者，顯明其象，若乾能變化，龍是變物，欲明乾象，假龍以明乾；欲明龍者，假言以象龍。龍則象意者也。」的模式，依樣畫葫蘆。借《世說新語》之「言」，說明魏晉名士之「象」。當然這些「象」是名士們「意念」之表出。這些意念的產生，當然有其歷史背

景及時代需求。(第三章已作討論,不再贅述。)我們追究的是,這些「象」之所以如此美,是否由於在掙脫被扭曲的名教束縛後,名士的言行真正能夠倚「道」而行,且充分用「氣」朗現,以至留下人性中本該擁有的不同樣貌,給後人嗟歎!

前文論及,老子之有「象」的概念,是從具體的物象抽離出來的。老子曾任「周守藏室之史」(見《史記‧老子韓非列傳》)相當於現代國家圖書館館長。讀書之豐,該是無人能出其右。他當然知道殷高宗武丁立傅說為相的故事:「夢帝賚予良弼,以代予言。乃審厥象,俾以形旁求於天下。說,筑傅巖之野,惟肖,爰立作相,王置諸其左右。﹝註1﹞」這是典籍中最早以「象」作為「物」的表徵。殷高宗夢見上帝送給他一位良相,醒來時,就以夢中人物之「象」去尋訪,終於在傅巖的山野中,找到一個極象夢中之「象」的人,就立他為宰相,放在他的左右。將物所呈現的「象」,放在記憶之中,加以想像,再度呈現。這也許是「象」的原始作用,沿至今日,仍然如此。饒富趣味的是:第一個「物」的表徵「象」,竟然是「人物」。而尋找人物的目的是政治作用,可見中國自古就是個務實民族形成的國家。「人物品藻」的原初目的,其來有自。

到了老子,這個萬丈光芒的哲學家,不但是中國哲學之祖,也是中國美學之父,他很輕鬆的把道、氣、象、物融合在一起。讓後世多少學者大作文章去解析它的道、氣、象、物的意義,以及彼此的關係。

通過前文的討論,我們可以簡單的說:「物」是「象」的載體,「觀物以取象」,可以找出物的特徵及其「共相」。而「象」又是「氣」的載體,由於「氣」是無形無狀的,只能用人的臆想,把它想像出來,於是「象」成為一抽象的意念。換句話說,意念要靠「象」去彰顯。所謂「立象以見意」是也。而人的意念必須依道而行,因為人和天同體,天人合一是儒道兩家的共識,天道即人道。因此,象也是依道而立的。而陰陽二氣的運行,本就依道而行。終歸一句話,道是氣、象、物之皈依。而這個「道」的本體是「無」,是「大」,是「逝」,是「遠」,是「反」。﹝註2﹞也就是無所不包,無所不載,因為不管

﹝註1﹞ 本段出於古文尚書〈商書‧說命上〉。說命上、中、下三篇。古文有,今文無。蓋老子活著的時候,經書尚未遭秦火,老子應曾過目。仿宋影印《書經集注》,台北:新陸書局,1966,頁93~94。

﹝註2﹞ 《老子廿五章》:「吾不知其名,強字之曰『道』,強為之名曰『大』大曰逝,逝曰反。」頁113。

多大多遠，最後都回歸原點，還有什麼好計較的？於是「象」就根據「氣」的運行，「道」的包容，呈現了千變萬化，光怪陸離的不同面貌。致使人間豐富多彩，千萬個瞬息，結構成永恆。《人物志‧九徵》：「故其剛柔明暢貞固之徵，著乎形容，見乎聲色，發乎情味，各如其象。」（頁 19）劉劭提出這個理論，而《世說新語》記載了這些多樣性的「象」。從名士的生活態度及藝術精神中見證這個理論。

由於「象」仍是個抽象的概念。於是，我們便以此等概念，找出它不同面向的特徵，去歸類它。何況，「象」無需細分。《易》也不過分成六十四卦象，就含蓋了天地萬物。如果只談人物，以眞、善、美、智四種「象」去概括，大抵不至於太粗略了。

眞、善、美、智在中國先哲的思維裡，是一體四面的。惟聖人可四者兼備。理論上，聖人是可學而致的。先秦儒、道兩家，對聖人的本質屬性，側重的是內在道德精神的至善至美。而人之所以成人，是由元氣所生（揚雄元氣自然論）。元氣就是精氣（《管子》四篇提出），是氣中的精華。這種精微之氣是人類共同擁有，聖凡皆一，故凡人亦有成為聖人的潛能，在道德修養的起點上是平等的。道家更進一步把「善」的道德境界，提升到「眞」的審美境界。莊子甚至虛構出所謂的「眞人」、「神人」、「至人」、「聖人」來傳達這極超脫、極奇特的藝術領域。《莊子‧刻意》寫眞人：「能體純素。」就是能悟解純素之理的人。「純素」依莊子之意是「素也者，謂其無所雜也；純也者，謂其不虧其神也。」成玄英疏：「夫混迹世物之中，而與物無雜者，至素者也；參變囂塵之內而其神不虧者，至純者也。〔註3〕」指謂著能體悟至素至純的道理，在滾滾紅塵中，仍保有自然之質的人。

神人則是「肌膚若冰雪，綽約若處子，不食五穀，吸風飲露，乘雲氣，御飛龍而遊乎四海之外，其神凝，使物不疵癘而牟穀熟。〔註4〕」簡直是出神入化的人了。而成玄英認為至人、神人、聖人，其實是一個人的三個面而已。「至言其體，神言其用，聖言其名……其實一也。〔註5〕」眞是一語中的。因此，我們提出的眞、善、美、智四「象」，也只是側重面不同而已，並非切割連體嬰。

〔註3〕郭象注，成玄英疏，《南華眞經注疏》，北京：中華書局，1998，頁 318。
〔註4〕同上，頁 13。
〔註5〕同上，頁 9。

一、眞——率直之氣

「在中國哲學中的『眞』，雖也指客觀外物的眞實，但更主要指內心道德、情感的眞誠、純眞。〔註6〕」的確，筆者要談的眞，就是這「更主要」的部份，如果就「情」或「性」來說，「眞」該是最純潔無玷的存有。既未被教化，亦未被污染，呈現最原始的「白板〔註7〕」狀態，既無心作善，也無心作惡。和王陽明四句教的「無善無惡心之體」的指謂是一樣的。它不是「善」、「惡」相對的「善」，而是無善、無惡的「絕對善」。「眞」就是絕對善。換句話說：「眞」就是不造作、率性而行。《中庸》說：「率性之謂道。」（頁22）那麼，「眞」就是道了。這個道是天道、人道合爲一體的道，是道的本體。更是一種最原始，最不易保存的人性。因爲人的價值觀，很容易受社會風氣、個人環境左右。而「眞」屬於「價值領域」的一環，要保有它，得靠「堅持」，而且是自然而然的堅持。談何容易？何況「人情皆欲掩其所短，見其所長」（《人物志・八觀》，頁124）。把眞面目示人，最起碼心胸要坦蕩蕩。在說理上，把眞說得最透徹的當屬莊子。「『眞』字在《莊子》中共出現六十六次，除了做爲形容詞、副詞等修飾性的實辭外，有二十次是作爲具有特定意義之名辭，如：眞人、眞心、眞性等〔註8〕」。在〈漁父〉篇中，莊子藉「客」對孔子的回答，詮釋「眞」的境界：

> 眞者，精誠之至也。不精不誠，不能動人。故強哭者雖悲不哀，強怒者雖嚴不威，強親者雖笑不和。眞悲無聲而哀，眞怒未發而威，眞親未笑而和。眞在內者，神動於外，是所以貴眞也。其用於人理也，事親則慈孝，事君則忠貞，飲酒則歡樂，處喪則悲哀。忠貞以功爲主，飲酒以樂爲主，處喪以哀爲主，事親以適爲主，功成之美，無一其迹矣。事親以適，不論所以矣；飲酒以樂，不選其具矣；處喪以哀，無問其禮矣。禮者，世俗之所爲也；眞者，所以受於天也，自然不可易也。故聖人法天貴眞，不拘於俗。〔註9〕

〔註6〕 高華平，《魏晉玄學人格美研究》，成都：巴蜀書社，2000年，頁57。
〔註7〕 白版說（Tabula rasa）是洛克（John Locke，1632～1704）在《人類物性論》提出的概念，認爲「人心是一空無所有的絕對空虛，是一暗室或白板，否定人心有天賦的思辯、實踐原則。」詳見尤煌傑，《西洋哲學史》第十章，台北：國立空中大學，1996，頁252。
〔註8〕 參見王煜，《老莊思想論集・道家的眞》，台北：聯經出版社，1979，頁435。
〔註9〕 郭象注，成玄英疏，《南華眞經注疏》，北京：中華書局，1998，頁586。

魏晉名士雖不是聖人，「法天貴眞，不拘於俗」的理論，卻實踐得很徹底。
其實，在生活實踐上最能實踐前段引文中的「用於人理」四事的是孔子。事
親之適，忠貞之功，處喪之哀，他都面面俱到。「事父母幾諫，見志不從，又
敬不違，勞而不怨。」（〈里仁〉，頁 103）父母也是人，焉能無過？孔子能說
出，已見他的眞性情。「敬不違，勞而不怨」，嚴守分寸，而不僭越，就是「適」
了。孔子爲司寇，曾墮三都〔註10〕，誅少正卯〔註11〕，立下事君忠貞之功。「酒
無量，不及亂」（〈鄉黨〉，頁 175）飲酒絕不醉而惹事。「見齊衰者，雖狎必變」
（同上，頁 179）同情之心，眞誠流露。最能表現孔子任眞自得的，莫過於處
理顏淵的喪事。眾所週知，顏淵是孔子最心愛的弟子，「顏淵死，子哭之慟，
從者曰：『子慟矣！』曰：『有慟乎？非夫人之爲慟而誰爲？』」（〈先進〉，頁
184）爲什麼孔子只爲顏淵如此悲痛，甚至嘆息：「噫！天喪予！天喪予！」（同
上）照朱熹的意思是：「悼道無傳，若天喪己也。」孔子悲傷的不是顏淵之死，
而是道之亡。朱熹的解釋是否是孔子的原意，姑且不論，但讀到顏淵父親顏
路的請求，就驗證了孔子的純眞與眞實。顏淵死，顏路請孔子賣掉車子，買
「槨」（外棺）葬顏淵。「子曰：『才不才，亦各言其子也。鯉也死，有棺而無
槨，以吾從大夫之後，不可徒行也。』」（同上，頁 183）「古者大夫不可以徒
行」，也就是不可以無車座。孔子時爲大夫，不敢越禮，故拒絕顏路的要求，
何況「諸侯賜命之車不可鬻於市。」（同上）但除了大原則外，小節上孔子仍
可以放鬆些尺度，所以對門人欲厚葬顏淵，孔子反對。因爲貧而厚葬，非禮。
而門人卻不聽，眞的厚葬了。孔子只告訴顏淵，越禮的不是我啊！希望顏淵
能諒解。並不想怒斥這些違禮的弟子，可見法禮不外人情。這份「眞」，就是
不造作，不有心去示愛，眞誠的流露自己的情感。魏晉時期，由於執政者以
「禮」達到「剷除異己」的目的，完全違反了禮出於眞情的原則，扭曲了禮
的眞面貌。宗白華在〈論《世說新語》和晉人的美〉一文中對魏晉名士的狂
狷行徑給予深刻的同情與激賞：

> 漢代的俗儒鑽進利祿之途，鄉愿滿天下，魏晉人以狂狷來反抗這鄉
> 愿的社會，反抗這枉桔性靈的禮教和士大夫階層的庸俗，向自己的
> 眞性情、眞血性裡掘發人生的眞意義、眞道德。他們不惜拿自己的

〔註10〕《左傳》定公十二年：傳曰：仲由爲季氏宰，將墮三都，於是叔孫氏墮郈，
　　　季氏將墮費……將墮成……注曰：時孔子爲司寇。（頁 2346）

〔註11〕《荀子·宥生》：「孔子爲魯攝相（按：時爲司寇）朝七日而誅少正卯……」（頁
　　　575）

生命、地位、名譽來冒犯統治階級的奸雄假借禮教以維持權位的惡
勢力。〔註12〕

宗先生說的是實情，孔融、阮籍、劉伶、嵇康都是例證。如果我們把境
界放低些，魏晉人士的「眞」，出於人的覺醒，對束縛已久的禮教產生厭棄之
心，而社會的亂象正好成全了他們。他們仰天長嘯，大聲呼喊，任眞自得才
是王道，何苦活在別人的期待中？於是：

> 王丞相作女伎，施設牀席。蔡公先在坐，不說而去，王亦不留。
> （《方正》，頁320）

王導是東晉中興重臣，歷事元、明、成帝，出將入相，穩定東晉大局。
丞相別傳說他：「……導少知名，家世貧約，恬暢樂道，未嘗以風塵經懷也。」
（頁 28）話雖如此，人總需要一點精神娛樂，當天下承平之時，作丞相的欣
賞一下太平歌舞，實無可厚非，而蔡謨卻看不下去，「不悅而去」，一個刺史
敢在丞相前拂袖，當然是不計較寵辱利害得失的「眞」情流露。最妙的是「王
亦不留」四字，徹底寫出王丞相的「眞」，神來之筆！

王丞相的「眞」，帶著「宰相度裡能撐船」的量。這量在《世說新語》中
記了不少：

> 有往來者，云庾公有束下意；或謂王公：「可潛稍嚴，以備不虞。」
> 王公曰：「我與元規雖俱王臣，本懷布衣之好；若其欲來，吾角巾
> 徑還烏衣；何所稍嚴？」（〈雅量〉，頁356）

王導不在乎權位，無意戀棧。所以對友人的提醒並不在意，甚至逆向操
作。《晉書·庾亮傳》云：「時王導輔政，主幼時艱，務存大綱，不拘細目，
委任趙胤、賈甯等諸將，並不奉法，大臣患之。陶侃嘗欲起兵廢導，而郗鑒
不從，乃止。至是，亮又欲率眾黜導，又以諮鑒，而鑒又不許。」（頁1921）

王導以至誠的眞，消解了庾亮及眾大臣之疑。而史實也見證了王導的忠
貞。

> 王丞相主簿欲檢校帳下，公語主簿：「欲與主簿周旋；無爲知人幾
> 案間事。」（〈雅量〉，頁356）

《人物志》中量才的標準，以爲「凡人之質量，中和最貴。中和之質必
平淡無味，故能調成五材，變化應節。」（〈九徵〉，頁 14）劉昞注：「質白受

〔註12〕宗白華〈論《世說新語》和晉人的美〉收錄於《美學散步》，上海：上海人民
出版社，2005，頁356。

采，味甘受和。中和者百行之根本，人情之良田也。平淡無偏，群才必御，致用有宜，通變無滯。」王丞相行事，與其說有包容的雅量，不如說是有領袖的特質——中和。因此，他對行政，不求事事躬親，作無效率、累己又無助於下屬的干涉。大原則不變，大方向不改，不以苛察爲明，各階層自有各階層的績效。這種行事風格，到今日仍是領導人物該奉爲圭臬的。

> 王含作廬江郡，貪濁狼籍。王敦護其兄，故於眾坐稱：「家兄在郡定佳，廬江人士咸稱之！」時何充爲敦主簿，在坐，正色曰：「充即廬江人，所聞異於此！」敦默然。旁人爲之反側，充晏然，神意自若。（〈方正〉，頁310～311）

根據余嘉錫引《中興書》曰：「王敦以震主之威，收羅賢儁，辟充爲主簿，充知敦有異志，逡巡疏外……由是忤敦，出爲東海王文學。」可見這件事，對何充前程的負面影響。王敦仗著堂弟王導擁立司馬睿有功，驕橫恣肆，自以爲擁有趙高般的權勢，可以指鹿爲馬，顛倒是非。誰知碰上一個眞性情的人，只能「默然」的懷恨於心。此事在《晉書·何充列傳》（頁2028～2030）亦有記載，信而有徵。馮友蘭認爲儒家之道就是「浩然之氣」〔註13〕。這浩然之氣是「至大至剛，集義而生，非義襲而取之」的正氣。何充並非要一時之譽發聲。他本身雖是王導的外甥，明穆皇后之妹婿，但並非靠此裙帶關係，躋身龍門。輔王導平蘇峻之亂，出仕東陽太守時，「甚有德政」，提拔後進不遺餘力。「後以墓被發去郡」。不知得罪何許政要，慘遭如此差辱。但他剛正的個性絲毫不改。《世說新語》《晉書》《太平御覽》都有類似的記載，茲錄《世說》以彰其正氣：

> 何次道、庾季堅二人並爲元輔。成帝初崩，於時嗣君未定，何欲立嗣子，庾及朝議以外寇方強，嗣子沖幼，乃立康帝。康帝登阼，會羣臣，謂何曰：「朕今所以承大業，爲誰之議？」何答曰：「陛下龍飛，此是庾冰之功，非臣之力。於時用微臣之議，今不覩盛明之世。」帝有慙色。（〈方正〉，頁321）

對年已廿二，能完全掌握政權的皇帝，他都敢實話實說，除了無欲則剛外，大概沒有第二種解釋了。《晉陽春秋》把這件事，放在庾冰出鎮武昌時。何充言於帝曰：「冰不宜出，昔年陛下龍飛，使晉德再隆者，冰之勳也。臣無

〔註13〕劉夢溪主編，《馮友蘭卷·新原道》，河北教育出版社，1996，頁692。

與焉。」更顯出他的豁豁大度，非但盡棄前嫌，還建言力挺。棄前嫌，流露眞情的還有一位陶侃，也是性情中人：

> 石頭事故，朝廷傾覆。溫忠武與庾文康投陶公求救，陶公云：「肅祖顧命不見及，且蘇峻作亂，釁由諸庾，誅其兄弟，不足以謝天下。」於時庾在溫船後聞之，憂怖無計。別日，溫勸庾見陶，庾猶豫未能往，溫曰：「溪狗我所悉，卿但見之，必無憂也！」庾風姿神貌，陶一見便改觀。談宴竟日，愛重頓至。（〈容止〉，頁 616）

由於庾亮的風姿神貌，竟使陶侃忘記自己的恨〔註14〕，「談宴竟日」後竟「愛重頓至」，前嫌盡棄，甚至拔刀相助〔註15〕，正是眞正的眞情流露。《晉書・庾亮傳》說：「亮美姿容，善談論，性好《莊》《老》，風格峻整，動由禮節。」（頁 1918）可見他內外兼修、言之有物，自然讓陶侃惺惺相惜。何充更在他將葬之時嘆曰：「埋玉樹於土中，使人情何能已。」（《晉書・庾亮傳》，頁 1922）魏晉人士用情描繪了一個「眞」的形象。

> 王藍田爲人晚成，時人乃謂之癡。王丞相以其東海子，辟爲掾。常集聚，王公每發言，眾人競贊之。述於末坐曰：「主非堯、舜，何得事事皆是？」丞相甚相嘆賞。（〈賞譽〉，頁 456）

> 王藍田性急。嘗食雞子，以筯刺之，不得，便大怒，舉以擲地。雞子於地圓轉未止，仍下地以屐齒蹍之，又不得，瞋甚，復於地取內口中，齧破即吐之。（〈忿狷〉，頁 886）

人的言談舉止，最能表現性情。《人物志》開宗明義就說：「蓋人物之本，出乎情性。」先要了解一個人的情性，才能明白他的本質。怎樣了解一個人的性情，靠觀察他的言行。他的言行受什麼影響？氣。在《人物志》之前，曹丕的《典論・論文》就提出「文以氣爲主」的命題，論述文章之用「辭」和作者所含之「氣」的關係。移諸於人，人的言行自然的被氣主宰。而言行在有意無意之間，流露了性情。《人物志》的思維走向，就是通過「九質」，探討「情性」，然後再以情性論斷才能，作爲用人任事的標準。換句話說，「情性」在《人物志》中是作爲人之根本的。劉劭認爲人的「性情」，是可以透過

〔註14〕《晉書・陶侃》卷六十六列傳三十六，頁 1774。「初，明帝廟，侃不在顧命之列，深以爲恨。」頁 1774

〔註15〕同上。「五月，與溫嶠、庾亮等俱會石頭……侃督護竟陵太守李陽部將彭世斬峻於陣，賊眾大潰。」

陰陽五行學說探討的。「凡有血氣者，莫不含元一以爲質，稟陰陽以立性，體五行而著形，苟有形，質猶可即而求之。」（〈九徵〉，頁 13）「質」如何求？靠「形」。「形」如何呈顯？靠「五行」。五行只是五種物質元素，只能結構成形。「形」要如何才能動之，而展現生命？靠「性」。「性」是如何產生的？靠陰陽之「氣」。陰陽之氣就是「元一」，是有血性者之「質」。這「質」分九：骨、筋、氣、肌、血、精、儀、容、言。前五質是人和動物所共有。後四質是人類所特有。因此，人的前五質就表現在後四質上。所以從人的精神、儀態、容貌行止、談吐聲情，都可以看出一個人的才性資質。劉劭稱它爲「九徵」，指的就是這九種性質表現於外，對應內心，顯示出各種性質的特徵。而他認爲「躁靜之決在於氣」。劉昞注：「氣盛決於躁，氣沖決於靜。」（頁24）像王藍田食雞子之躁，就表現出他氣之盛。因爲氣盛所以氣直（至大至剛），因此，他才敢對王丞相直言論斷，王丞相不但不以爲忤，還認爲他「眞獨簡貴，不減父祖」（頁517），繼續讓他作自己的部署。謝安稱他「掇皮皆眞」（頁466）甚是！

　　舉王導與藍田作代表，一個是全才，足堪大任，故位居丞相，一個是偏才，只能作部屬。但兩者都不造作。足以形構「眞」的形象。而他們的「眞」，仍是由他們所含的「氣」決定的。「夫容之動作，發乎心氣。」劉昞注：「心氣於內，容見於外。」（頁20）所謂「心氣」指的是「人稟賦了天地之氣所形成的精神活動和思想情感。」（同上）天地之氣就是陰陽二氣，換句話說，人之性操控了人的精神活動和思想情感。（稟陰陽以立性）順著人性生活就合於「道」了。因爲「人之一切所有取向之行事或活動，以致任何存在之物之有所取向之任何活動，其所循之道路，皆是道。」〔註16〕因此，道→氣→象→物的內在聯結顯而易見。

二、善——祥和之氣

　　善和美在中國哲人的思維中是二合一的，凡善必美，美要善才達極致。善的討論在人性的議題中最爲根本。最後終結於絕對善。它和「眞」最大的差異在於「用心」。善心的培養是要用心的；善行的實踐是要用心的。所謂克己復禮；所謂剝落減檐，都是工夫。孟子的「乍見孺子將入井，必有怵惕惻

〔註16〕唐君毅，《中國哲學原理・原道篇弍》，台北：台灣學生書局，1986，頁29。

隱之心」（頁377），雖用一「乍」字，但這靈光一現，也靠平日接受教化的影響所萌生的善念。若孺子見孺子入井則一派天眞，無所謂怵惕惻隱。因此，所謂善，其實是一種後天培養的人格美。

　　界定人格，在心理學中算是件困難的工作，至少截至目前，教科書上仍未能有一公認的定義。有些心理學家訂它爲：「個人與他人互動的方式，或個人認定的角色，並以此在社會中運作。」〔註17〕較爲實用的定義是：「人格是代表個人在對情境做反應時，將自身所表現出的結構性質和動態性質。」〔註18〕以及大同小異的「決定人們適應環境的行爲模式及思維方式的特性」〔註19〕在《雲五社會科學大辭典》第九冊心理學的〈人格心理學〉中摘錄的人格定義更加全面〔註20〕。筆者在本論文中採用格爾福（Guilford）提出的統合式定。他認爲「個人的人格是其各類特質的獨特模式」而「主要的人格特質至少有七類，即需要（need）、興趣（interest）、態度（attitude）、氣質（temperament）、性向（aptitude）、外形（morphology），與生理（physiology）。」〔註21〕這就是人格的七個面向，也是本章涉及的議題。

　　該書又將人格和品格加以區分，就字源論說，人格（personality）源於拉丁文中的persoma（意即面具），而品格（character）源自於希臘文中的charaktêr（是刻印在錢幣上的記號）。可見二字之最初涵義實各有所重：前者偏重個性（individualersity）之顯現在外的表層特徵，而後者則著重個性之潛隱不變的深層結構。因此，前文所論述的「眞」，該是「品格」的呈現。而善、美、智則屬於人格美。

　　不過，善、惡問題，在中國哲學中是置入人性去探究的。人性善惡論先秦最極端、最對立的是孟子的性善和荀子的性惡，較持平的是告子的性無善無惡。最讓筆者困惑的是世碩的「性有善惡說」，被王充解釋爲有人天生爲善，有人天生爲惡，豈有此理，教育的功能豈不歸零？查《論衡·本性篇》原文：「周人世碩，以爲『人性有善有惡，舉人之善性，養而致之則善長；惡性，

〔註17〕普汶（Lawrence A. Pervin）著。洪光遠、鄭慧玲譯，《人格心理學》，台北：桂冠出版社，1995，頁3。

〔註18〕同上，頁4。

〔註19〕楊國樞主編，《心理學》（修訂版），艾金森、西爾格德等著，台北：桂冠出版社，1991，頁630。

〔註20〕詳見《雲五社會科學大辭典》（七版），台北：台灣商務印書館，1987，頁202～204。

〔註21〕同上。

養而致之則惡長。』」（頁 32）照理應該理解為每個人的「性」中都有善有惡，類似揚雄的「善惡混說」。但王充在批評孟子、告子、荀子、陸賈、董仲舒皆「未能得實」（不了解「性」的實情）之後，作了個和他「命定論」相符應的表述：「實者，人性有善有惡，猶人才有高有下也。高不可下，下不可高。」（〈本性〉，頁 142）這個比喻就明顯說明了他對有人天生善，有人天生惡的堅持，甚至「人稟天地之性，懷五常之氣，或仁或義，性禾乖也……至老極死，不可變易，天性然也。」（同上）可見他對世碩「性有善惡說」的服膺。最後結論說：「余固以孟軻言人性善者，中人以上者也；孫卿言人性惡者，中人以下者也；揚雄言人性善惡混者，中人也。若反經合道，則可以為教；盡性之理，則未也。」（同上）換言之，王充認為教育的力量只在「行權」的時候。對於人的本性是不起任何作用的。但〈率性篇〉起筆卻說：「論人之性，定有善有惡。其善者，固自善矣；其惡者，故可教告率勉，使之為善。」（頁 68）然後舉了一堆史書人物作證。對陸賈《新語‧無為篇》：「堯、舜之民，可比屋而對；桀紂之民，可比屋而誅」，作出心得：「聖主之民如彼，惡主之民如此，竟在化，不在性也。」（〈率性〉，頁 72）也就是說：「性」本身是不能改變的，但「善漸於惡，惡化於善，成為性行」（同上，頁 68）的「性行」是可以改變的。如此說來，性惡者靠教化而有善行，但仍是惡性。就好比爛根靠施肥也可結出好果實，但根仍是爛的。有這般道理？荀子提「性惡」，仍倡言「化性起偽」，人為的力量是可以化惡性為善。如此，才有行善的原動力，善的根源仍來自「化」後的善性。而王充的人性論，卻不能自圓其說，問題就出在他的氣稟論，「稟氣有厚薄，故性有善惡」（同上，頁 80）又曰：「人之善惡，共一元氣，氣有少多，故性有賢愚。」（同上，頁 81）又曰：「人稟氣而生，含氣而長，得貴則貴，得賤則賤」（〈命義〉，頁 48）總之，他的「性論」必需要跟著「命定論」走，才能讓他的思想不生矛盾，有其一統性。其實，他的「福德不相符」的理論和「性論」已有內在的矛盾，簡言之，「命」比「性」更能決定人的一生。

顯而易見的，王充著眼於「氣」的運作，卻忽略了背後的推手——「道」。氣是依「道」而行的，「道」在老子的眼裡是「一」，無所謂善、惡、吉、凶、貴、賤。「天無不覆，地無不載」，萬物歸於「一」。人更不例外。既是稟氣而生，豈有厚薄？豈有清濁？「道」在屎溺，莊子看得更徹底。後輩學者將其複雜化了，反而失其本來面目，可惜。

此外，如董仲舒的「性善情惡」，是配合他的「天人相副」學說立論，並

非眞正討論人「性」。劉向的「性內情外說」，倒是實情。但，無關善、惡，姑且不論。不過，這些都是紙上談兵，眞正展現人性的時代該是魏晉！

　　魏晉時代是一個人的自覺時代，「整個玄學的主題是在具有無限可能性的理想人格本體的構建。但同時又認爲這種本體必須表現爲感性的現象存在。」〔註22〕這種呈現之「象」，被感性啓動，就是審美活動了。理想人格的美就在日常生活中展示出來，對於善的行爲，魏晉玄學家並沒有將它列入人性論之中，阮籍和嵇康都認爲人的才性稟於元氣，也同意所受之氣有厚有薄。「夫元氣陶鍊，眾生稟焉。賦受有多少，故才性有昏明。」〔註23〕但全文中未提及善、惡。正如他在〈釋私論〉所言：「夫稱君子者，心無措乎是非，而行不違乎道者也。」爲什麼可以這樣？「氣靜神虛者，心不存於矜尙；體亮心違者，情不系于所欲。矜尙不存乎心，故能越名教而任自然；情不系于所欲，故能審貴賤而通物情。」〔註24〕可見魏晉名士把「善」的根放在心，而非性。正如徐復觀提出孟子是以心善言性善，心善是性善的根據。甚至乾脆說「孟子所說的性善，實際便是心善」〔註25〕心虛明而性自然，不爲外物所誘，超越一切世俗的是非利害，這就是名士們追求的自我實現，是眞、善、美的揉合體。儘管「才性有昏明」，而善心、善行仍是「物」任其性，「事」稱其能，各當其分，自然而行的。魯迅說得好：「魏晉時代，崇奉禮教的看來似乎很不錯，而實在是毀壞禮教，不信禮教的。表面上毀壞禮教者，實則倒是承認禮教，太相信禮教。」〔註26〕的確，嵇康即以「言論放蕩，非毀典謨。帝王者所不宜容，宜因釁除之，以淳風俗。」（《晉書‧嵇康列傳》，頁1373）之讒言被誅，而進讒言者竟是事後謀反的鍾會。相較於臨刑前索琴彈之，悔恨「廣陵散於今絕矣」的嵇康，同在不惑之年〔註27〕，卻懷抱著對人生迥異的「惑」！

　　魏晉玄學的中心思想就是「自然」。不論是「貴無」還是「崇有」，都將人與自然合一，人的行爲應以自然而然爲貴。因此，行善的動機也發自自然的善心。茲將《世說新語》所載之善行分行政之仁、行事之義、宅心仁厚三

〔註22〕李澤厚、劉綱紀，《中國美學史》，合肥：安徽文藝出版社，1999，頁12。

〔註23〕嚴可均輯，《全三國文》，卷四十七，嵇康，〈明膽論〉，北京：商務印書館，1999，頁521。

〔註24〕同上，頁517。

〔註25〕徐復觀，《中國人性論史》〈先秦篇〉，台北：台灣商務印書館，1999，頁163。

〔註26〕魯迅，〈魏晉風度及文章與藥及酒的關係〉，收錄於王振復主編，《中國美學重要文本題要》，成都：四川人民出版社，2003，頁328。

〔註27〕鍾會與嵇康都在四十歲見殺。分別見《三國志》，頁748；《晉書》，頁1374。

面向分述：

（一）施政之仁

「仁」是儒學的核心。《論語》一書處處談仁，只差沒給它一個絕對的定義。孔子依弟子的個性、當時提問的情境，給問仁者不同的答覆。唯一相同的意向就是要求踐履，不屑空談。比如：「顏淵問『仁』。子曰：『克己復禮爲仁。一日克己復禮，天下歸仁焉，爲仁由己，而由人乎哉？』顏淵曰：『請問其目？』子曰：『非禮勿視，非禮勿聽，非禮勿言，非禮勿動。』」（〈顏淵〉，頁 195）這是就個人修養言。顏淵已經是德性科的第一名弟子，孔子希望他更上層樓，給予更深的指導，也知道他能力行。仲弓問仁，孔子答爲：「己所不欲，勿施於人。」（同上）。子貢也問仁，孔子答爲：「己欲立而立人，己欲達而達人。」（〈雍也〉，頁 132）孔子認爲仲弓和子貢都是行政人才〔註28〕，故以「爲政之道」勉勵他們〔註29〕。司馬牛多言而躁，孔子就說：「仁者，其言也訒。」（〈顏淵〉，頁 196）樊遲得到的答案是「愛人」（同上，頁 206）在〈雍也〉〈子路〉樊遲又問，答覆也不同：「仁者，先難而後獲」（頁 129）「居處恭，執事敬，與人忠。」（頁 216）此外，〈憲問〉：「剛毅木訥，近仁」（頁 220）不過，孔子認爲仁的最高境界，仍該落在「施政」的作爲上，因此，他盛讚堯、舜、禹、湯、文、武、周公〔註30〕，連曾經被他鄙爲器小的管仲〔註31〕，也讚美：「微管仲，吾其披髮左衽矣！」「桓公九合諸侯，不以兵車，管仲之力也。如其仁！如其仁！」（〈憲問〉，頁 228～229）不過，孔子對仁政只提出結果性的記述〔註32〕，並無具體實施的方法。到了孟子才提出「與民同樂」（〈梁惠王下〉，頁 327～333）「市，廛而不征，法而不廛……關，譏而不征……耕者，助而不稅……廛，無夫里之布……」（〈公孫丑上〉，頁 375）以及「什一之賦」（〈滕文公上〉，頁 415）等等施政方針，落實孔子的理想國境界落實。

〔註28〕〈雍也〉：「雍也可使南面。」（頁 120）「賜也達，於從政何有？」（頁 123）

〔註29〕孔子知道子貢做不到。子貢曰：「我不欲人之加諸我也，吾亦欲無加諸人」子曰：「賜也，非爾所及也」（〈公冶長〉，頁 112）

〔註30〕子曰：「大哉，堯之爲君也！巍巍乎，唯天爲大，唯堯則之！蕩蕩乎，民無能名焉！巍巍乎，其有成功也！煥乎，其有文章！」（〈泰伯〉，頁 155）子曰：「禹，吾無間然矣！菲飲食，而致孝乎鬼神；惡衣服，而致美乎黻冕；卑宮室，而盡力乎溝洫。禹，吾無間矣！」（同上，頁 157）

〔註31〕子曰：「管仲之器小哉」（〈八佾〉，頁 94）

〔註32〕如：「博施於民，而能濟眾」（〈述而〉，頁 132）「修己以安百姓」（〈衛靈公〉，頁 230）等等。

再者，孔子雖然力倡以禮樂治國，但「人而不仁如禮何？人而不仁如樂何？」（〈八佾〉，頁 85）可見仁心仍然比禮制重要。因此，顏淵死，子哭之慟，而門人欲厚葬之，孔子認為貧而厚葬，非禮，故曰：「不可！」但門人仍厚葬之，孔子並未嚴加制止。這些論述，彰顯了儒學的韌性與彈性，成為中國哲學思維的基調。

韋政通對孔子的仁學作了更深層的理解：

> 現代人了解孔孟的仁，它對我們具有雙重意義：仁既是一個概念、一套學說，又代表一種道德的動力。前者可以把它當作倫理學來處理；後者則是道德人格的一個象徵，一種美德。美德不但供人欣賞，且要求我們能見賢思齊。〔註33〕

的確，「供人欣賞」四字就把「仁」移入了美學領域了。《世說新語》就對這層理解作了見證：

> 梁王、趙王，國之近屬，貴重當時。裴令公歲請二國租錢數百萬，以恤中表之貧者。或譏之曰：「何以乞物行惠？」裴曰：「損有餘，補不足，天之道也。」（〈德行〉，頁 21）

劉孝標注：名士傳曰：「楷行已取與，任心而動，毀譽雖至，處之晏然，皆此類。」「處之晏然」就是自然行善的「象」。余嘉錫箋疏：『《老子》曰：『天之道其猶張弓乎？高者抑之，下者舉之；有餘者損之，不足者與之。天之道，損有餘，而補不足。』』裴楷呈現的「象」是依「道」而顯的。「道」與「象」的內在聯繫又得一見證。

> 王安期爲東海郡，小吏盜池中魚，綱紀推之。王曰：「文王之圃，與眾共之。池魚復何足惜！」（〈政事〉，頁 173）

劉孝標說安期「每遇艱險，處之怡然」，一個能了生死的人，當然不在乎有物共享，也許還在分享中享受這份同樂之趣。

> 王安期作東海郡，吏錄一犯夜人來。王問：「何處來？」云：「從師家受書還，不覺日晚。」王曰：「鞭撻宵越以立威名，恐非致理之本。」（同上，頁 174）

嘉錫案：「致理當作致治，唐人避諱改之耳。」王安期之權變，合情合理。宵禁的目的在防範宵小，對於一個求道問學的唸書人，當然不能等同看待，若

〔註33〕韋政通主編，《中國哲學辭典大全》，台北：水牛圖書出版事業有限公司，1994，頁 117。

為樹立施政之威名，以示平等，則淪為齊頭式的假平等，貽笑於方家。王安期以甯越〔註34〕期許苦讀之士，更見胸襟。

> 桓公在荊州，全欲以德被江、漢，恥以威刑肅物。令史受杖，正從朱衣上過。桓式年少，從外來，云：「向從閣下過，見令史受杖，上捎雲根，下拂地足。」意譏不著。桓公云：「我猶患其重。」（〈政事〉，頁 182）

高高舉起，輕輕放下，桓公「猶患其重」，足見他「欲以德被江漢」的決心。魏晉期間，何以德政最被倡導，當然與人的自覺有關。不只在下位者自覺其生命悠忽，朝生暮死，命繫蛛絲。在上位者也惶惶無以自保，在無法安於其位的態勢下，與天爭命的思想萌生。桓溫用心為善，以期擄獲人心，建功立業，要不是北伐前燕時天寒地凍，在枋頭（今河南浚縣西南）失利，也許不需只廢帝而不自立了。

（二）行事之義

孔子多談仁，孟子則多談義，孟子談義常與仁並舉。「仁，人心也，義，人路也。」（〈告子上〉，頁 582）朱子解釋「人路」：「義者，行事之宜。謂之人路，則可見其為出入往來必由之道，而不可須臾舍矣。」朱子的「行事之宜」，出於《中庸》「義者，宜也」（〈第 20 章〉，頁 41）「宜」是什麼意思？就是適當。「行事之宜」就是在什麼時候做什麼事最恰當，最得體。這種判斷力來自於平日的涵養，至於義，在說文中訓為「己之威義」。段玉裁注「威義古分言之者，如北宮文子云有威可畏謂之威。有儀可象謂之義。」（頁 639）這是許慎以後起字解釋本字的又一例子，段玉裁跟著作注。劉熙〈釋名〉以聲訓義，採用了中庸的「義，宜也」，解釋成「制裁事物使各宜也。」後來的引申義也都依此發揮，成為一種美德懿行。

> 荀巨伯遠看友人疾，值胡賊攻郡，友人語巨伯曰：「吾今死矣，子可去！」巨伯曰：「遠來相視，子令吾去；敗義以求生，豈荀巨伯所行邪？」賊既至，謂巨伯曰：「大軍至，一郡盡空，汝何男子，而敢獨止？」巨伯曰：「友人有疾，不忍委之，寧以我身代友人

〔註34〕「甯越，中牟鄙人也，苦耕之勞，謂其友曰：「何為而可以免此苦也？」友曰：「莫如學，學二十年則可以達矣。」甯越曰：「請十五歲，人將休，吾將不休；人將臥，吾不敢臥。」十五歲學而周威公師之。」林品右注譯，《呂氏春秋今註今譯》，台北：台灣商務印書館，1989，頁 785。

> 命。」賊相謂曰：「我輩無義之人，而入有義之國！」遂班軍而還，
> 一郡並獲全。（〈德行〉，頁 11）

「友人有疾，不忍委之」，「不忍」二字充分表現荀巨伯的義行是由仁心出發。故仁義二字，後常連用。

> 華歆、王朗俱乘船避難，有一人欲依附，歆輒難之。朗曰：「幸尚
> 寬，何爲不可？」後賊追至，王欲舍所攜人。歆曰：「本所以疑，
> 正爲此耳。既已納其自託，寧可以急相棄邪？」遂攜拯如初。世以
> 此定華、王之優劣。（〈德行〉，頁 14）

王朗最初只想到船的容量，沒想到人的重量，到逃命時，才想到該減輕重量，故「欲舍所攜人」。始亂終棄，往往是一般慾望強烈的凡夫俗子的惡行，欲和愛糾葛不清。華歆斷事，不以一時之急，一念之善而定，事前能周詳顧慮，事發能堅持到底，除行事之宜外，更需要一股敢擔當的勇氣。

> 殷中軍妙解經脈，中年都廢。有常所給使，忽叩頭流血。浩問其
> 故？云：「有死事，終不可說。」詰問良久，乃云：「小人母年垂
> 百歲，抱疾來久，若蒙官一脈，便有活理。訖就屠戮無恨。」浩感
> 其至性，遂令舁來，爲診脈處方。始服一劑湯，便愈。於是悉焚經
> 方。（〈術解〉，頁 710）

殷浩雖通醫術，曾著《方書》，但「中年都廢」，要不「感其至性」，是不肯輕易出手，雖然「始服一劑湯，便愈」。殷浩卻不沾沾自喜，而歸之於天意。人命關天，幸運之神不可能時時眷顧。「於是悉焚經方」，把醫書全都燒掉，以示不再行醫的決心。這不是一時的意氣，而是要有強烈的理性，果敢斷事，依義道而行。

（三）宅心仁厚

前文我們談及「仁」是儒家的核心，孔子曾讚美顏回，「回也，其心三月不違仁。」（〈雍也〉，頁 122）孟子也說「惻隱之心，仁之端也。」（〈公孫丑上〉，頁 377）到集理學之大成的朱熹：「仁者，心之德。」（〈告子上〉，注「人心」，頁 582）在《朱子語類》卷之二十，解釋〈學而〉的「孝弟也者，其爲仁之本與」，花了大半卷的篇幅說明「仁」。以「心之德」、「愛之理」兩條路向：「心之德是兼四端言之，愛之理只是就仁體段說，其發爲愛，其理則仁也」（頁 312）簡言之：心是仁體的主宰，愛是仁體的發用。以仁存心，以愛行善，是人之所以爲人的理性表現。

顧榮在洛陽，嘗應人請，覺行炙人有欲炙之色，因輟己施焉。同坐
嗤之。榮曰：「豈有終日執之，而不知其味者乎？」後遭亂渡江，每
經危急，常有一人左右己，問其所以，乃受炙人也。（〈德行〉，頁
25）

顧榮惻隱之心，發爲同情之愛。受炙人的湧泉之報，亦是宅心厚實，令人景
仰，無怪傳爲美談，甚至有傅會之故事〔註35〕。

謝奕作剡令，有一老翁犯法，謝以醇酒罰之，乃至過醉，而猶未
已。太傅時年七、八歲，著青布絝，在兄虩邊坐，諫曰：「阿兄！
老翁可念，何可作此。」奕於是改容曰：「阿奴欲放去邪？」遂遣
之。（〈德行〉，頁34）

老翁不知觸犯什麼法，讓謝奕想出用如此方是懲處。醇酒之酒精濃度高，「醉
而不已」，是否會中毒致死，不可預知，七八歲的孩子也不可能知解。只因爲
醉像可憐，即興起不忍人之心，「從心善言性善」，也許是了解人性的一條捷
徑。

庾公乘馬有的盧，或語令賣去。庾云：「賣之必有買者，即復害其
主。寧可不安己而移於他人哉？昔孫叔敖殺兩頭蛇以爲後人，古之
美談，效之，不亦達乎！」（〈德行〉，頁33）

「己所不欲，勿施於人」是孔子仁學的實踐，「美德，不但供人欣賞，也要求
我們見賢思齊。」庾亮效法孫叔敖行事，不但表現了他的胸懷，也流露了他
的謙卑。

晉簡文爲撫軍時，所坐牀上塵不聽拂，見鼠行跡，視以爲佳。有參
軍見鼠白日行，以手板批殺之，撫軍意色不說，門下起彈。教曰：
「鼠被害，尚不能忘懷，今復以鼠損人，無乃不可乎？」（〈德行〉，
頁38）

這個故事讓人聯想起「晏子諫齊景公殺圉人」（《晏子春秋·晏子諫》）。儒學
是「人本主義」的哲學。爲馬殺人，爲鼠傷人，都是重己之物，漠視他人生
存權的惡行，爲儒者所不齒。這種倫理當然傳承自「天有好生之德」（《書經·

〔註35〕南史陰鏗傳云：「鏗嘗與賓友宴飲，見行觴者，因回酒炙以授之，眾坐皆笑。
鏗曰：『吾儕終日酣酒，而執爵者不知其味，非人情也。』及侯景之亂，鏗嘗
爲賊禽，或救之獲免。鏗問之，乃前所行觴者。」嘉錫案：此與顧榮事終末
全同，疑爲後人因榮事而傅會（頁27）由「眾生皆嗤」可知當時門第觀念之
深，主僕分際之嚴。可喜亦有性情中人者。

大禹謨》),「天生百物,人爲貴」(《郭店楚簡‧語叢一》)的天道思想,足見「仁」不僅是人之道,也是天之道。

> 王夷甫嘗屬族人事,經時未行,遇於一處飲燕,因語之曰:「近屬尊事,那得不行?」族人大怒,便舉樏擲其面。夷甫都無言,盥洗畢,牽王丞相臂,與共載去。在車中照鏡語丞相曰:「汝看我眼光,迺出牛背上。」(〈雅量〉,頁352)

這份雅量,蘊含的是一顆「仁心」。除了不計較對方的暴行外,對自己受到的傷害未及想像中嚴重,興奮不已。赤子之心,流露無遺。

> 漢武帝乳母嘗於外犯事,帝欲申憲,乳母求救東方朔。朔曰:「此非脣舌所爭,爾必望濟者,將去時但當屢顧帝,慎勿言!此或可萬一冀耳。」乳母既至,朔亦侍側,因謂曰:「汝癡耳!帝豈復憶汝乳哺時恩邪?」帝雖才雄心忍,亦深有情戀,乃悽然愍之,即敕免罪。(〈規箴〉,頁548)

用「才雄心忍」四字概括漢武帝的個性、事功,傳神到極點。劉劭《人物志》裡論「英雄」,其題綱則云:「英爲文昌,雄爲武稱。」(頁400)接著又說:「是故聰明秀出謂之英,膽力過人謂之雄」(同上)。徵諸史實,漢武帝「雄才大略」〔註36〕,有膽有力,將文景存備之財,盡耗於南征北討,平定匈奴、南越,又東擊朝鮮,西進西南夷,天下一統,邊防平綏。果眞「氣力過人,勇能行之,智足斷事」(同上,頁101)卒諡「武」,實至名歸。但鐵漢也有溫柔的一面,鐵漢柔情,最叫人動容。

三、美——靈秀之氣

眞、善,當然也是美的一個面向。但超越眞、善的更高境界,就是本文探討的核心——美。本論文起筆就提及「美」是無法定義,也無需定義的。人之所以有審美的感受,只能說是天賦。至於感受的深淺,依王充的氣稟論來說,就是稟承「元氣」的厚薄所致。後人加入「養氣」說,以後天的培養挑戰先天的賦予,也是一條路徑。成敗如何端看挑戰者的毅力了。

世間有「美」,的確是天的恩賜,光就大自然說,就足以讓人目不暇給,更遑論天下之物了。而人在「氣」的呈顯中給人所感受的美更是細緻而動人。

〔註36〕《漢書‧五帝紀第六》贊曰:「……如武帝之雄才大略……」(頁213)

茲以形體美、儀容美、才情美、境界美四層面分別討論：

（一）形體美——看殺魏玠

　　筆者一直強調「美」是個抽象的概念，我們無法找到「美」，只能看到美的東西，一個東西從實用價值轉向審美價值，就是美。所以我們最先感受的美，一定是從物的「形象」開始，即使是「人物」。對於人物身體的欣賞，仍是將它視作一「對象」看待，而不是「物我合一」，我與對方合為一體的看待，雖然彼此都是生活世界的一員。如果彼此相融，審美主體所看到的審美客體已不侷限於形體美上了。它該是一種「神」的領會，「心」的交付與「靈」的感通，如《莊子・德充符》裡的殘缺之人。固然，談人物的美，最後一定要形神一統，才能談及境界，才是真正的人體美。正如黑格爾所說：「由精神滲透的感性的內在美。〔註37〕」不過，這是後話，本段只談以形寫神，重點在形體之美。所謂的形體美，指的是人透過個人的品質及情感，藉著身體，外現於欣賞者的眼前，足以讓人進行審美活動。

　　人之形體所以能美，當然在於它「能」表現美的形式。梅洛龐蒂（Merleau-Ponty，1908〜1961）在她的《眼與心》一書中，強調身體的主動性。「身體不是簡單的、有限的、膚淺的接受世界事物的刺激與作用，而是積極的、主動的、深入的參與對世界的構建和呈現。」〔註38〕她論證這個觀點是基於身體可以美化，只要心靈全付參與。靈肉合一，身體就能以「我能」去顯示世界。徵諸六朝名士的作風，果真如此：「文帝初欲為武帝求婚於籍，籍醉六十日，不得言而止。」（《晉書》，頁1360）阮籍不屑這門親事，居然可以讓身體醉六十天，使文帝無法開口。阮籍藉身體呈現了「魏晉之際，天下多故，名士少有全者」（同上）的世界。身心合一，的確讓身體無所不「能」！在這樣的前提下，身體「能」表現「美」就理所當然了。

　　醫學美容界認為「只有人體美才天然的聚集所有形式美法則於一身。諸如：對稱、勻稱、均衡、整體性、節奏、主從、和諧、對照、黃金律，和多樣統一等形式美法則，無不全方位的反映在人體。」〔註39〕這洋洋灑灑的美學術語，是累積了兩千多年西方哲學家審美的成果。從西元前四世紀畢達哥拉斯（Pythagoras，570〜469B.C.）開始，哲學家就追求宇宙和諧的美，最後

〔註37〕黑格爾《美學》一書中在第三卷上的第二部份「雕刻」中提及人體美。黑格爾，《美學》，台北：里仁書局，1982，頁118。

〔註38〕張文初，〈將身體借給世界〉，湖南師範大學社會科學學報，2008.5，頁124。

〔註39〕彭慶星，〈醫學人體美學概略〉，山東醫科大學學報哲社科版，1993，3，頁35。

終於落在「人體」的領悟上。波里克利特斯（Polyclitus）在西元前四世紀，完成了一尊「正典（canon）」雕像，不僅體現所有局部正確比例的規則，而且還提出有機的標準：「身體各部位的比例決定於身體的運動、視角的變化，以及身形隨著觀賞者的位置而調整。」〔註40〕多前衛的思想，至今的人體雕刻藝術家想必還將之奉為金科玉律吧！

1. 先秦時期對人體美的欣趣

中國對人體美的欣賞與西方的重點不同。一樣的也以修長為美，但沒有這等精確的數字比例。（如：維特魯維斯（Marcus Vitruvius Pollio，c.80～70B.C.～c.15B.C.）提出：臉是身長為 10 分之 1，頭是身長的 8 分之 1，軀幹是 4 分之 1 等等。十五世紀的達文西依此畫了人體比例圖。）《詩經》中描繪了一位貴族女子莊姜，大概是中國典籍中最早寫人體形美的紀錄：「碩人其頎……手如柔荑，膚如凝脂，領如蝤蠐，齒如瓠犀，螓首蛾眉，巧笑倩兮，美目盼兮。」（〈衛風・碩人〉，頁 142）

莊姜之美也在有一修長的身材，但沒有比例的紀錄，是否勻稱合乎黃金律也不得而知。不過你接著看：她手像柔軟的茅芽，皮膚如膏脂般滑潤光潔。脖子像木蟲白皙而柔婉。牙齒像瓠中之子，白而整齊，額頭寬闊方正，眉毛細長，笑起來嘴角上揚，甜美可親，眼珠子黑白分明，永遠默默含情……你說她不夠美嗎？不需要數字說話，站在我們眼前的就是一位健康多情的女子！（不健康皮膚怎會光滑，不多情怎會美目盼兮？）這就是古早先人對人體的審美標準，放諸今日，也不能不認同。再者，這段文字開了比擬的修辭技巧，經過《世說新語》的發揚光大，至今作家仍一路走下去。

類似的形容又載於宋玉的〈神女賦〉：「貌豐盈以莊姝兮，苞溫潤之玉顏。眸子炯其精朗兮，瞭多美而可觀。眉聯娟以蛾揚兮，朱脣的其若丹。素質幹之醴實兮，志解泰而體閑。」（《昭明文選》，頁 252）從形體寫到情性，字裡行間，氣泰神開，已漸漸進入以形寫神的境界了。倒是他的〈登徒子好色賦〉比較具體，寫東家之子：「增一分則太長，減之一分則太短，著粉則太白，施朱則太赤。」（同上，頁 253）不僅是寫美人的經典句，而且是極至的形容，無人能超越。

至於男子形體，見諸兵馬俑也是高大壯碩的。《詩經》照其原始的詩意，是男女愛情之歌，對兒女之情不乏深刻的描寫：「山有扶蘇，隰有荷華。不見

〔註40〕安伯托・艾可（Umberto Eco）編著，《美的歷史》（彭淮棟譯），台北：聯經出版事業公司，2006，頁 74。

子都，乃見狂且。」（〈鄭風・山有扶蘇〉，頁192）根據王靜芝的注解：「子都，美男之稱。都，美也。」譯成：女子期會美男子都，至此地相會，此處山有扶蘇，水中有荷華，是期約之佳處也。然未見子都之來，卻遇一狂徒。（下半段與鄭玄箋：「女子不去見美男子都，卻往見狂徒！」以暗諷不識賢君迥異）但兩處都指子都非一人名，僅代稱美男子。考之左傳隱公十一年，確實有一男子名子都，是鄭大夫公孫閼，但沒說他美。至於《孟子・告子上》：「至於子都，天下莫不知其姣也；不知子都之姣者，無目也。」（頁575）說得多嚴重，應該也不是真有其人（筆者無意深入考證），反正書上並沒有對子都之美，做過任何的形容。反倒《戰國策》中提到「鄒忌脩八尺有餘，身體昳麗。」〔註41〕是對男子形體最早的具體讚美，足見對男子形體美的輕忽。這種輕忽，來自儒家對人體美的指標，根據《禮記・玉藻》所載，一個文質彬彬，談得上形象的君子應該是：「足容重，手容恭，目容端，口容止，聲容靜，頭容直，氣容肅，立容德，色容莊。」（頁519）簡單的說：人的形體要恭、端、靜、直，不在乎長短、比例、色澤、光潤，更不需要美的線條、力的呈顯。只在乎情的發用是否合於禮，講究的內心的氣象，道德人格的光輝，寄望由內而外的陶鑄一個人存在的意義及價值。

到了魏晉時期就不一樣了，男人追求的不止於「立德、立言、立功」的三不朽，更實際的是注意自己的容顏、體態，甚至服飾、舉止。若干在談玄時呈現的形式細節，都已溶入日常生活之中，漸漸對男體美的欣賞豐富起來，也苛求起來。

> 潘岳妙有姿容，好神情。少時挾彈出洛陽道，婦人遇者，莫不連手共縈之。左太沖絕醜，亦復效岳遊遨，於是羣嫗齊共亂唾之，委頓而返。（〈容止〉，頁610）

審美者的情感表現得多直接，論才情，為之洛陽紙貴的〈三都賦〉該不遜於潘岳的〈秋興賦〉吧？但就「象」而論，潘岳「象」美，左思「象」醜，其待遇天壤有別。怎叫男子不注意容顏？

> 何平叔美姿儀，面至白：魏明帝疑其傅粉。正夏月，與熱湯餅。既噉，大汗出，以朱衣自拭，色轉皎然。（〈容止〉，頁608）

魏明帝既「疑其傅粉」，可見當時男子傅粉，已成時尚。《漢書・佞幸傳》：「故孝惠時，郎侍中皆冠鵔鸃，貝帶，傅脂粉。」（頁3720）《後漢書・李杜列傳》，

〔註41〕馮作民譯注，《白話戰國策・齊策一》，台北：星光出版社，1979，頁252。

寫李固：「大行在殯，路人掩涕，固獨胡粉飾貌，搔首弄姿……」（頁 2084）
雖是梁冀誣陷之詞，想必李固平日也常敷粉，才落人口實。《三國志・王衛二
劉列傳》引魏略注邯鄲淳曰：「植初得淳甚喜，延入坐，不先與談。時天暑熱，
植因呼常從取水自澡訖，傅粉。」（頁 603）足見當時貴公子對自己肌膚之愛
戀。當然，終究是麗質天生者勝出。美男子被寵幸位至三公九卿者真有其人。
〔註42〕可惜，魏晉帝王大多形同魁偉，故臣子無一人因美得幸。魏晉名士對
身體的愛戀來自人的覺醒，非有攀龍之心，故能在美學史上開創新頁。

　　當然，頎長、白皙、目光炯炯，仍然是男子形體美的要求，《世說新語・
容止》記載：

> 嵇康身長七尺八寸，風姿特秀。見者歎曰：「蕭蕭肅肅，爽朗清
> 舉。」或云：「肅肅如松下風，高而徐引。」山公曰：「嵇叔夜之
> 為人也，巖巖若孤松之獨立；其醉也，傀俄若玉山之將崩。」（頁
> 609）

> 有人語王戎曰：「嵇延祖卓卓如野鶴之在雞羣。」答曰：「君未見
> 其父耳！」（頁 612）

> 王夷甫容貌整麗，妙於談玄，恆捉白玉柄麈尾，與手都無分別。
> （頁 611）

> 王夷甫容貌整麗，妙於談玄，恆捉白玉柄麈尾，與手都無分別。
> （頁 608）

> 何平叔美姿儀，面至白；魏明帝疑其傅粉。正夏月，與熱湯餅。既
> 噉，大汗出，以朱衣自拭，色轉皎然。（頁 608）

> 裴令公目王安：「豐眼爛爛如巖下電。」（頁 610）

> 王右軍見杜弘治，歎曰：「面如凝脂，眼如點漆，此神仙中人。」
> 時人有稱王長史形者，蔡公曰：「恨諸人不見杜弘治耳！」（頁 620）

> 謝公云：「見林公雙眼，黯黯明黑。」孫興公見林公：「稜稜露其
> 爽。」（頁 626）

> 裴令公有儁容儀，脫冠冕，麤服亂頭皆好。時人以為「玉人」。見
> 者曰：「見裴叔則如玉山上行，光映照人。」（頁 612）

〔註42〕詳見《漢書・佞幸傳》漢哀帝董賢父子並為公卿。

有人歎王恭形茂者，云：「濯濯如春月柳。」（頁 626）

〈企羨〉說：

孟昶未達時，家在京口。嘗見王恭乘高輿，被鶴氅裘。於時微雪，

昶於籬間窺之，歎曰：「此真神仙中人！」（頁 634）

《顏氏家訓‧勉學第八》：「梁朝全盛之時，貴遊子弟，多無學術，至於諺云：『上車不落則著作，體中何如則秘書。』無不熏衣剃面，傅粉施朱，駕長簷車，跟高齒屐，坐棋子方褥，憑斑絲隱囊，列器玩於左右，從容出入，望若神仙。」〔註43〕梁朝稟承魏晉遺風，而有過之，之推雖不滿貴游子弟之遊蕩，但仍以「神仙」喻其儀容之美，從形體美到儀容美，審美的意境又跨前一步。

最離奇的是這則故事：

衛玠從豫章至下都，人久聞其名，觀者如堵牆。玠先有羸疾，體不

堪勞，遂成病而死。時人謂「看殺衛玠」。（〈容止〉，頁 614）

它的離奇處不在衛玠被看死，而在體弱多病的人為什麼這麼美？劉孝標注引〈玠別傳〉說他「天韻標令」（〈言語〉，頁 94），又說「玠在群伍之中，寔有異人之望。豺亂時，乘白羊車於洛陽市上，咸曰：『誰家璧人？』」（〈容止〉，頁 614）還說：「玠有虛令之秀，清勝之氣……祖太保見玠五歲曰：『此兒神爽聰令，與眾大異，恐吾年老，不及見爾。』」（〈識鑑〉，頁 392）長大後仍是豔光照人：「驃騎王武子是衛玠之舅，儁爽有風姿，見玠輒歎曰：『珠玉在側，覺我形穢！』」（〈容止〉，頁 613）而〈品藻〉記桓伊品評杜弘治和衛玠，說：「弘治膚清，衛虎奕奕神令」（頁 524）而衛玠體弱多病也是不爭的事實。「玠見謝，甚說之，都不復顧王，遂達旦微言。王永夕不得豫。玠體素羸，恆為母所禁。爾夕忽極，於此病篤，遂不起。」（〈文學〉，頁 210）既是「素羸」，可見從小到大身體都弱且多病，甚至病到「弱不堪羅綺」（〈容止〉，頁 614）這兩件事實擺在一起，讓人無法想像衛玠為何能「奕奕神令」，不都說健康的精神寓於健康的身體？也許衛玠想以短短的生命去「看」透這個世界，因此目光如電，炯炯有神，這又見證了梅洛龐帝的「身體」理論了。

至於女性，《世說新語》也能顛覆傳統，重拾古典中國的視角，細訴女性形體之美：

桓宣武平蜀，以李勢妹為妾，甚有寵，常著齋後。主始不知，既

〔註43〕余金華注釋，《顏氏家訓》，北京：華夏出版社，2002，頁 75。

聞，與數十婢拔白刃襲之。正值李梳頭，髮委藉地，膚色玉曜，不爲動容。徐曰：「國破家亡，無心至此。今日若能見殺，乃是本懷。」主慚而退。（〈賢媛〉，頁693）

余嘉錫箋疏引敦煌本殘類書第二種曰：

桓宣武平蜀以李勢女爲妾，甚有寵，私置之後齋。公主初不知，既聞，領數十婢將棒襲之。正值李梳頭，髮委藉地，資貌絕麗，膚色玉曜，不爲動容。徐下地結髮，斂手而言曰：「國破家亡，父母屠口，偷存旦暮，無心以生。今日若能見殺，實愜本懷。」主乃擲刀杖，泣而前抱之曰：「我見汝尚憐愛，心神悽愴，何況賊種老奴耶！」因厚禮相遇。（頁694）

不但詳贍，且更爲動人。美到可以澆熄對方的妒火，使之「厚禮相遇」。審美主體已拋棄佔有慾，不計較利害，如實的接受美的超脫作用了。透過如上的討論，我們可以明白一點：「形體美的發現與創造，是人生命的必然的自由自覺。」〔註44〕這種自覺是普世化的，強調形體美的有機整體性，「人體要靠四肢五官的配合才能顯得美，整體中任何一部分如果割裂開來孤立看待，是沒有什麼引人注意的；但是所有各部分綜合在一起，就形成一個完美的整體。」〔註45〕這種共識，很自然會要求形體美的和諧度。同時注意到男女有別的差異性，在秀美與健美的兩極間，滿全有機整體的和諧。中世紀聖多瑪斯所提出的「美的三個要素：完整、和諧、鮮明〔註46〕」，在形體美上得到充分的肯定。

（二）神韻美——風塵外物

王平子目太尉：「阿兄形似道，而神鋒太儁。」（〈賞譽〉，頁435）

王澄品題王衍，形體已能與道體之虛無相近，也就是乍看之下，言談舉止，儀容氣度都臻虛靜之境，合於「道」的共相，但一與事對，殊相即出，鋒芒畢露，只因境界未及也。

形神問題，在中哲界一直是個熱門的議題，其爭論分兩個面向，一爲宗教性的，一爲審美性的。我們要談的當然是後者。就審美言，「形」指形體，

〔註44〕王德勝，《形體美的發現——中西形體審美意識比較》，南寧：廣西人民出版社，1993，頁10。

〔註45〕朱光潛編譯，《西方美學家論美與美感》，台北：丹青圖書公司，1983，頁52。

〔註46〕同上，頁75。

包括人體之形或藝術家創作之形。神指精神，人的精神或作品表現的精神，本論文談人物，談的只是人的精神。

　　人的精神仍要藉形體呈現，《人物志》說：「物生有形，形有神精；能知精神，則窮理盡性。」（〈九徵〉，頁22）依劉劭的意思，形體含蘊著精神，精神流露了性情，而性情呢？劉劭說：「人物性情，志氣不同，征神見貌，形驗有九。」（〈九徵〉題解，頁12）性情是人的生理、心理、道德素質的總和，可以從人物外在的九種徵兆表現出來：「平陂之質在於神，明暗之實在於精，勇怯之勢在於筋，彊弱之植在於骨，躁靜之決在於氣，慘懌之情在於色，衰正之形在於儀，態度之動在於容，緩急之狀在於言。」（同上，頁24）其實劉劭說的九種表徵該是人的體質的呈顯。而體質決定性情。和古希臘醫學家希波克拉底（Hippocrates，B.C. 460～377）以體液決定氣質一樣。劉劭認為「躁靜之決在於氣」，所謂的躁靜的靜，指的就是「道」的虛靜，「氣」要合乎「道」，自然表現出「沖氣為和」的樣態。而王衍的「氣」尚未到「沖」（空虛）的境地，以致「神鋒太儁」，未能達到「中和」之美。而劉劭認為「凡人之質量，中和最貴矣。」（同上，頁13）量多、量少都是偏陂之質，「神鋒太儁」該是英雄之質吧！參諸王衍生平，相去不遠。

　　既然人的精神可以表現人的質，而人的質又藏於人的形體，而人的形體是人的儀表、姿容、動作的載體，因此劉劭又把心質和儀容、行動的關係找出來：「心質亮直，其儀勁固；心質體決，其儀進猛；心質平理，其儀安閑。」（同上，頁19）這幾句話，說明質與儀表的連結。「夫儀動成容，各有態度：直容之動，矯矯行行；休容之動，業業蹌蹌；德容之動，顒顒卬卬。」（同上）這幾句說的是儀容和行動的關係。而這些儀容舉動的源頭是「心氣」，心氣指的是人稟賦的天地之氣。而這些氣又和聲相連絡，「夫氣合成聲」（頁20），因「心氣不同，聲發亦異」（同上），表面上看來，聲音可以表達心氣，實際上說卻是從面貌顏色上看出：「誠仁，必有溫柔之色；誠勇，必有矜奮之色；誠智，必有明達之色。」（同上）可見臉色最能表達心聲。再進一步追究，臉色怎樣表達心聲呢？徵神。「夫色見於貌，所謂徵神。徵神見貌，則情發於目。」（同上，頁21）還是由眼睛看出，眼神關不住心思。「蓋眸子傳神，其理微妙，可以得意，而不可以言宣也。」（註47）因此，「劉劭所謂的徵神，就是由形而

〔註47〕湯用彤，〈談人物志〉收錄於《湯用彤全集》第六卷，天津：河北人民出版社，1999，頁4。

神的一種鑑識。」〔註48〕這種鑑識創造了許多和精神有關的辭彙，如：神色、神氣、神情、神姿、神宇、神懷、神韻、風神等等作爲品評人物的指標。尤其神韻，最是上乘。

1.「韻」的美

講到神韻之美，可能「韻」比「神」更耐人尋味。謝赫在《古書品錄》的序中說：「雖畫有六法，罕能盡該……六法者何？一氣韻生動是也。」〔註49〕把氣韻生動列爲第一，並在下文品畫時，將顧駿之的「神韻氣力，不逮前賢」〔註50〕列爲第二品。既用「氣韻」又用「神韻」，可見美的關鍵在「韻」字，「氣」表示著「韻」的動力來源。「神」彰顯「氣」的變化作用。衍生出的風韻、清韻、雅韻等，風、清、雅等都是附加的形容詞，讓「韻」的傳達更細緻而已。許慎《說文解字》無「韻」字，出現在徐鉉增補的十九字和張揖的〈廣雅〉中，都解釋爲「和」。南朝梁顧野王的《玉篇》:「小篆韻：從音員聲，聲音和也。」聲音和諧叫「韻」。應用在人物品藻上是指個人的「態度風姿具有一種雅致、淡遠、和諧的風貌之美〔註51〕」。這種美含蓄而有厚度，飄逸而令人神往。該是美的極致了。至於爲何可以把與聲音有關的韻，用到人物品藻上？徐復觀的推論是

> 因爲音樂和文學上的韻，實際是由各種音響的諧和統一而成立的，
> 也即是不離各種音響，但同時又是超越於各種音響之上，以成爲一
> 種統一的音響，而這種統一的音響，是可以感受又不能具體指陳的
> 東西；因此，韻可以說是音響的神。也如人的不離形象，而又超越
> 形象之上的諧和而統一的「神」或「風神」是相同的情景。〔註52〕

簡單的說這種可以感受而又不能指陳的諧和統一的東西就是「韻」了。轉移成人身上的「神」最能符合。因爲「神」就是「可以感受而又不能指陳的諧和統一的東西。」於是「韻」也就是「象」的「神」。「神韻」似乎可以形成一同義複詞了。

神韻在理論上是可以展現人物的美，實際生活中呢？看看《世說新語》的記載：

〔註48〕戴璉璋，〈玄學與形神思想〉，中國文哲研究集刊第 13 期，1998.9，頁 231。
〔註49〕俞崑，《中國畫論類編》，台北：華正書局，2003，頁 355。
〔註50〕同上，頁 357。
〔註51〕余振齊，《氣韻：藝術風格學的支點》，中南民族大學碩士論文，2009，頁 9。
〔註52〕徐復觀，《中國藝術精神》，台北：學生書局，1992，頁 176。

　　王戎云：「太尉神姿高徹，如瑤林瓊樹，自然是風塵外物。」（〈賞
　　　　譽〉，頁 428）

「風塵外物」，指人間無有、世間難尋的寶貝。袁彥伯〈名士傳〉曰：「夷甫
天形奇特，明秀若神。」我們上文討論形體美時提及談人物美終歸要談及精
神層面。因為精神是活體，「裴令公有儁容姿，一旦有疾至困，惠帝使王夷甫
往看，裴方向壁臥，聞王使至，強回視之。王出語人曰：『雙眸閃閃，若巖下
電，精神挺動，體中故小惡。』」（〈容止〉，頁 612）。「有疾至困」表示病得很
嚴重，名士傳說他當時竟然不認得王夷甫了。夷甫卻以他「精神挺動」判斷
他只是小病而已。足見由「目」現「神」，由「神」現「氣」，由「氣」現「形」，
同樣由「形」可見「氣」，由「氣」可見「神」，基本上只要「氣」充「神」
足，則雙目閃閃，自有一股攝人的活力。這類的美，「氣」扮演著關鍵性的角
色。

　　氣之所以重要就因為它是人物美的推手，由形到神，由它掌控。神韻、
風姿、風神、風骨、遒勁，無一不是它的孳生子。「氣」是韻、神、風、骨、
力的本體和生命。而神、風、骨在審美的感受上，最後敗給「韻」。因為韻不
是它們的混合體而是化合體。神、風、骨、力四元素經過「氣」的揉搓摩盪，
產生化學變化，形成另一股和諧脫俗、含蓄內斂，無法言傳，只能以直覺去
追尋的「味」，這種「味」以抽象的詞彙去敘述就是「韻」了。《世說》文本
中以「韻」為品題的僅四處。「道人畜馬不韻」（〈言語〉，頁 122）；「顧性弘方，
愛喬之有高韻……論者評之：以為喬雖高韻，而檢不匝」（〈品藻〉，頁 507）；
「阮渾長成，風氣韻度似父」（〈任誕〉，頁 735）；「襄陽羅友有大韻」（同上，
頁 754）。而劉孝標注中卻有十二處，多半是引「別傳」的紀錄：向秀別傳：「……
與譙國嵇康、東平呂安友善，並有拔俗之韻……」（〈言語〉，頁 79）；衛玠別
傳：「玠穎識通達，天韻標令……」（同上，頁 94）；高坐別傳：「……和尚胡
名尸黎密……天資高朗，風韻遒邁」（同上，頁 100）；孚別傳：「孚（阮孚）
風韻疏誕，少有門風」（〈雅量〉，頁 357）；王彬別傳：「賓爽氣出儕類，有雅
正之韻」（〈鑑識〉，頁 398）；王澄別傳：「澄風韻邁達，志氣不群」（〈賞譽〉，
頁 438）；郗曇別傳：「曇字重熙，鑑少子，性韻方直」（〈賢媛〉，頁 696）；其
他如：南朝宋何法盛的《中興書》：「孚（阮孚）風韻疏誕，少有門風」（〈賞
譽〉，頁 437）；東晉庾翼的《晉陽秋》：「充，導妻姊之子，明穆皇后之妹夫也。
思韻淹濟，有文義才情，導深器之。」（〈賞譽〉，頁 456）；宋明帝〈文章志〉：

「……仁祖韻中自應來」(〈任誕〉，頁748)。

徐復觀說：「用韻來題目一個人的神形合一的姿、貌，正是當時的一種風氣。」〔註53〕但檢視《世說新語》「涉及東漢末年以至東晉之世的名流達六百五十餘人〔註54〕」，劉義慶卻只記了四人，加上劉孝標所引也不過多八人。650分之12，不到百分之二的比例，若再加上徐氏所列《晉書‧庾凱傳》：「雅有遠韻」；〈郗鑑傳〉：「樂彥輔道韻平淡，體識沖粹」；〈曹毗傳〉：「會無玄韻淡薄」等等，也不過多加了九人而已。〔註55〕可見「韻」字就人的風采上言，是多難達到的境界。但，到南齊謝赫將它移入畫論中，「氣韻生動」馬上成為繪畫的第一命題，而後畫論、書論、文論、詩話等等藝術品評，無不把「韻」作為標竿。「韻」真的成為流行而又普遍的藝術要求。

何以至此，推想「韻」字在魏晉名士身上，較難呈現的原因，可能在「人的覺醒」之初，爆發力起了一定的作用，個性的表達明顯強烈，未臻含蓄內斂的境界，雖有玄學的薰陶，仍抵不過解放後的雀躍。因此，《世說》一書對「神」字品題最多，舉凡「神姿」、「神鋒」、「神識」、「神明」、「神色」、「神懷」、「神意」、「神貌」、「神氣」、「神君」、「神色」、「神情」、「神宇」、「神衿」、「神候」等等，卻無「神韻」一詞。可見「韻」味難求。而「神」與「形」對舉與統一，本是玄學與美學的核心議題，因此本段談神韻美，只得把重點放在「神」字上討論。

2.「神」的美

《人物志》：「物生有形，形有神，神而有精。」(頁22)伏俊璉注釋：「神：指靈氣，精：指精色、神色、眼神。」(頁23)其實「精」即「神」的外現，人之最可貴者即靈氣，靈秀之人不但給人生命之活力，也展現其內在品質之美。在《世說新語》中「神」的美，最被欣賞，也遍及各種向度：

① 寫人的姿容、儀態、器度的：

> 戴淵少時，遊俠不治行檢，嘗在江、淮間攻掠商旅。陸機赴假還
> 洛，輜重甚盛。淵使少年掠劫，淵在岸上，據胡牀，指麾左右，皆
> 得其宜。淵既神姿峯穎，雖處鄙事，神氣猶異。(〈自新〉，頁629)

〔註53〕同上，頁176。
〔註54〕劉正浩，《新譯世說新語》，台北：三民書局，2009，頁2。
〔註55〕徐復觀，《中國藝術精神》，台北：學生書局，1992，頁176。徐氏所列，就《世說》一書，筆者對照，無一遺漏。故《晉書》、《宋書》、《梁書》、《南史》等的記載，就不再查證。

庾長仁與諸弟入吳，欲住亭中宿。諸弟先上，見羣小滿屋，都無相避意。長仁曰：「我試觀之。」乃策杖將一小兒，始入門，諸客望其神姿，一時退匿。（〈容止〉，頁 626）

王戎云：「太尉神姿高徹，如瑤林瓊樹，自然是風塵外物。」（〈賞譽〉，428）

簡文作相王時，與謝公共詣桓宣武。王珣先在內，桓語王：「卿嘗欲見相王，可住帳裏。」二客既去，桓謂王曰：「定何如？」王曰：「相王作輔，自然湛若神君，公亦萬夫之望。不然，僕射何得自沒？」（〈容止〉，頁 624）

庾風姿神貌，陶一見便改觀。（同上，頁 617）

潘岳妙有姿容，好神情。（同上，頁 610）

② 寫人的情緒、氣勢的：

豫章太守顧邵，是雍之子。邵在郡卒，雍盛集僚屬，自圍棋。外啓信至，而無兒書，雖神氣不變，而心了其故。（〈雅量〉，頁 343）

嵇中散臨刑東市，神氣不變。（同上，頁 344）

夏侯太初嘗倚柱作書。時大雨，霹靂破所倚柱，衣服焦然，神色無變，書亦如故。（同上，頁 349）

裴叔則被收，神氣無變，舉止自若。（同上，頁 351）

謝太傅盤桓東山時，與孫興公諸人汎海戲。風起浪涌，孫、王諸人色並遽，便唱使還。太傅神情方王，吟嘯不言。（同上，頁 369）

王子猷、子敬曾俱坐一室，上忽發火。子猷遽走避，不惶取屐；子敬神色恬然，徐喚左右，扶憑而出，不異平常。世以此定二王神宇。（同上，頁 375）

王東亭為桓宣武主簿，既承藉，有美譽，公甚欲其人地為一府之望。初，見謝失儀，而神色自若。（同上，頁 377）

石崇廁，常有十餘婢侍列，皆麗服藻飾。置甲煎粉、沈香汁之屬，無不畢備。又與新衣著令出，客多羞不能如廁。王大將軍往，脫故衣，著新衣，神色傲然。（〈汰侈〉，頁 877）

王公淵娶諸葛誕女。入室，言語始交，王謂婦曰：「新婦神色卑

下，殊不似公休！」（〈賢媛〉，頁 677）

庾公目中郎：「神氣融散，差如得上。」（〈賞譽〉，445）

③ 寫人的鋒芒、能力的：

荀勖善解音聲，時論謂之闇解。遂調律呂，正雅樂。每至正會，殿庭作樂，自調宮商，無不諧韻。阮咸妙賞，時謂神解。每公會作樂，而心謂之不調。既無一言直勖，意忌之，遂出阮為始平太守。後有一田父耕於野，得周時玉尺，便是天下正尺。荀試以校己所治鐘鼓、金石、絲竹，皆覺短一黍，於是伏阮神識。（〈術解〉，頁703）

王子猷詣謝萬，林公先在坐，瞻矚甚高。王曰：「若林公鬚髮並全，神情當復勝此不？」謝曰：「脣齒相須，不可以偏亡。鬚髮何關於神明？」林公意甚惡。曰：「七尺之軀，今日委君二賢。」（〈排調〉，頁810）

王尚書惠嘗看王右軍夫人，問：「眼耳未覺惡不？」答曰：「髮白齒落，屬乎形骸；至於眼耳，關於神明，那可便與人隔？」（〈賢媛〉，頁700）

王平子目太尉：「阿兄形似道，而神鋒太儁。」（〈賞譽〉，頁435）

王大將軍年少時，舊有田舍名，語音亦楚。武帝喚時賢共言伎藝事。人皆多有所知，唯王都無所關，意色殊惡，自言知打鼓吹。帝令取鼓與之，於坐振袖而起，揚槌奮擊，音節諧捷，神氣豪上，傍若無人。（〈豪爽〉，頁595）

桓宣武表云：「謝尚神懷挺率，少致民譽。」（〈賞譽〉，頁477）

④ 寫人的超然不在意：

司空顧和與時賢共清言，張玄之、顧敷是中外孫，年並七歲，在牀邊戲。於時聞語，神情如不相屬。瞑於燈下，二兒共敘客主之言，都無遺失。（〈夙惠〉，頁591）

謝遏絕重其姊，張玄常稱其妹，欲以敵之。有濟尼者，並遊張、謝二家。人問其優劣？答曰：「王夫人神情散朗，故有林下風氣。顧家婦清心玉映，自是閨房之秀。」（〈賢媛〉，頁699）

祖士少好財，阮遙集好屐並恒自經營。同是一累而未判其得失。人有詣祖，見料視財物。客至，屏當未盡，餘兩小簏著背後，傾身障之，意未能平。或有詣阮，見自吹火蠟屐，因歎曰：「未知一生當著幾量屐？」神色閑暢。（〈雅量〉，頁357）

謝萬石後來，坐小遠。蔡暫起，謝移就其處。蔡還，見謝在焉，因合褥舉謝擲地，自復坐。謝冠幘傾脫，乃徐起振衣就席，神意甚平，不覺瞋沮。（同上，頁371）

任育長年少時，甚有令名。武帝崩，選百二十挽郎，一時之秀彥，育長亦在其中。王安豐選女壻，從挽郎搜其勝者，且擇取四人，任猶在其中。童少時神明可愛，時人謂育長影亦好。（〈紕漏〉，頁912）

衛玠年五歲，神衿可愛。（〈識鑑〉，頁393）

王大將軍稱其兒云：「其神候似欲可。」（按：神候，神情也）（〈賞譽〉，449）

庾園客詣孫監，值行，見齊莊在外，尚幼，而有神意。（〈排調〉，頁804）

　　就美學上言，這些向度都是審美的對象，不論審美者在何種情境，懷抱何種心情，都以之為美！這就是「神」的魅力。「神」就實質而言，就是「氣」的充盈，這又牽扯到王充的元氣自然論。「人是元氣中的精氣所生，精氣作為元氣的精微部份，其內部仍有精粗差別。」〔註56〕可以用「神」去形容的人，該是精氣中的精氣了！當然，這些「神」必須依附在「形」上，才能呈顯，而「形」必須有「神」的支撐才能生動。否則，神散必形消，形消必神滅。形神相親是最圓滿的人生。正如嵇康在〈養生論〉所說：「是以君子知行恃神以立，神需形以存。悟生理之易失，知一過之害生。故修性以保神，安心以全身。愛憎不栖於情，憂喜不留於意，泊然無感，而體氣和平。又呼吸吐納，服食養生，使形神相親，表裡俱濟。」〔註57〕最重要的嵇康認為神形相親還是可以「修」來的，可以「養」來的。打破王充「命定」的理論，值得喝采。

〔註56〕張立文主編，《氣》，台北：漢興書局有限公司，1994，頁84。
〔註57〕嵇康，〈養生論〉收錄於《全三國文卷四十八》，魏四十八，嵇康（二），頁501。

（三）才情美——文生於情

《人物志》裡談才性：「才」指可辦事的才能，大抵偏重治國用兵之術。「性」指人的性格和德性，大抵偏重仁、孝之德。後者在上文論人格美時已略述。如今，重點放在「才」上。事實上，有「才」的人，確能給人美感，以致才子佳人往往傳爲佳話。至於有才的人是否一定有德？這就是鍾會《四本論》的主題。

《四本論》亡佚，林顯庭找了一些有關四本論內容之間接文獻及旁推材料，企圖拼湊其內容。除了《世說》外，他還以史傳、類書、子書中廣蒐資料以求完備〔註58〕，可謂用心良苦。而最基本的資料是《世說》的：

> 鍾會撰《四本論》，始畢，甚欲使嵇公一見。置懷中，既定，畏其難，懷不敢出，於戶外遙擲，便回急走。（〈文學〉，頁195）

劉孝標注：「魏志曰：『會論才性同異，傳於世。四本者：言才性同，才性異，才性合，才性離也。尚書傅嘏論同，中書令李豐論異，侍郎鍾會論合，屯騎校尉王廣論離。文多不載。』」幸虧有這條線索，否則我們對清談的重頭戲將一無所知〔註59〕，只是讓人驚訝的是提倡「才性合」的鍾會，爲什麼會言行如此相悖？（誣陷嵇康、鄧艾，皆令人髮指。）林顯庭的解說是：當時實權已落在司馬昭之手，取魏室而代之已指日可待。嵇康之「上不臣天子，下不事王侯，輕時傲世，不爲物用，無益於今，有敗於俗」（〈雅量〉，頁344）正可以反襯「他自己絕不輕時傲世而樂於爲社會朝野所用，實即暗示樂於爲司馬氏所用；他的作爲始是有益於今，有功於俗；這些都正可以襯托出他的才性合論之觀點。」〔註60〕

如此解說，顯然得把鍾會列入「性」惡「才」劣之類，才說得通。當然，從他記恨嵇康〔註61〕，伺機報復。又嫉妒鄧艾的才能，密告他謀反〔註62〕，

〔註58〕詳見林顯庭，〈魏晉時代的才性四本論〉，東海哲學研究集刊第一輯，1991，頁126～143。

〔註59〕余錫嘉言僧虔戒子書云：「才性四本，聲無哀樂，皆言家口實。如客至之有設也，汝皆未經拂耳瞥目，豈有庖廚不脩，而欲延大賓者哉？」清談之重四本論如此，殆如儒佛之經典矣。

〔註60〕林顯庭，〈魏晉時代的才性四本論〉，東海哲學研究集刊第一輯，1991，頁128。

〔註61〕見《世說新語》：「鍾士季精有才理，先不識嵇康。鍾要于時賢儁之士，俱往尋康。康方大樹下鍛，向子期爲佐鼓排。康揚槌不輟，傍若無人，移時不交一言。鍾起去，康曰：『何所聞而來？何所見而去？』鍾曰：『聞所聞而來，見所見而去。』」（〈簡傲〉，頁767）鍾會認爲嵇康瞧不起他，再加上政治立場不同，一心想除之以爲快！

〔註62〕詳見《三國志・魏書二十八》，頁791。

其「性」大惡。但，論才能，《三國志》是這樣說的：「鍾會……少敏惠夙成。……及壯，有才數技藝，而博學精練名理……以討諸葛誕功，進爵陳侯……遷司隸校尉……拓平西夏，以會爲司徒，進封縣侯……」〔註63〕就治國用兵來說，他既平內亂（討諸葛誕）又除外患（伐蜀），豈能說他「才」劣？然而，一朝兵權在握，卻生異心，起兵謀反，十足的「性」惡。此等人品竟倡言「才性合」，實在令人費解，只好「存而不論」了。

有鑑於此，筆者要談的「才」可沒那麼大的氣魄，只是一般人所說的才華，表達情感的才能而已。依《世說新語》記載：

> 文帝嘗令東阿王七步中作詩，不成者行大法。應聲便爲詩曰：「煮豆持作羹，漉菽以爲汁。萁在釜下然，豆在釜中泣。本自同根生，相煎何太急？」帝深有慚色。（〈文學〉，頁244）

多感人的場面，直入人肺腑，摧肝斷腸。曹植的才情，堪稱千古絕唱。

> 魏朝封晉文王爲公，備禮九錫，文王固讓不受。公卿將校當詣府敦喻。司空鄭沖馳遣信就阮籍求文。籍時在袁孝尼家，宿醉扶起，書札爲之，無所點定，乃寫付使。時人以爲神筆。（同上，頁245）

這般的神筆，怎不叫人神往？

> 樂令善於清言，而不長於手筆。將讓河南尹，請潘岳爲表。潘云：「可作耳。要當得君意。」樂爲述己所以爲讓，標位二百許語。潘直取錯綜，便成名筆。時人咸云：「若樂不假潘之文，潘不取樂之旨，則無以成斯矣。」（同上，頁253）

「直取錯綜，便成名筆」，能不叫人企羨嗎？

> 孫子荊除婦服，作詩以示王武子。王曰：「未知文生於情，情生於文。覽之悽然，增伉儷之重。」（同上，頁254）

孫楚〈集〉云：詩曰：「時邁不停，日月電流，神爽登遐，忽已一同。禮制有敘，告除靈丘。臨祠感痛，中心若抽。」死後的情書，更叫人動容，王武子也算知音了。

> 桓宣武命袁彥伯作北征賦，既成，公與時賢共看，咸嗟歎之。時王珣在坐云：「恨少一句，得寫字足韻，當佳。」袁即於坐攬筆益云：「感不絕於余心，泝流風而獨寫。」公謂王曰：「當今不得不以此

〔註63〕同上，頁784～791。

事推衷。」（同上，頁270）

一句師，更顯才分。

> 戴安道年十餘歲，在瓦官寺畫。王長史見之曰：「此童非徒能畫，
> 亦終當致名。恨吾老，不見其盛時耳！」（〈識鑑〉，頁400）

> 孫興公、許玄度共在白樓亭，共商略先往名達。林公既非所關，聽
> 訖云：「二賢故自有才情。」（〈賞譽〉，頁483）

不止詩、文、畫是才情的呈顯，月旦人物也靠才情！支遁對他們評論的人沒
有興趣，但對他們的評語很讚賞，可見才情多吸引人。最雅緻的該是這一則：

> 許掾嘗詣簡文，爾夜風恬月朗，乃共作曲室中語。襟情之詠，偏是
> 許之所長。辭寄清婉，有逾平日。簡文雖契素，此遇尤相咨嗟。不
> 覺造夕，共叉手語，達于將旦。既而曰：「玄度才情，故未易多有
> 許。」（同上，頁492）

才情的抒發也靠客觀情境的牽引。「月明風靜的良夜，原是知交促膝談心的吉
時；擅於抒發情懷的許詢，得此風月之助，所以辭清意婉，尤勝平日，使簡
文更爲傾服。」〔註64〕劉正浩的析評引領我們走入更高的境界。

　　以上例子偏及詩、文、畫、言語，自從曹丕提出「文以氣爲主」的命題
後，論文者皆奉爲圭臬，謝赫的「氣韻生動」，更是作畫及品畫者對創作的第
一要求。劉劭的「聲暢於氣」也說明了氣與聲音、語言的關係。「氣」統領才
情，得到見證。

（四）境界美──天地同體

　　境界美是人格美的極限，境界一詞以其抽象的意義，多半指修習所造詣
的層級。馮友蘭解釋：「人對宇宙人生在某種程度上有所底覺解，因此，宇宙
人生對於人所有底某種不同底意義，即構成人所有底某種境界。」〔註65〕並
把「種」分爲四：自然境界、功利境界、道德境界、天地境界。逐層解釋，
他所說的道德境界類似筆者所談的人格美。天地境界自是更高一層。類似莊
子的「至人無己」，無己就是大無我。但絕不是渾渾噩噩不知自己所爲何來，
所行何事的大無我，那是生物存在的自然境界，而是孟子所說的「上下與天
地同流」，莊子說的「與天地精神往來」的宇宙同體的天地境界。看起來很玄，
似乎無人企及。但他卻強調：「在天地境界中底人，並不需要做些與眾不同底

〔註64〕劉正浩，《新譯世說新語》，台北：三民書局，2009，頁460。
〔註65〕馮友蘭，《新原人》，上海：商務印書館，1945，頁526。

事，他可以只作照他在社會中所有底倫職所應作底事。他為父，他即作為父者所應作底事。他為子，他即作為子者所應作底事。」〔註66〕這不是和一個善盡職守的規矩人一樣嗎？談得上天地境界嗎？不然，對這些事，他是抱著「即其所居之位，樂其日用之常」〔註67〕的心態去做的。這個「樂」自是其他境界層次所沒有的。為什麼會「樂」？因為他無機心，已經不計較任何得失榮辱。試想「天無私覆，地無私載」，天地何曾與人計較過？就因為他是由仁義行，自然而然的樂在其中，才能與天地同體，成就天地的境界，這就是筆者所謂的境界美。

> 桓公伏甲設饌，廣延朝士，因此欲誅謝安、王坦之。王甚遽，問謝
> 曰：「當作何計？」謝神意不變，謂文度曰：「晉阼存亡，在此一
> 行。」相與俱前。王之恐狀，轉見於色。謝之寬容，愈表於貌。望
> 階趨席，方作洛生詠，諷「浩浩洪流」。桓憚其曠遠，乃趣解兵。
> 王、謝舊齊名，於此始判優劣。（〈雅量〉，頁369）

謝安面對一個權傾朝野，一心想剷除異己的強人，確能安之若素，只因他腦裡想的是「晉阼存亡」非一己之生命，所以當他諷詠嵇康的詩時，一股浩然之氣，逼得桓溫「憚其曠遠」，只得「命部左右，促燕行觴，笑語移日。」〔註68〕這趟鬼門關外走得有氣魄。

> 山公舉阮咸為吏部郎，目曰：「清真寡欲，萬物不能移也。」（〈賞
> 譽〉，頁424）

劉孝標引袁彥伯《名士傳》說他：「哀樂至到，過絕於人，然後皆忘其向議。」（頁424）剛剛說完的話，馬上就忘了，可見他只陶醉在「發表慾」中，毫無機心。真的「清真」。「寡欲」卻未必。《世說》的另一則故事，更能表現他的任真卻負責的態度。

> 阮仲容先幸姑家鮮卑婢。及居母喪，姑當遠移，初云當留婢，既
> 發，定將去。仲容借客驢著重服自追之，累騎而返。曰：「人種不
> 可失！」即遙集之母也。（〈任誕〉，735）

服喪期間如此這般當然遭人非議〔註69〕，然而在當時門第如此森嚴的社會風氣裡，阮咸能坦然面對自己的作為，勇於負起責任，較之道貌岸然，留下「人

〔註66〕同上，頁617。
〔註67〕同上。
〔註68〕劉孝標引宋明帝文章志，詳見頁。
〔註69〕劉氏引竹林七賢論曰：「咸既追婢，於是世議紛然。」（頁735）

種」卻撇個乾淨的偽君子，強過百倍。正如馮氏所說：「即其所居之位，樂其日用之常」的天地之境界。

最能詮釋天地境界的範例，莫過於嵇康臨刑時的氣概：

> 嵇中散臨刑東市，神氣不變。索琴彈之，奏廣陵散。曲終曰：「袁孝尼嘗請學此散，吾靳固不與，廣陵散於今絕矣！」（〈雅量〉，頁344）

嵇康因呂安事件，被鍾會庭論。鍾氏假公濟私，既助司馬氏剷除異己，又了斷自己的私怨，其行徑正足以反襯嵇康光風霽月的人格美。嵇康身為曹家臣子，曹氏姻親（曹操之曾孫女婿〔註70〕），為人臣、為人子（女婿是半子），他作了「社會中所有倫職所應作底事」，而終遭殺身之禍。但他完全不放在心上，臨刑只感慨廣陵散失傳，是何等胸襟氣魄。留下淒美與壯美兼而有之的場面，供後人憑弔。好個天地境界的境界美！

四、智——沉穩之氣

本節筆者討論「智」，而不是「知」，因為「知」不能成「象」，它只止於對知識與料的獵取。而「智」卻是將所得的與料加以消化、吸收，給予正確的判斷，進而實踐在日常生活中，成為個人精神的某種面向。這個面向就凝成一個象徵性的「象」，這個「象」就是「智」的表徵，這個人就叫有「智」的人。由於重點在實踐上，因此，「智」成為一種倫理德性。西方在蘇格拉底（Sokrates，約469～399 B.C.）之前的德漠克利特（Democritus，約460～370 B.C.）就說過：「身體的美，若不與聰明才智相結合，是某種動物性的東西。」〔註71〕因此，西方對「智」的倫理非常重視。從亞里斯多德建立至中世紀聖多瑪斯發揚光大，將其列為四德之首〔註72〕（智、義、勇、節）。一直到現今，西方文化仍是「智」的走向，和中國以「仁」為首的德性倫理進路不同。儒家把「知」分為見聞之知和德行之知。前者稱「知」，後者即「智」，「智」是僅次於「仁」的德行。並不是被先哲們忽視的一環。何以「智」是一種美？照孟子的說法「充實之謂美」（〈盡心下〉，頁656）智者的心靈絕對是充實的，

〔註70〕《三國志・魏書・沛穆王林傳》裴松之注：「案《嵇氏譜》，嵇康妻，林子之女也。」（頁583）

〔註71〕朱光潛譯，《古希臘羅馬哲學》，北京：三聯書店，1957，頁111。

〔註72〕詳見潘小慧，《德行與倫理》，台北：哲學與文化月刊雜誌社，2003，頁97～171。或潘小慧，《四德性論》，台北：哲學與文化月刊雜誌社，2007，頁3～17。

亞里斯多德說：「一個明智的人就是擅於審愼考慮的人」〔註73〕如果心靈不夠充實，如何能「審愼考慮」？

智，一般說來是一種悟性，悟性是將知識化為智慧的先決條件，沒有悟性的人，終究只是個兩腳書櫥，別說貢獻社會，連自己該怎麼活都不知道。「舉一隅不以三隅反，則不復也」（〈述而〉，頁 135）連誨人不倦的孔子對這類人物也得放棄。子貢曾謙稱自己不如顏回，只因顏子能聞一知十，而自己只能知其二而已。〔註74〕當然悟的最終目的仍在了悟後的實踐。

悟是對週遭的人事物，有深度的了解，進而能推論未來的人、事、物。或者利用這份「了解」來解決困境或疑慮。這些「了解」，形成個人的價值觀。而不同的價值觀，理解不同的生命意義，實踐不同的人生樣態，結構成多樣的社會形式，最後形成一個時代的風潮。

魏晉既是個「人的覺醒」的時代。「覺」就是「悟」，這個時代的人悟性特別強烈，是時代造就，還是上天特別賜與，我們不去追究。由《世說新語》的記載得知，連孩子的悟性都超出我們的想像，真是匪夷所思。尤其是捷悟：機敏與推論兩種能力，直讓大人們汗顏。這就是「智」的表現，當然，「智」也有它負面的運作。茲將悟性，作四方面論述：

（一）捷悟

捷悟是快速的領悟，是機敏和推論能力的展現，《世說》的〈言語〉篇多所記錄，茲分述如下：

1. 機敏

> 鍾毓、鍾會少有令譽。年十三，魏文帝聞之，語其父鍾繇曰：「可令二子來。」於是敕見。毓面有汗，帝曰：「卿面何以汗？」毓對曰：「戰戰惶惶，汗出如漿。」復問會：「卿何以不汗？」對曰：「戰戰慄慄，汗不敢出。」（頁 71）

巧言妙對，化解了一場尷尬。

> 鍾毓兄弟小時，值父晝寢，因共偷服藥酒。其父時覺，且託寐以觀之。毓拜而後飲，會飲而不拜。既而問毓何以拜，毓曰：「酒以成

〔註73〕苗力田主編，《尼各馬科學倫理學》，北京：中國人民大學，1992，頁125。
〔註74〕《論語·公冶長》子謂子貢曰：「女與回也孰愈？」對曰：「賜也何敢望回！回也聞一以知十，賜也聞一以知二。」子曰：「弗如也！吾與女弗如也！」（頁110）

> 禮，不敢不拜。」又問會何以不拜，會曰：「偷本非禮，所以不拜。」
> （頁72）

連續兩則皆記鍾會的聰穎。《三國志‧魏書‧鍾會傳》說他：「少敏惠夙成，中護軍蔣濟著論，謂『觀其眸子，足以知人。』會年五歲，繇遣見濟，濟甚異之，曰：『非常人也』」（頁784）。果真非常。可惜他智而不德，終於死於非命。

> 晉武帝始登阼，探策得「一」。王者世數，繫此多少。帝既不說，
> 羣臣失色，莫能有言者。侍中裴楷進曰：「臣聞天得一以清，地得
> 一以寧，侯王得一以為天下貞。」帝說，羣臣歎服。（頁81）

裴楷能在這麼短的時間內，引經據典，讓場面產生一百八十度的大逆轉，除了急智之外，學養是一大助力。

> 梁國楊氏子，九歲，甚聰惠。孔君平詣其父，父不在，乃呼兒出，
> 為設果。果有楊梅，孔指以示兒曰：「此是君家果。」兒應聲答曰：
> 「未聞孔雀是夫子家禽。」（頁105）

戲言中自有學問，九歲孩童既能感悟對方的戲謔又能適當的反擊，能說不「聰惠」嗎？

> 謝仁祖年八歲，謝豫章將送客，爾時語已神悟，自參上流。諸人咸
> 共歎之曰：「年少一坐之顏回。」仁祖曰：「坐無尼父，焉別顏回？」
> （頁107）

仁祖簡簡單單就把過度讚美自己的大人回敬回去，同時也暗示大人們若以孔子自比，也太超過了吧！

> 竺法深在簡文坐，劉尹問：「道人何以游朱門？」答曰：「君自見
> 其朱門，貧道如游蓬戶。」（頁108）

境由心造，竺法深的回答不僅合於自己的身分，也暗示了佛門弟子的胸襟。

以上所錄，僅略舉數則證之，天賦異稟，叫人欽羨！

2. 推論

> 王戎七歲，嘗與諸小兒遊。看道邊李樹多子折枝。諸兒競走取之，
> 唯戎不動。人問之，答曰：「樹在道邊而多子，此必苦李。」取之，
> 信然。（〈雅量〉，頁350）

七歲小兒能推論出正確的結果，《名士傳》曰：「戎由是幼有神理之稱」，真是實至名歸。

> 孔融被收，中外惶怖。時融兒大者九歲，小者八歲。二兒故琢釘

戲，了無遽容。融謂使者曰：「冀罪止於身，二兒可得全不？」兒
徐進曰：「大人豈見覆巢之下，復有完卵乎？」尋亦收至。（〈言
語〉，頁 58）

八、九歲的孩童，就能取「覆巢」譬比，較之王戎更勝一籌，可惜俱見殺，
叫人扼腕！

楊德祖為魏武主簿，時作相國門，始構榱桷，魏武自出看，使人題
門，作「活」字，便去。楊見，即令壞之。既竟，曰：「門中『活』，
『闊』字。王正嫌門大也。」（〈捷悟〉，頁 579）

人餉魏武一桮酪，魏武噉少許，蓋頭上題「合」字以示眾。眾莫能
解。次至楊脩，脩便噉，曰：「公教人噉一口也，復何疑？」（〈同
上，頁 580）

魏武嘗過曹娥碑下，楊脩從，碑背上見題作「黃絹幼婦，外孫齏臼」
八字。魏武謂脩曰：「解不？」答曰：「解。」魏武曰：「卿未可言，
待我思之。」行三十里，魏武乃曰：「吾已得。」令脩別記所知。脩
曰：「黃絹，色絲也，於字為絕。幼婦，少女也，於字為妙。外孫，
女子也，於字為好。齏臼，受辛也，於字為辭。所謂『絕妙好辭』
也。」魏武亦記之，與脩同，乃歎曰：「我才不及卿，乃覺三十里。」
（同上）

連續三則記載楊脩的悟性驚人，連曹操都自認「才不及卿」。前文提過曹操下
了四次求賢令，充分表示他求才若渴的心志。對楊脩應該提攜拔擢，寵信有
加才是！怎奈《三國志·魏書》未列楊脩傳。僅在〈任城陳蕭王傳〉中的陳
思王植傳中，裴松之注時引《典略》看見：「楊脩……謙恭才博。建安中，舉
孝除郎中，丞相請署倉曹屬主簿。是時，軍國多事，脩總知內外，事皆稱意。」
（頁 558）多能幹的人才！然而，「至二十四年秋，公以脩前後漏洩言教，交
關諸侯，乃收殺之。」（頁 560）不知是聰明反被聰明誤，還是愛才之人懷抱
妬才之心？

（二）妙悟

妙悟是深層的領悟，由於是更進一步，因此皆以推論得之。

庾公嘗入佛圖，見臥佛，曰：「此子疲於津梁。」于時以為名言。
（〈言語〉，頁 102）

普渡眾生，眞的累了。佛尚如此，況人也乎？

> 王輔嗣弱冠詣裴徽，徽問曰：「夫無者，誠萬物之所資，聖人莫肯致言，而老子申之無已，何邪？」弼曰：「聖人體無，無又不可以訓，故言必及有；老、莊未免於有，恆訓，其所不足。」（〈文學〉，頁199）

「聖人體無」「老莊未免於有」，「有」「無」議題是玄學的核心。王弼的「貴無」，裴頠的「崇有」，已從學術走上政治，被誤爲爲政治服務的理論。專書、專文論述直如汗牛充棟。筆者不再添足。只是未滿廿歲的青年〔註75〕，對如此精深的哲理，竟能發表如此驚人的心得，非天才莫屬。

> 阮宣子有令聞，太尉王夷甫見而問曰：「老莊與聖教同異？」對曰：「將無同？」太尉善其言，辟之爲掾。世謂「三語掾」。衛玠嘲之曰：「一言可辟，何假於三？」宣子曰：「苟是天下人望，亦可無言而辟，復何假一？」遂相與爲友。（同上，頁207）

「將無同？」雖是對「道」的深層領悟，但「苟是天下人望，亦可無言而辟」更是對「人事」看透的徹悟，難怪現今政客要操弄民粹呢！

> 殷中軍問：「自然無心於稟受，何以正善人少，惡人多？」諸人莫有言者。劉尹答曰：「譬如寫水著地，正自縱橫流漫，略無正方圓者。」一時絕歎，以爲名通。（同上，頁231）

人稟受天地之氣而成爲人，是自然而的事，天地並未事先計畫善人惡人的百分比。而殷浩有感於現實而發出何以「善人少，惡人多？」的疑問，「諸人莫有言者」，必定心有戚戚而不知如何解答。劉惔的比喻化解了當時的尷尬也獲得一致的認同。細想起來，作爲「形容」很好，作爲解惑卻風馬牛不相及，就像孟子和告子論「性」一樣：「人性之善也，猶水之就下也。」人性怎能和水性相比，孟子也知道，不然，他就不會總結告子的「生之謂性」的命題：「然則犬之性猶牛之性，牛之性猶人之性與？」牛犬和人還是同類，只是不同種，「性」就不同了，何況不同類的「水」如何相比？所以有時辯論時辭勝於理一樣得到激賞，就因爲大前提已是定論，如「人性之善也」，孟子已經肯定人性是善的，怎麼論，它都是善的。殷浩已肯定「善人少，惡人多。」而大家也認同，就無人反駁了。照常識說善人多，惡人少的。因爲「少」，所以人們記得；因爲行徑「惡」，所以人們記得。結果腦子裡裝的都是惡人，自然以爲

〔註75〕〈何劭王弼傳〉作「未弱冠」。（頁639）

善人少了。如果真的惡人多，惡人就不必上報了。

> 人有問殷中軍：「何以將得位而夢棺器，將得財而夢矢穢？」殷曰：
> 「官本是臭腐，所以將得而夢棺屍；財本是糞土，所以將得而夢穢
> 汙。」時人以為名通。（同上，頁233）

本則不需引申，只有拍案叫絕的份。

> 謝太傅問主簿陸退「張憑何以作母誄而不作父誄？」退答曰：「故
> 當是丈夫之德，表於事行；婦人之美，非誄不顯。」（同上，頁
> 261）

說得實在，在婦女毫無社會地位的時代，「以子貴」，是女子出頭的唯一路徑。

（三）明智

《人物志》「夫聖賢之所美，莫美乎聰明；聰明之所貴，莫貴乎知人。」（〈自序〉，頁1）這是《老子》「知人者智」的發揮。再加上「自知者明」，就叫明智了。一個能知人又自知的人，最大的好處是能夠見微知著，妥善的安排自己的生活。又能處變不驚，不為名利所惑；不計較榮辱得失。他認為最好的人生就是「也無風雨，也無晴」，安然度日，是最愉悅的事了。何苦弄到又怨又悔？可見明智是一種德行，一種恆久的德行，它是「行為的正理」，[註76] 需要理性去支撐它的恆久性。更徹底的說，它是一種超然的智慧。要以人性中的「超我」去實踐它。明智之人不見得都能保身而壽終正寢，但卻能求仁得仁，死得其所。

知人的人一定自知嗎？自知之人一定知人嗎？筆者師心自用，以為不然。後者可能性也許較前者大些。冷眼看世人，能知人者卻昧於自知的人，所在多有。以魏晉時期作例，楊脩的智慧足以洞悉曹操的肺腑，卻不知自己的處境。可見「明」還是比「智」略勝一籌。俗話說「高明」，不言「高智」，還是有它的道理。《世說新語》識鑒通篇，皆敘述知人之「智」，茲舉數則以見一斑：

> 何晏、鄧颺、夏侯玄並求傅嘏交，而嘏終不許。諸人乃因荀粲說合
> 之，謂嘏曰：「夏侯太初一時之傑士，虛心於子，而卿意懷不可，
> 交合則好成，不合致隙。二賢若穆，則國之休，此藺相如所以下
> 廉頗也。」傅曰：「夏侯太初，志大心勞，能合虛譽，誠所謂利口
> 覆國之人。何晏、鄧颺有為而躁，博而寡要，外好利而內無關籥，

〔註76〕朱光潛譯，《古希臘羅馬哲學》，北京：三聯書店，1957，頁105。

> 貴同惡異，多言而妬前。多言多釁，妬前無親。以吾觀之：此三賢
> 者，皆敗德之人爾！遠之猶恐懼禍，況可親之邪？」後皆如其言。
> （〈識鑒〉，頁385）

余嘉錫在「箋疏」中，對傅嘏論人之言，未作評論，但對何、鄧、夏侯等人
欲與傅嘏交而被拒作了很多反駁。尤其對「後皆如其言」的結論作了很深入
的申訴，替夏侯玄之死哀悼不已，認爲「夏侯玄亦英傑，其人品皆非傅嘏所
敢望。」（頁388）人事是非，歷史自有公斷，本論文重點放在「象」所展現
的美感。故對余氏的評論不做回應。

　　就事論事，何晏、鄧颺、夏侯玄在當時都是一等一的人物（名士也），傅
嘏敢於直探對方心靈深處，作出驚人之語，也讓人刮目。

> 周伯仁母冬至舉酒賜三子曰：「吾本謂度江託足無所。爾家有相，爾
> 等並羅列吾前，復何憂？」周嵩起，長跪而泣曰：「不如阿母言。伯
> 仁爲人志大而才短，名重而識闇，好乘人之弊，此非自全之道。嵩
> 性狼抗，亦不容於世。唯阿奴碌碌，當在阿母目下耳！」（同上，頁
> 397）

周嵩對兄弟了解至深，對自己更是自知。知人又自知，該是「明」「智」皆備
了。

> 曹公少時見喬玄，玄謂曰：「天下方亂，羣雄虎爭，撥而理之，非
> 君乎？然君實亂世之英雄，治世之奸賊。恨吾老矣，不見君富貴，
> 當以子孫相累。」（同上，頁382）

湯用彤在〈談人物志〉裡，解讀劉劭的英雄論「聰明秀出謂之英，膽力過人
謂之雄」，認爲「英雄者，明膽兼備，文武茂異。若膽多則目爲雄，韓信是也。
明多則目爲英，張良是也……按漢魏之際，在社會中據有位勢者有二。一爲
名士，蔡邕、王粲、夏侯玄、何晏等是也。一爲英雄，劉備、曹操等是矣。」
〔註77〕湯氏以劉劭的尺度，丈量魏晉人物，列劉備、曹操爲英雄，可見明智
是英雄的必要條件。

> 潘陽仲見王敦小時，謂曰：「君『蜂目』已露，但『豺聲』未振耳。
> 必能食人，亦當爲人所食。」（同上，頁391）

不知潘滔何以能在「豺聲」未發之時，就知該人有「豺聲」，是否「蜂目豺聲」

〔註77〕湯用彤，〈談人物志〉收錄於《湯用彤全集》第六卷，天津：河北人民出版社，
　　　1999，頁8。

已成定見？《左傳‧文公元年》：「初，楚子將以商臣爲大子，訪諸令尹子上，子上曰：『君之齒未也，而又多愛，黜乃亂也，楚國之舉，在少者，且是人也，蜂目而豺聲，忍人也，不可立也。』」（頁 1999）從此，蜂目者必豺聲，否則潘滔從何論斷？況且王敦果真「食人」，而終被「人所食」。

他篇亦有明智之舉，茲錄一、二以證之：

> 樂令女適大將軍成都王穎。王兄長沙王執權於洛，遂構兵相圖。長沙王親近小人，遠外君子，凡在朝者，人懷危懼。樂令既允朝望，加有婚親，羣小讒於長沙。長沙嘗問樂令，樂令神色自若，徐答曰：「豈以五男易一女？」由是釋然，無復疑慮。（〈言語〉，頁 89）

樂令的回答不僅讓長沙王安心，也保全了一家老小的性命，真正明智之舉。

> 漢武帝乳母嘗於外犯事，帝欲申憲，乳母求救東方朔。朔曰：「此非脣舌所爭，爾必望濟者，將去時但當屢顧帝，慎勿言！此或可萬一冀耳。」乳母既至，朔亦侍側，因謂曰：「汝癡耳！帝豈復憶汝乳哺時恩邪？」帝雖才雄心忍，亦深有情戀，乃悽然愍之，即敕免罪。（〈規箴〉，頁 548）

東方朔對「才雄心忍」的漢武帝瞭若指掌。面對鐵漢要激其柔情，能不用智？

> 郗司空在北府，桓宣武惡其居兵權。郗於事機素暗，遣牋詣桓：「方欲共獎王室，脩復園陵。」世子嘉賓出行，於道上聞信至，急取牋，視竟，寸寸毀裂，便回。還更作牋，自陳老病，不堪人間，欲乞閒地自養。宣武得牋大喜，即詔轉公督五郡，會稽太守。（〈捷悟〉，頁 584）

嘉賓行徑，類似樂令，不只保住父親的性命，還晉陞了官位。

> 王右軍年減十歲時，大將軍甚愛之，恆置帳中眠。大將軍嘗先出，右軍猶未起。須臾，錢鳳入，屏人論事，都忘右軍在帳中，便言逆節之謀。右軍覺，既聞所論，知無活理，乃剔吐汙頭面被褥，詐孰眠。敦論事造半，方意右軍未起，相與大驚曰：「不得不除之！」及開帳，乃見吐唾從橫，信其實孰眠，於是得全。于時稱其有智。（〈假譎〉，頁 855）

能當機立斷，想出合情合理的解決辦法，叫人拍案。

> 高坐道人不作漢語，或問此意，簡文曰：「以簡應對之煩。」（〈言

語〉，頁100）

尸黎密是西域人，永嘉中，來到中土，卻不學中國語文，簡文帝答得妙，或許正是高坐道人的本意，省卻多少無謂的應酬，明智的抉擇。

（四）偽智

所謂偽智就不是一種德行行為，它是「智」的負面運作。「一個會將符合惡目的的諸事配置得宜的人，就有一種偽明智。」〔註78〕所謂惡目的，就是自私自利的目的。為達這個目的，不惜犧牲別人。甚至以殘殺的手段達成。《世說新語》的〈假譎篇〉中的曹操最是代表。

> 魏武嘗言：「人欲危己，己輒心動。」因語所親小人曰：「汝懷刃密來我側，我必說心動。執汝使行刑，汝但勿言其使，無他，當厚相報！」執者信焉，不以為懼，遂斬之。此人至死不知也。左右以為實，謀逆者挫氣矣。（〈假譎〉，頁852）

> 魏武常云：「我眠中不可妄近，近便斫人，亦不自覺，左右宜深慎此！」後陽眠，所幸一人竊以被覆之，因便斫殺。自爾每眠，左右莫敢近者。（同上，頁853）

其殘忍至此，為求永久的自保，竟濫殺無辜。

小結：真、善、美、智，是人類四種理想人格的「象」貌，也是追求完美人生的四大境界。這四「象」，之所以能夠呈顯，主要靠氣的運作，由於氣稟不同，「象」的面貌亦不相同，只有聖人能兼備。《人物志》說：「凡人之質量，中和最貴矣。中和之質，必平淡無味；故能調成五材，變化應節。是故，觀人察質，必先察其平淡，而後求其聰明。」（〈九徵〉，頁13～14）在魏晉這種接近瘋狂的時代，平淡之質不見書冊。陶淵明的「逸氣」已是鳳毛麟角。氣質到底是天賦，還是環境所致，值得思考。試看嵇康在〈明膽論〉中和呂安的討論：

> 有呂子者，精義味道，研核是非。以為人有膽焉可無明，有明便有膽矣。嵇先生以為明、膽殊用，不能相生。論曰：「夫元氣陶鍊，眾生稟焉。賦受有多少，故才性有昏明。唯至人特鍾純美，兼周外內，無不畢備。降此已往，蓋闕如也。或明于見物，或勇于決斷。人情貪廉，各有所止。譬諸草木，區以別矣。兼之者博于物，偏受

〔註78〕朱光潛譯，《古希臘羅馬哲學》，北京：三聯書店，1957，頁118～119。

者守其分。故吾謂明膽異氣，不能相生。明以見物，膽以決斷；專
明無膽，則雖見不斷；專膽無明，則違理失機。」〔註79〕

　　嵇康這一大段的論述無非是歎英雄之難求。有明（英）不一定有膽（雄），
而或明或膽只在元氣的稟受多少，彼此不能相生，完全受元氣的陶鍊。如此
可說「象」的不同，皆因氣的厚薄所致。不受學養影響，最後他還認為一切
行為的實踐靠「壯氣騰厲〔註80〕」，來反駁呂安的「明而無膽能偏守〔註81〕」。
同時作了一個肯定的結論「五才存體，各有所生，明以陽曜，膽以陰凝，豈
可謂有陽而生陰，可無陽邪？雖相須以合德，要自異氣也。〔註82〕」說明陽
氣光耀為人之聰明秀出。陰氣凝結為人之膽力勇氣，而陰陽二氣不可相生，
故明、膽亦不能相生。此理至明矣！

　　如此說來，人的才、情、性、形、神、韻都是被「氣」所掌控。而由才
智、情性、形神、氣韻所表徵出的真、善、美、智四「象」，也由「氣」凝聚
而成。

第二節　氣象萬千，倚道而行──談《世說新語》中的「情」「偽」

　　所謂氣象萬千即指人之「情」況。《人物志・九徵》開宗明義就說：「蓋
人物之本，出乎情性」（頁12）劉昞注：「性質稟之自然，情變由于染習」，人
的性質是陰陽二氣和合而成，是自然的天賦。但是情感的變化卻受習慣薰染
《易・繫辭》來注：「本於性而善者情也，拂乎性而不善者偽也。」（頁447）
魏晉時期是一個情感解放的時代，情感變化之大，真是氣「象」萬千。不論
是情是偽，推就起來，都收攝於「道」，而道又是氣的指導原則。氣是什麼？
氣是「象」的營造者，「情」是一種「象」！「偽」卻是一種變奏的「象」！

一、「情」是何物！

　　「問世間情是何物，直叫生死相許」（元好問・摸魚兒）。哲學上的「情」，

〔註79〕嚴可均輯，《全三國文》，卷四十七，嵇康，〈明膽論〉，北京：商務印書館，
　　　　1999，頁521。
〔註80〕同上，頁522。
〔註81〕同上。
〔註82〕同上。

雖沒這般纏綿緋惻，但對「情」的探討一向關注。「因爲情感，且只有情感，才是人最重要最基本的存在方式」〔註83〕這存在方式概括三向度：親情、友情、愛情。對家人（包含夫妻之愛）、對朋友（包括君臣關係）、對事物等等的對待皆以「情」爲終始點。簡單的說，是以「情」作主要建材，建築中國社會的萬事萬象。生死相許的情，意境高超，動人心弦；灑掃應對之情是生活之禮，照樣讓人順從。深度或許不同而就價值上說是一樣的。

二、道、性、情之關係

「道始于情，情生于性。」《性自命出》的「道」，劉昕嵐解釋「即人道，亦即禮也」〔註84〕。由於該篇是學界公認屬於儒家的著作〔註85〕，劉氏的解釋自然附合全篇的義理。可見儒家倡言的禮是由情發出的，矯情是不合理的，也就不合「禮」了。「情生于性」可見「情」是由「性」所生。性呢？「性自命出」！命呢？「命自天降」。因此由上往下走是：天→命→性→情→禮（道）。既然都是由天而降，爲何個人之命各個不同？如果我們再拿王充的自然命定論，認爲稟氣之厚薄所致，未免淪於一隅之見了。〈性自命出〉說得好：「喜怒哀悲之氣，性也。及其見于外，則物取之也。」「物取之也」是個很重要的概念。個人在接于物時的取向不同，其結果也就不同。和劉氏箋注：「人雖皆有俱同之性，然心志之發卻無俱同之定向，必待與物交接而後起」〔註86〕的意思是一樣的。認眞的說，「與物交接而後起」的「性」才是「個性」。難怪西班牙有位作家說：「個性掌握命運。」〔註87〕眞是古今中外英雄所見皆同。如果我們逆推的話則成道→情→性→命→天的關係。和順勢相合，自然構成了：天→命→性→情→道→情→性→命→天的內在循環關係。

〔註83〕蒙培元，《情感與理性》，北京：中國社會科學出版社，2002，頁4。

〔註84〕劉昕嵐，〈郭店楚簡〈性自命出〉篇箋釋〉，收錄於《郭店楚簡國際學術研討會論文集》，湖北人民出版社，2009，頁330。

〔註85〕「在郭店楚簡中，〈性自命出〉屬於儒家著作中的一篇，但對於了解早期儒家心性觀念而言，卻又是最重要的一篇。」東方朔，〈〈性自命出〉篇的心性觀念初探〉，收錄於《郭店楚簡國際學術研討會論文集》，湖北人民出版社，2009，頁322。

〔註86〕劉昕嵐，〈郭店楚簡〈性自命出〉篇箋釋〉，收錄於《郭店楚簡國際學術研討會論文集》，湖北人民出版社，2009，頁330。。

〔註87〕塞萬提斯（Miguel de Cervantes Saavedra，1547～1616）

三、魏晉的「一往有深情」

> 桓子野每聞清歌，輒喚：「奈何！」謝公聞之曰：「子野可謂一往
> 有深情。」（〈任誕〉，頁 757）

　　一往情深，豈止是聽歌的時候，如果「情生於性」的「性」窄化為「個性」的話，魏晉名士的用情完全是個性的徹底流露。至於這個「情」字合不合「道」？我們仔細的看看魏晉玄學的命題：王弼的「名教本于自然」，阮籍、嵇康的「越名教而任自然」，郭象的「名教即自然」。其目的皆在調和儒、道兩家的對立，解決當時的社會問題。其實名教與自然之辯，在筆者看來是無可奈何的爭議：1. 儒、道兩家雖是同歸，但畢竟是殊途，硬要把兩條不同的路，說成一條，很難合理化。2. 魏晉時期，政治狀況特殊，正始之後「名教」成了執政集團剷除異己的工具，和原先儒家的用意背離。有骨氣的名士只好站在「自然」這邊以示抗議。因此這個「道」不論解作儒家的「禮」（名教），還是道家的「自然」，都已失去學術上的意義。

　　余敦康說：

> 所謂名教，它的確切含義並不是指儒家思想，也不是指某個政治集
> 團所推行的方針國策，而是指由長期的歷史發展所形成的一套完整
> 的封建宗法等級制度……這種制度畢竟是人們必須生活於其中的社
> 會政治倫理實體，而不是可以自由選擇的思想或政策。……如果名
> 教出現了弊端，變得不那麼合理，人們就會去想方設法的對它進行
> 調整、糾正、改造。……所謂自然，它的確切含義不是指道家思
> 想，也不是指茫茫無垠的自然界本身，而是指支配著自然界的那種
> 和諧的規律，人們根據對它的認識和理解，來謀劃一種和諧自由舒
> 暢的社會發展前景〔註88〕。

這一大段話，也許說出了名士們的初衷，但更確切的反映了他自己的「哲學生命力在于它對社會實際生活所起的作用，而不在于它的思辯性的程度〔註89〕」的觀點。在這樣的意義下，《世說新語》就是「哲學生命力」的紀錄。我們依舊以它來見證「哲學對社會生活所起的作用」。

（一）自然與造作

　　既然「情生於性」，「性」是自然的，也就是人的天生本然。那麼，「情」

〔註88〕余敦康，《魏晉玄學史》，北京：北京大學出版社，2004，頁或 304～305。
〔註89〕同上，頁 121。

也該是自然的，如果「性」不被污染，情也該是醇厚未受污染的，醇厚之情就是純真之情，任其流洩，是最合人性的。阮籍在〈達莊論〉中對莊子的齊物論作了深刻的發揮：「自其異者視之，則肝膽楚越也；自其同者視之，則萬物一體也。」〔註90〕既然萬物一體，就要以平常心待人接物，「然後世之好異者不顧其本，各言我而已，何待于彼，殘生害性，還為仇敵，斷割肢體，不以為痛；目視色而不顧耳之所聞，耳所聽而不待心之所思，心奔欲而不適性之所安，故疾療萌則生意盡，禍亂作則萬物殘矣！」〔註91〕人為的造作，最悲慘的禍患就是「心奔欲而不適性之所安」。不適性就是拂乎本性，拂乎本性的情就叫「偽」。名士鍾會就是例證，既未順天理又未應人心，一心奔欲就冒然起兵，聰明一世、糊塗一時，最不值得同情。因此簡單的分野，我們把「自然」稱「情」，「造作」稱「偽」，也就是為欲所惑的「情」。情不為欲所惑，就是恬靜的人，一個真正懂得生活的人。

但，不論是「情」還是「偽」它都是眾生的「象」，這些象靠氣的運作呈顯，董仲舒以陰陽二氣，判情性之分，以「性善情惡」立論（詳見第四章），筆者認為「情生于性」的命題較合理，情性一體，皆稟天地之氣而生。情偏則成偽，但仍是氣的作用，俗稱邪氣。

> 王平子、胡毋彥國諸人，皆以任放為達，或有裸體者。樂廣笑曰：
>
> 「名教中自有樂地，何為乃爾也！」（〈德行〉，頁24）

劉孝標引竹林七賢論曰：「……是時竹林諸賢之風雖高，而禮教尚峻，迨元康中遂至放蕩越禮……樂令之言有旨哉！謂彼非玄心，徒利其縱恣而已。」（頁735）責其縱恣當然有理，樂廣言「名教中自有樂地」，更是有理。自郭象提出「名教即自然」後，已逐漸恢復「名教」的本來面目。自然者自其本然也，天地間的本然就是一種和諧的規律，就是「道」。是一種萬物共同遵循的原則，移諸於人的社會，就是禮，就是名教，這種禮出自人情本身，是由「性」所萌發。人在這自然、和諧、舒暢的氛圍中，豈有不樂之理？若違背自然，以脫衣裸體為放達，表現與眾不同的浪盪，就是一種人為的造作。豈是真樂？

> 孫子荊以有才，少所推服，唯雅敬王武子。武子喪時，名士無不至者。子荊後來，臨屍慟哭，賓客莫不垂涕。哭畢，向靈牀曰：「卿常好我作驢鳴，今我為卿作。」體似真聲，賓客皆笑。孫舉頭曰：

〔註90〕 嚴可均輯，《全三國文》，北京：商務印書館，1999，頁480。
〔註91〕 同上。

「使君輩存，令此人死！」（〈傷逝〉，頁 637～638）

自己尊崇的人過世，當然哀痛不已，悲傷之情出自自然，故學驢鳴時「體似聲真〔註 92〕」，絕不是造作。當「賓客皆笑」時，孫濟舉頭謾罵，《語林》說他罵完後，「賓客皆怒」（頁 638）這也是再自然不過了。彼此之間皆不作做，讓真情自然流洩，滿足了我輩之鍾情。

王戎喪兒萬子，山簡往省之，王悲不自勝。簡曰：「孩抱中物，何至於此？」王曰：「聖人忘情，最下不及情；情之所鍾，正在我輩。」簡服其言，更為之慟。（同上，頁 638）

這則是談魏晉士人用情時必定引用的。聖人忘情的境界，非常人所及；最下不及情，也非常人所願。聖人也是人，之所以能忘情（並非無情），照吳冠宏的說法是：「藉由損之又損的遺忘工夫來識道體道」〔註 93〕而我輩中人，工夫未逮，心雖嚮往，卻難企及，必將所據之情，盡情宣洩，悲其所悲，樂其所樂，才見真情。這點道理，七歲幼童，亦能體悟：

張玄之、顧敷，是顧和中外孫，皆少而聰惠。和並知之，而常謂顧勝，親重偏至，張頗不懨。于時張年九歲，顧年七歲，和與俱至寺中。見佛般泥洹像，弟子有泣者，有不泣者，和以問二孫。玄謂「被親故泣，不被親故不泣」。敷曰：「不然，當由忘情故不泣，不能忘情故泣。」（〈言語〉，頁 110）

顧敷的應答固然由於天生異稟，也因平日祖父對他鍾愛備至，培養了開闊的心胸，寬大的視野，自有超然的體悟。若佛門中之忘情者其修養工夫也是「由損之又損體道」，豈不是釋、道會通的例證？可見「東海有聖人出焉，此心同也，此理同也。西海有聖人出焉，此心同也，此理同也。南海北海有聖人出焉，此心同也，此理同也。」〔註 94〕「情」之於人，亦復如是。

王戎、和嶠同時遭大喪，俱以孝稱。王雞骨支牀，和哭泣備禮。武帝謂劉仲雄曰：「卿數省王、和不？聞和哀苦過禮，使人憂之。」仲雄曰：「和嶠雖備禮，神氣不損；王戎雖不備禮，而哀毀骨立。臣以和嶠生孝，王戎死孝。陛下不應憂嶠，而應憂戎。」（〈德行〉，頁 19）

〔註 92〕李慈銘云：「案『真聲』誤倒。晉書王濟傳作『體似聲真』」（頁 638）
〔註 93〕吳冠宏，《魏晉玄論與士風新探——以情為綰合及詮釋進路》，台大中國文學研究所博士論文，1997，頁 120。
〔註 94〕楊家駱主編，《陸象山全集卷 36》〈年譜〉13 歲條。台北：世界書局，1990，頁 317。

劉毅可謂知人矣！難怪王隱晉書說他：「亮直清方，見有不善，必評論之。王公大人，望風憚之。」（劉注頁 20）一個能洞悉他人內心深處的人，一切文飾，巧妙都逃不過他的慧眼，庾翼《晉陽秋》曰：「戎爲豫州刺史，遭母憂，性至者，不拘禮制，飲酒食肉，或觀碁奕，而容貌毀悴，杖而後起。時汝南和嶠，亦名士也，以禮法自持，處大憂，量米而食，然顑頷哀毀，不逮戎也。」一個飲酒食肉，觀碁奕的人，物質、精神都沉緬於俗世所謂的享受中，爲何還「容貌毀悴」？畢竟心不樂也。飲酒、食肉、觀奕只是對當時「禮法」無言的抗衡，並不眞心樂在其中，較之於「量米而食」，更不營養。王戎認爲喪親是自然之痛，發自內心的自然之情，不是吃齋守戒可以減輕的，訂此造作之禮，反而沖淡了自然的悲痛。何必！

（二）理性與瘋狂

「人是理性的動物」（亞里斯多德），因爲有理性，故可以接受理性教育。「理性」是人的潛能，要實現它，亟需教育。而這種教育偶而會被情境摧毀殆盡，使人露出了猙獰的獸性本能。傅柯（Michel Foucault）替這種本能提供了理論：

> 體液（humors）醫學理論認爲這種結合（按：靈魂與肉體）主要是一種相互作用。激情（按：靈、肉的聚合點）必然引起體液的某種運動！憤怒刺激膽汁……膽汁質的人易於憤怒和專注於人們所痛恨者……元氣（spirits）醫學理論用較嚴密的物理機械的傳送運動取代了上述含混的「氣質」觀念……在看到激情的對象之前，動物元氣散布全身以維繫身體的各部份，但當對象出現時，整個系統就被打亂了…當全部元氣聚合在這種激情對象周圍時……大腦就再也不能無視於它，並因此而服從激情。[註95]

傅柯提出的兩種醫學理論，體液論我們在講「形體美」時曾經提及，第二型的元氣論類似中國談「氣」的精神層面，氣不止於物質，更是精神實體，他的呈顯充分朗現主體的精神世界。當「氣」不在正常的運作軌道上，也就是不合於「道」時，就呈顯出陰陽不調的現象，不管陽盛陰衰，或陰盛陽衰，所表現的行爲皆不合情理。中國人常說的「怒氣」「邪氣」都不是健康的元氣。《世說新語》有一則記載：

〔註95〕傅柯著，劉北城、楊遠嬰譯，《瘋癲與文明》，台北：桂冠圖書公司，1992，
    頁 78。

> 賈公閭後妻郭氏酷妒，有男兒名黎民，生載周，充自外還，乳母抱
> 兒在中庭，兒見充喜踊，充就乳母手中嗚之。郭遙望見，謂充愛乳
> 母，即殺之。兒悲思啼泣，不飲它乳，遂死。郭後終無子。（〈惑
> 溺〉，頁918～919）

由上述醫學理論推知，郭氏該是個膽汁質的人，由妒生恨，憤怒到不做任何
細查就直接殺人，瘋狂的行為已超越理性。如果不是她權大勢大，可以任意
殺人，宣洩了怒氣，可能自己就發瘋了。由於她的元氣已經不正常，因此她
「終無子」。因為人的生命在母胎之中就是陰陽二氣交感相與，蘊而成，二氣
不諧，焉能懷孕！

　　另一個例子，更是荒唐！

> 石崇每要客燕集，常令美人行酒。客飲酒不盡者，使黃門交斬美
> 人。王丞相與大將軍嘗共詣崇。丞相素不能飲，輒自勉強，至於沈
> 醉。每至大將軍，固不飲，以觀其變。已斬三人，顏色如故，尚不
> 肯飲。丞相讓之，大將軍曰：「自殺伊家人，何預卿事！」（〈汰
> 侈〉，頁859）

石崇之所以斬美人，說穿了是面子問題，客人不肯飲酒，表面上推說美人勸
酒不力，骨子裡是石崇認為客人不給面子。斬美人多少帶點示威的意思，偏
偏碰到王敦以其人之道反治其人之身，可憐的是冤死刀下的美人，這種草菅
人命的瘋狂舉動，除了膽汁分泌過盛外，無從解釋。本來喝酒是一種愉悅的
交際方式，變成恐怖的殺人原因，只有王敦這種有膽量造反的人，才會無動
於衷。

（三）感性與墮落

　　「水火有氣而無聲，草木有生而無知，禽獸有知而無義，人有氣有生有
知亦且有義。」〔註96〕荀子所說的知，就是耳、鼻、舌、膚的感官知覺，是
動物所共有。人因多加了一個心（理性），於是對這些感官知覺多了品味的選
擇，也產生了審美的欣趣。而品味的層次簡單的說就是審美的境界。

　　審美欣趣的起步是審美知覺，審美知覺是感官知覺和理性領悟的結合
體，它是審美主體和審美客體交會的剎那，審美主體的神交覺悟。當審美客
體是「物」時，透過「形式」的把握，審美主體很容易領會那份愉悅或苦痛。

〔註96〕《荀子・王制》，頁158。

當審美客體也是人的時候，這種交流就複雜多了。我們品鑒人物時，不止於他的形體，連帶他的精神，包括儀容、舉止、才能、智慧都概括承受。也就是說他的感性和理性，都是品賞的對象。而所謂的感性，我們是從他的感官知覺去透視他的感情生活。他的感情生活必然要從他的表達方式去了解。感情的表達方式，是因時、因地制宜的，某一特定的時代，某一特定的階級，某一特定的社會背景，就有不同的表達方式，不見得和它的實用目的有關，但絕對與他的人生價值觀相聯。魏晉之際的士人，是無力也無法選擇自己生活方式的可憐人。惟一有權的選擇就是逃避，逃避政黨的明爭暗鬥；逃避士大夫責無旁貸的社會責任；甚至逃避自己家族的紛擾糾纏。逃避的方式循著兩條路徑前進：飲酒和清談，越份的結果只有兩個字「墮落」。

1. 飲酒

「酒」對魏晉名士來說簡直和空氣一樣，不可一時或缺。王孝伯言：「名士不必須奇才。但使常得無事，痛飲酒，熟讀離騷，便可稱名士」（〈任誕〉，頁 764）使得余嘉錫氣憤的說：「自恭有此說，而世之輕薄少年，略識之無，附庸風雅者，皆高自位置，紛紛自稱名士。致使此輩車載斗量，亦復何益於天下哉？」（箋疏，同上）他就忘記了所謂「名士」就是要逃避這個無法以之為「己任」的天下，豈能以「何益於天下」責之？總之，名士飲酒，在《世說新語》一書中俯拾即是，〈任誕〉通篇無一則不沾酒。「王佛大歎言：『三日不飲酒，覺形神不復相親。』」（頁 763）他說「三日」太含蓄了，劉注引〈晉安帝紀〉曰：「忱少慕達，好酒，在荊州轉甚，一飲或至連日不醒，遂以此死。」日日喝酒終使神形相離，豈不是自甘墮落？不類阮籍、劉伶之病酒一為拒司馬昭之求婚〔註97〕，一為致仕〔註98〕，表面上狂飲濫醉，實際還是有分寸的，因為他倆並未因酒喪命。

酒能亂性。賢者難免，有人譏周僕射：「與親友言戲，穢雜無檢節」（頁742）劉注引鄧粲《晉紀》曰：「王導與周顗及朝士詣尚書紀瞻觀伎。瞻有愛妾，能為新聲。顗於眾中欲通其妾，露其醜穢，顏無怍色。」是酒後淫聲，

〔註97〕《晉書》，頁 1360。

〔註98〕劉注引《名士傳》曰：「伶字伯倫，沛郡人。肆意放蕩，以宇宙為狹。常乘鹿車，攜一壺酒，使人荷鍤隨之，云：『死便掘地以埋。』土木形骸，遨遊一世。」《晉書·列傳第十九》「伶雖陶兀昏放，而機應不差……泰始初對策盛言無為之化。時輩皆以高第得調，伶獨以無用罷，竟以壽終。」（頁 1376）

以致大腦聽命於原始肉慾，淪於墮落？

　　其他篇章也談飲酒，信手拈來，不是「周仲智飲酒醉」（〈雅量〉，頁 363）就是「見何次道飲酒，使人欲傾家釀」（〈賞譽〉，頁 487）酒成了他們的日用生活必需品。本是一種感性的審美欣趣，卻墮落到以性命付之，品味全無。怎攀得上怡情悅性？

　　2. 清談

　　清談〔註 99〕是知識份子逃避政治迫害最具文人氣息的方式。不但鬱悶的情感找到出口，而且從彼此的論辯中，探尋「理源」，讓中國哲學找到理論的支柱。可惜我們在《世說新語》中只看到論辨進行的方式及勝負的結果，不見其內容。否則我們對三玄（《易》、《老》、《莊》）的了解將更深入，也將受到更多的啓發。這個以情感做基礎，以理性作發展方向的名士活動，類似十八世紀法國的「沙龍」（Salon）〔註 100〕是人類才智的聚會所。而魏晉卻流行於二、三世紀呢！除了才智美外，議論時，名士所展現的儀容、風采、器度，無一不美，都叫人讚歎。這就是所謂的魏晉風度。（前文討論甚多，不再贅述）

> 何晏爲吏部尚書，有位望，時談客盈坐，王弼未弱冠，往見之。晏聞弼名，因條向者勝理語弼曰：「此理僕以爲極，可得復難不？」弼便作難，一坐人便以爲屈，於是弼自爲客主數番，皆一坐所不及。（〈文學〉，頁 196）

在清談中，無官位、年齡的忌諱，暢所「能」言。王弼不到廿歲，小小的補台郎，在吏部尚書及盈坐的談客之前，侃侃而談，所言之理，「皆一坐所不及」。許多知識份子，常藉著這種機會，展露頭角，獲取一官半職，最可貴的是贏得眞誠的友誼：

> 阮宣子有令聞，太尉王夷甫見而問曰：「老莊與聖教同異？」對曰：「將無同？」太尉善其言，辟之爲掾。世謂「三語掾」。衛玠嘲之曰：「一言可辟，何假於三？」宣子曰：「茍是天下人望，亦可無言而辟，復何假一？」遂相與爲友。（同上，頁 207）

〔註99〕有關「清談」的論述，前輩所著頗多。唐翼明先生的《魏晉清談》是入門之作，可細讀。（台北：東大圖書公司，1992）

〔註100〕Salon 法語，原義爲客廳。法國當十八世紀時，文人學者多聚集於權貴或美婦人之客廳，互相討論文學，縱談時事，風尚所趨，沙龍遂成爲當世文化、社會之中心地。熊鈍生主編，《辭海》，台北：台灣中華書局，1982，頁 2600。

不過，這種清談往往通宵達旦，若體弱不支，將造成令人歔欷的遺憾：

> 衛玠始度江，見王大將軍。因夜坐，大將軍命謝幼輿。玠見謝，甚
> 說之，都不復顧王，遂達旦微言。王永夕不得豫。玠體素羸，恆為
> 母所禁。爾夕忽極，於此病篤，遂不起。（同上，頁 210）

由於「玠體素羸」，故「恆為母所禁」。天下父母心，同樣的情懷也發生在謝
朗母親身上：

> 林道人詣謝公，東陽時始總角，新病起，體未堪勞。與林公講論，
> 遂至相苦。母王夫人在壁後聽之，再遣信令還，而太傅留之。王夫
> 人因自出云：「新婦少遭家難，一生所寄，唯在此兒。」因流涕抱
> 兒以歸。謝公語同坐曰：「家嫂辭情忼慨，致可傳述，恨不使朝士
> 見。」（同上，頁 227）

謝朗在總角（少年，以今日估算大約十三、四歲）時便善玄理，可以和「林
公講論，遂至相苦。」同樣，衛玠也在這個年齡，思考「夢」的問題，居然
思之成疾：

> 衛玠總角時，問樂令「夢」，樂云：「是想。」衛曰：「形神所不
> 接，而夢豈是想邪？」樂云：「因也。未嘗夢乘車入鼠穴，搗虀鐵
> 杵，皆無想無因故也。」衛思因，經日不得，遂成病。（同上，頁
> 204）

不知是上天對這個人命如螻蟻的時代特別眷顧，還是整個社會氛圍使然，魏
晉人士多半早慧，最晚成器的大概屬王藍田了〔註101〕，想是孩子年幼，常聽
大人談玄，耳濡目染，潛移默化的結果。

　　檢視前文所述，清談果真是件費時又耗力的活動。知識份子整日價無所事
事，把智慧和精力浪擲在一場場無益於國計民生的辯論上，著實可惜。長期累
積的結果，形成「清談誤國論〔註102〕」，不少學者把西晉的亡國，歸咎於此。

四、小　結

　　魏晉名士之情，表現了千萬種「象」，可謂「風情萬種」。其中雖有〈任誕〉、
〈簡傲〉、〈仇隙〉、〈惑溺〉等等不正之「象」，但正是人性的流露。從美學的視

〔註101〕見〈賞譽〉62 條「王藍田為人晚成，時人乃謂之癡」（頁 456）
〔註102〕詳見張齊明，〈魏晉「清談誤國論」是怎樣形成的？〉，光明日報，2011 年 8
　　　　月 25 日。2011 年 9 月 3 日首次透過網路取得。

角看，該算瑰寶。這些「象」的呈顯，仍是「氣」的運作，可能是怒氣，可能是怨氣，可能是邪氣，終歸仍是天地之氣。天地無所不覆，無所不載，一切正、邪，都在乾坤一戲場中。「道」既是宇宙萬物的根源，又是宇宙萬物共同遵守的原則。它對各種「象」既包容又譴責。魏晉這個在混亂中踏上歷史舞台的朝代，也在混亂中草草的收場，這樣的「譴責」不能不算大了！

第七章　結　論

第一節　重申「用心」

　　美學之所以不同於其他學科，在於它全無功利性。雖然美的東西咸具物質性，但，美本身卻是精神層面的追求。「落水思命，得命思財」完全不是美的思考邏輯。就因著這種特性，成就它的魅力。這份魅力，是透過「氣」的運作開展的。本論文就是尋此動向展開論述。

　　「氣」在具足哲學義涵後，就成爲本體界與現象界的中介。它既是一種物質，又是一種可以思維的精神體。轉化至美學領域後，就成爲藝術生命的動力，純粹是精神形式，於是它必然肩負起比哲學領域更艱鉅的使命。所有的美學門類，舉凡文字、繪畫、音樂、舞蹈、戲劇、建築、園林設計，缺少它就不成爲藝術品，最奧妙的是這些藝術品的「氣」來自於藝術家自身的「氣」的轉移。要討論「氣」在美學中的作用，筆者以爲「人物」才是最直接、最具體、最明顯的素材，因此選擇「人物」作爲探討的對象。

　　本論文的整體架構是以中國人的審美旨趣作爲軸心，向四周輪轉。中國人審美的旨趣在於追求和諧。不論和大自然、和社群以及和自我，都以和諧爲宗旨。這是筆者寫「人物品藻」的意向。因此在第二章安排了中國美學的速寫，表達這項意念。

　　接著爲了說明何以選擇魏晉的人物，就以一章的篇幅討論魏晉美學。最後討論出魏晉人物之所以有個性，就因爲處在一個流動性強烈的時代，這種流動就是「氣」的特性。

　　由於「氣」在空間上無大小，在時間上無古今，它的存在方式又是流動不居的，最適合美的普遍性及超脫性。因此美必須有它，但要是它是匹脫韁野馬，藝術品的美感就大打折扣。好在「氣」是「道」的轉化，因此它依「道」而行，創造了美。這美靠藝術品呈顯，稱之為意象，意象就是創作者和審美者完成美的體驗的對象，而意象靠物的表象觸發。因此，道、氣、象、物的聯結成為本論文的核心議題。

　　人的「象」比藝術品的意象複雜得多，也有趣得多。由於「氣」的多變性，以至於「人」也多樣化了。在先哲的思維裡，「氣」在陰陽兩屬性的交互流動，相摩相盪，絪縕糾纏中化生天地萬物。而其交流互動的過程的確是千變萬化的，我們不完全認肯王充的「自然元氣論」，認為人稟賦的元氣自有厚薄，天生注定，無法強求，但也不全盤否認。人的氣質一半來自娘胎，一半來自自己，也就是說天賦和學養齊俱。這就是劉昞注《人物志》第一句「蓋人物之本，出於情性」時說：「性質稟之自然，情變由於染習」（頁 12）的意思。「情」和「性」是本論文討論的雙軌，因為它是「氣」的兩個兒子。

　　「情」和「性」靠「氣」的流行呈顯，而審美主體又怎樣發現它呢？要靠「象」的外現了。筆者將魏晉名士的「象」分兩大類：一類是「性」的作為，一類是「情」的發用。前者又分四個面向：「真」、「善」、「美」、「智」分別陳述；後者強調「氣」的變化，分「自然與造作」、「理性與瘋狂」、「感性與墮落」說明偏激的情變所產生的惡果。以《世說新語》作素材，讓理論落實。

　　人物之最美者，劉劭並未放在樣樣精通的全材上，而以「中和為貴」。因為「中和之質必平淡無味，故能調成五材，變化應節。」（頁 13～14）這和中國人審美的旨趣——「和諧」——相互呼應。而人物品藻是中國美學的起步，劉劭的理論正反映著這個意向。這點貫通，一直是本論文的著力點。

　　是否「氣」的厚薄造成人才的偏至？本論文未作這方面的探討。筆者堅信後天的努力勝過先天的稟賦。想居禮夫人說過，她本來對音樂很有興趣的，會拉小提琴，但婚後和居里先生一起鑽研物理化學，也就放棄了這項興趣。我相信居禮夫人是有音樂天賦的，就像愛因斯坦也有音樂細胞一樣，但一個是物理化學家、一個是數學、物理家，都是科學界的名人，和人文的音樂漸行漸遠，這就是後天的努力強於天賦的明證。但「氣」掌握人的才性；流洩人的品味，卻是有理論根據的，這是本論文努力去證明的論點。

本論文最用心探討的，是「氣」與「道」、「象」、「物」的內在聯結。反覆論證它們之間環環相扣的循環關係，道轉化爲氣；氣以明道。氣寓居於象；象以顯氣。象表徵事物；物以載象。物藏隱於道；道以成物。致力將道、氣、象、物四維度壓縮在一個「點」上。論證它們是一點具足的──道即氣、即象、即物而已。

之所以要如此「用心」，只在說明人物的「象」完全靠「氣」掌控，「氣」要倚「道」而行，才能造就人物美。若偏離「道」的常軌，邪「氣」橫生，扭曲的「象」就成了人性最猙獰的表徵。以此證明：道是人物美的支撐「點」，而這一「點」是靠氣去表現的，氣有正、邪，故人亦有邪、正。

第二節　展望未來

由於前輩對「人物美」的論述不多，若再加上和「氣」的聯結就更少了，筆者寫作的過程是吃力而艱苦的。之所以勇於嘗試，是深信往後的世界不僅把美當作生活中不可或缺的一環，更且把美當作信仰：欣賞美；追求美；甚至狂戀美！

但，筆者擔心的是美美的世界，變成高價位的美食，變成櫥窗裡擺設的名牌衣物，變成企業主的高級豪宅，豪華的私人飛機、遊艇，天價的古董收藏，一切物質的取向，淹沒了審美經驗中的自我。人們拋棄可以很美的心靈，墮入物慾的狂流中。

未來是每個人希望所寄，展望未來是件嚴肅的工作。筆者堅持哲學理論論辯該放在引導人類生活的目標上，改善人類的生活才是哲學家的責任，因此，筆者認爲該致力的方向是：

一、落實美育

在中國人的思維裡，「萬般皆下品，唯有讀書高」。導致教育的走向一直是智育掛帥。不過，從前的書院制度注重人文素養，品德教育仍然是生活實踐中重要的一環。清末民初，飽受西方船堅炮利的凌虐，民族意識高漲，於是教育偏重科技的鑽研，忽略了人生其他的價值與意義。台灣的聯考制度延續這項發展，除了「公平」外，一無可取。有識之士發動改革，近十年來在制度上變來變去，完全不見效果，仍然是考試第一，學校裡的課程表上空有

美術、音樂、勞作等課程，其成果只是少數作品的呈現，和生活脫節，學生少有美的品味。「美」之所以值得作為教育目標，是因為它有豐富的內涵。審美經驗是人類最深刻最動人的享受。因為「審美對象所暗示的世界，是某種情感性質的輻射，是迫切而短暫的經驗，是人們完全進入這一感受時，一瞬間發現自己命運的意義的經驗。」〔註1〕因此，鼓勵並引導學生去體會這種經驗是美育的第一節課程。

最近 Lady Gaga 風靡全球，所到一處，一大堆粉絲追隨，激情的尖叫，不絕於耳。查《文馨最新英漢字典》，gaga 的中文意思是「低能的、懦弱的」，尤指老年時，是個形容詞。（1987 年版，頁 578）這與 Lady Gaga 的形象完全不合。胡淑雯說「gaga 的本意即是狂熱、癡傻、糊塗、天真。」〔註2〕這倒是 Lady Gaga 的寫照。看她穿「恨天高」在台上屢仆屢起的鏡頭，不是狂熱癡傻，又是什麼？這種標榜自我，敢「搞」敢「秀」的特立獨行，給年輕人很大的鼓舞。有樣學樣，年輕人開始不在乎他人異樣的眼光，也「秀」給你看。但怎樣「秀」才能吸睛而又不礙眼，這是美學教育的第二節課。

二、培養正氣

精神美的基本特徵一定在於道德觀念的具足。培養正氣，有助於具足的道德觀。在今日自我意識高漲的氛圍中，道德觀的教育很難以諄諄善誘的言教或是以身作則的身教去感動，而淨化心靈的美育可能是條成功的大路。了解美的無功利性，就不至步步為營的去追求蠅頭小利。了解美的超脫性，就不齒於去搶奪占有。純良的心，自然能使正義之氣油然而生。無欲則剛。浩然之氣不正是至大至剛，以直道去培養出來的嗎？

三、重拾慢活

《慢活》是卡爾‧歐諾里（Carl Honor）勸告廿一世紀生活在匆匆忙忙、永不歇腳的人們，該如何調整自己速度狂毛病的書。其實作者的建言，中國儒、道兩家都已言之在先。「無欲速，無見小利；欲速則不達，見小利則大事不成。」（《論語‧子路》，頁 215）要求快速的原始目的，就是要以時間換取

〔註1〕 杜夫海納，《美與哲學》，轉引自何佳瑞，《審美經驗中的自我──以《審美經驗現象學》一書為例》，輔大哲學研究所博士論文，2007，頁 147。
〔註2〕 胡淑雯，〈慾望街車 2.0〉，《聯合報》D4 版，2011 年 9 月 27 日。

小利。卡爾不願意多花些時間為孩子講故事，就是因為想留些時間，做些能獲小利的事，殊不知每天多花些時間陪孩子，對孩子人格的陶鑄起多大的作用，這是大利啊！老子不是說過「有之以為利，無之以為用」（〈十一章〉，頁74）看不見的大利，才是真正有用的啊！

　　卡爾想告訴我們的是盡量以音樂家所謂的正確的速度（tempogiusto）生活，該快則快，能慢則慢，但不管快慢重要的是要保持緩慢的心境。我們在第二章裡曾提及，《論語‧鄉黨》記載孔子的生活美學。在食、衣、住、行之間表現的從容豁達，反映了他心境的平和節度。即使在熙熙攘攘的周遊列國、遊說諸侯的行程中，即使在陳蔡絕糧的困境中，更甚者，在性命攸關的時刻〔註3〕，孔子從未驚慌失措，仍是慢條斯理的行禮作樂，琴聲不輟。這就是慢活的美。

　　至於道家，對慢活的實踐尤其徹底，老子本身不慕名利，對功名利祿避之唯恐不及。看見周朝日衰，便騎牛西去。〔註4〕騎牛無他，「慢」而已矣！接著寫下《老子》一書，全書的最最關鍵字，就是「慢」：

　　　　不敢為天下先。（〈六十七章〉，頁212）

　　　　夫唯不爭，故無尤。（〈八章〉，頁66）

　　　　夫唯不爭，故天下莫能與之爭。（〈二十二章〉，頁108）

　　　　以其不爭，故天下莫能與之爭。（〈六十六章〉，頁210）

「不敢先」、「不爭」都是「慢慢來」的意思，《老子》再三強調，無非是告誡我們，保持冷靜，生活將更好。

　　莊子生平，《史記》僅寥寥數語，尤其結語：「其言洸洋自恣已適己，故自王公大人不能器之。」可見莊子也是個不識時務的人，和孔子一樣喜歡教誨學生，不同的是他教導學生側重於處在紛紛擾擾的社會中該如何自保。消極上不要逞能，安然過著與世無爭的生活。積極的心理建設就是消遙無待。而這種精神意境，更是緩慢哲學企盼到達的境界。

　　「心」平「氣」和是現代人最需要的生活態度。而「氣」是超越「心」

〔註3〕 「孔子去曹適宋，與弟子習禮大樹下。宋司馬桓魋欲殺孔子，拔其樹。孔子去。弟子曰：『可以速矣。』孔子曰：『天生德於予，桓魋其如予何。』」《史記卷四十七‧孔子世家》，頁1921。

〔註4〕 《史記卷六十三‧老子韓非列傳》索隱：「老子西遊，關令尹喜望見有紫氣浮關，而老子果乘青牛而過也。」（頁2141）

的。「勿聽之以心，而聽之以氣」（《莊子・人間世》，頁129）讓我們以「氣」貫「心」，以「心」體「道」，共同營造一個「氣韻生動」的人生。

　　當然，這些願景，都是大塊文章，不是這般三言兩語可以交待的。「落實美育」是現今教育工作者苦心孤詣，全力推動的全人教育的一環。「培養正氣」更涉及道德人格與倫理之思維，「養氣論」本身就可作一博士論文。「重拾慢活」是現代熱門的文化課題，多少專家學者為文細論，且大聲疾呼，實踐推行，實在不容筆者置喙。在此之所以不揣淺陋，再行提出，只是寄望這些「展望」及早實現，讓人生更美！

參考文獻

壹、經、史典籍（依朝代先後順序排列）

1. 太倉唐文治先生編纂《十三經讀本》,〈禮記・樂記〉〈左傳〉〈周易〉〈詩經〉,台北市:新文豐出版公司,1970。

2. 春秋・左丘明著,秦峰譯注,《國語》,南昌:江西高校出版社,1998。

3. 漢・班固撰,唐・顏師古注,《漢書》,台北:宏業書局有限公司,1984。

4. 晉・陳壽撰,宋・裴松之注,《三國志》,台北:宏業書局有限公司,1988。

5. 南朝宋・范曄撰,唐・李賢等著,《後漢書》,台北:宏業書局有限公司,1984。

6. 唐・房玄齡等撰,《晉書》,台北:鼎文書局,1977。

7. 宋・司馬光等,《資治通鑑》,台北:明倫出版社,1972。

8. 清・段玉裁,《說文解字注》,台北:藝文印書館,1965。

9. 《文淵閣四庫全書》,影印本。

10. 黃暉,《論衡校釋（附劉盼遂集解）》,北京:中華書局,1990。

貳、專書（依作者姓氏筆畫列序）

一、美學部份

1. George Dickie, Introduction to Aesthetics: An Analytic Approach, New York: Oxford University Press, 1997.

2. Jacques Marseille 總主編,Nadeije Laneyrie-Dagen 執行主編,《世界藝術

史》（王文融、馬勝利、羅芃、顧家琛譯），台北：聯經出版事業公司，1999。

3. Nicolas Bourriaud, Relational Aesthetics, translated by Simon Pleasance & Fronza Woods with the participation of Mathieu Copeland, Dijon: Les Presses du reel, 2002.

4. 尤煌傑，《美學基本原理：士林哲學的美學理論建構》，台北：哲學與文化月刊雜誌社，2004。

5. 王子銘，《現代美學基本范式研究》，濟南：齊魯書社，2005。

6. 王子銘，《現象學與美學反思》，濟南：齊魯書社，2005。

7. 王秀雄，《美術心理學》，台北：台北市立美術館，1991。

8. 王秀雄，《美術與教育》，台北：台北市立美術館，1990。

9. 王明輝主編，《何謂美學》，北京：中國戲劇出版社，2005。

10. 王國有，《哲學反思的審美維度》，哈爾濱：黑龍江人民出版社，2003。

11. 王復振，《大易之美》，北京：北京大學出版社，2006。

12. 王復振主編，《中國美學重要文本提要》，成都：四川人民出版社，2003。

13. 王福生編著，《黑格爾論藝術》，長春：吉林美術出版社，2007。

14. 王德峰，《藝術哲學》，上海：復旦大學出版社，2005。

15. 王德勝，《形體美的發現——中西形體審美意識比較》，南寧：廣西人民出版社，1993。

16. 史岩，《東洋美術史》，上海：上海書店，1990。

17. 左克厚主編，《中國美學》，上海：同濟大學出版社，2007。

18. 弗里德里希・席勒著，《審美教育書簡》（馮至、范大燦譯），台北：淑馨出版社，1989。

19. 田忠峰，《薩特論藝術》，長春：吉林美術出版社，2007。

20. 石朝穎，《藝術哲學與美學》，台北新店：人本自然文化事業有限公司，2006。

21. 伏俊璉，《人物志譯注》，上海：古籍出版社，2008。

22. 安伯托・艾可（Umberto Eco）編著，《美的歷史》（彭淮棟譯），台北：聯經出版事業公司，2006。

23. 安伯托・艾可（Umberto Eco）編著，《醜的歷史》（彭淮棟譯），台北：聯經出版事業公司，2006。

24. 成復旺，《神與物遊》，濟南：山東人民出版社，2007。

25. 朱立元，《接受美學》，上海：上海人民出版社，1989。

26. 朱光潛，《西方美學史》，台北樹林：漢京文化，1982。

27. 朱光潛，《無言之美》，北京：北京大學出版社，2005。

28. 朱光潛編譯，《西方美學家論美與美感》，台北：丹青圖書公司，1983。

29. 朱志良，《中國藝術的生命精神》，合肥：安徽教育出版社，2006。

30. 朱良志，《中國美學十五講》，北京：北京大學出版社，2006。

31. 朱孟實，《文藝心理學》，台北：德華出版社，1981。

32. 何林軍，《美學教程》，湖南：湖南大學出版社，2006。

33. 余伯特・達爾施（Hubert Damisch），《雲的理論：為了建立一種新的繪畫史》（董強譯），台北：揚智文化事業有限公司，2002。

34. 余嘉錫，《世說新語箋疏》，台北：華正書局，2003。

35. 吳中杰主編，《中國古代審美文化論》，上海：上海古籍出版社，2003。

36. 希勒（Schiller，Friedrich），《審美教育書簡》（馮至、范大燦譯），北京：北京大學出版社，1985。

37. 李詠吟，《審美與道德的本源》，上海：上海人民出版社，2006。

38. 李長俊，《西洋美術史綱要》，台北：雄獅圖書股份有限公司，1989。

39. 李浴，《中國美術史綱》，台北：華正書局，1983。

40. 李澤厚，《美的歷程》，台北：蒲公英出版社，1986。

41. 李澤厚，《美學四講》，台北：三民書局，1999。

42. 李澤厚，《美學舊作集》，天津：天津社會科學院出版社，2002。

43. 李澤厚，《華夏美學》，台北：三民書局，1999。

44. 李澤厚、劉綱紀，《中國美學史》，合肥：安徽文藝出版社，1999。

45. 李澤厚、劉綱紀，《先秦美學史》，台北：金楓出版社，1987。

46. 李霖燦，《中國美術史稿》，台北：雄獅圖書股份有限公司，1992。

47. 狄德羅（Denis Diderot），《狄德羅美學論文選》（張冠堯、桂裕芳等譯），北京：人民文學出版社，2008。

48. 肖鷹，《中西藝術導論》，北京：北京大學出版社，2005。

49. 周振甫，《文心雕龍譯注》，台北：五南圖書出版社，1993。

50. 周憲主編，《文化現代性與美學問題》，北京：中國人民大學出版社，2005。

51. 宗白華，《中國美學史論集》，合肥：安徽教育出版社，2006。

52. 宗白華，《天光雲影》，北京：北京大學出版社，2005。

53. 宗白華，《美學散步》，上海：上海人民出版社，2006。

54. 林賽・沃特斯（Lindsay Waters）講演，《美學權威主義批判：保羅・德曼、瓦爾特・本雅明、薩義德新論》（昂智慧譯），北京：北京大學出版社，2000。

55. 邵宏，《衍義的氣韻》，南京：江蘇教育出版社，2005。

56. 阿瑟.C.丹托（Arthur C. Danto），《美的濫用：美學與藝術的概念》（王春辰譯），南京：江蘇人民出版社，2007。

57. 俞崑，《中國書論類編》，台北：華正書局，1984。

58. 郁沅，《心物感應與情景交融》，南昌：百花洲文藝出版社，2006。

59. 唐代興，《當代語義論綱》，成都：四川人民出版社，2003。

60. 孫良水，《阮籍審美思想研究》，台北：文津出版社有限公司，1999。

61. 徐復觀，《中國文學論集》，台北：學生書局，1980。

62. 徐復觀，《中國藝術精神》，台北：學生書局，1992。

63. 徐蘊康，《以藝術之名：從現代到當代首次深度探索臺灣視覺藝術》，台北：博雅書屋有限公司，2009。

64. 時曉麗，《莊子審美生存思想研究》，北京：商務印書館，2006。

65. 袁濟喜，《六朝美學》，北京：北京大學出版社，1999。

66. 高行健，《另一種美學》，台北：聯經出版事業公司，2001。

67. 高居翰（James Cahill），《中國繪畫史》（李渝譯），台北：雄獅圖書股份有限公司，1991。

68. 高等師範院校美學教師，《美學基本原理》，台北：麥芽文化，1984。

69. 高華平，《魏晉玄學人格美研究》，成都：巴蜀書社，2000。

70. 康德（Immanuel Kant），《判斷力批判》（鄧曉芒譯），北京：人民出版社，2002。

71. 張江南、王惠，《網路時代的美學》，上海：上海三聯書店，2006。

72. 張奎志，《文化中的審美視野》，北京：社會科學文獻出版社，2005。

73. 曹俊峰，《元美學導論》，上海：上海人民出版社，2001。

74. 梁一儒、盧曉輝、宮承波，《中國人審美心理研究》，濟南：山東人民出版社，2002。

75. 郭因，《中國近代繪畫美學》，台北：金楓出版有限公司，1987。

76. 郭紹虞，《郭紹虞說文論》，上海：上海古籍出版社，2000。

77. 陸揚，《死亡美學》，北京：北京大學出版社，2006。

78. 傅抱石，《中國繪畫理論》，南京：江蘇教育出版社，2005。

79. 勞承萬，《審美中介論》，上海：上海文藝出版社，2001。

80. 彭富春，《哲學美學導論》，北京：人民出版社，2005。

81. 彭富春，《哲學與美學問題》，武昌：武漢大學出版社，2005。

82. 曾繁仁，《美學之思》，濟南：山東大學出版社，2003。

83. 黃其洪，《海德格爾論藝術》，長春：吉林美術出版社，2007。

84. 黃其洪編著，《伽達默爾論藝術》，長春：吉林美術出版社，2007。

85. 黑格爾（Georg Wilhelm Friedrich Hegel），《美學》（朱孟實譯），台北：里仁書局，1981。

86. 楊恩寰主編，《美學引論》，北京：人民出版社，2005。

87. 葉秀山，《美的哲學》，台北：五南圖書出版公司，1993。

88. 葉朗，《中國美學史大綱》，上海：上海人民出版社，1985。

89. 達達基茲（Wtadystaw Tatarkiewicz），《西洋古代美學》（劉文潭譯），台北：聯經出版事業公司，1986。

90. 趙雄峰編著，《利奧塔論藝術》，長春：吉林美術出版社，2007。

91. 趙雅博，《文學與藝術心理學》，台北：正統文化出版股份有限公司，1981。

92. 趙錫邱，《主體美學》，杭州：浙江大學出版社，2004。

93. 儀平策，《中國審美文化史》，濟南：山東畫報出版社，2003。

94. 劉千美，《藝術與美感》，台北：台灣書店，2000。

95. 劉士林，《苦難美學》，武漢：湖北人民出版社，2004。

96. 劉文潭，《西洋美學與藝術批評》，台北：環宇出版社，1984。

97. 劉文潭，《現代美學》，台北：台灣商務印書館，1991。

98. 劉文潭，《藝術品味》，台北：台灣商務印書館，1992，

99. 劉方，《中國美學的歷史演進及其現代轉型》，成都：巴蜀書社，2005。

100. 劉李編著，《尼采論藝術》，長春：吉林美術出版社，2007。

101. 劉紀綱，《美學與哲學》，武昌：武漢大學出版社，2006。

102. 劉綱紀，《藝術哲學》，武昌：武漢大學出版社，2006。

103. 滕守堯，《審美心理學描述》，成都：四川人民出版社，1998。

104. 蔡元培，聞笛、水如編，《蔡元培美學文選》，台北：淑馨出版社，1989。

105. 蔣孔陽，《美學新論》，北京：人民文學出版社，2006。

106. 蔣孔陽，《德國古典美學》，北京：商務印書館，1997。

107. 魯道夫・阿恩海姆（Rudolf Arnheim），《藝術與視知覺》（滕守堯、朱疆源譯），成都：四川人民出版社，2005。

108. 閻世平，《劉劭人才思想研究》，廣州：中山大學出版社，2005。

109. 韓志偉、倪娜，《康德論藝術》，長春：吉林美術出版社，2007。

110. 黛安娜・阿克曼（Diane Ackerman），《感覺的自然史》（路旦俊譯），廣州：花城出版社，2007。

111. 魏士衛，《中國自然美學思想探源》，北京：中國城市出版社，1994。

112. 蘇珊・朗格（Susanne Katherina Knauth Langer），《情感與形式》（劉大基、傅志強、周發祥譯），北京：中國社會科學出版社，1986。

二、氣論部份

1. 李存山，《中國氣論探源與發微》，北京：中國社會科學出版社，1990。
2. 李志林，《氣論與傳統思維方式》，上海：學林出版社，1990。
3. 張立文主編，《氣》，台北：漢興書局有限公司，1994。
4. 曾振宇，《中國氣論哲學研究》，山東：山東大學，2003。
5. 程宜山，《中國古代元氣學說》，武漢：湖北人民大學，1986。

參、學位論文

1. 王夏，《聲樂表演藝術中的氣與韻》，杭州師範大學碩士論文，2009。
2. 王興旺，《中國美學發生學研究》，上海復旦大學博士論文，2004。
3. 古旻陞，《論柏格森生命哲學中之美學》，輔仁大學哲學研究所博士論文，2008。
4. 吉秀珉，《老子道與物之關係》，台灣大學哲學研究所碩士論文，2006。
5. 何佳瑞，《審美經驗中的自我─以《審美經驗現象學》一書為例》。輔仁大學哲學研究所，2006。
6. 余振齊，《氣韻：藝術風格學的支點》，中南民族大學碩士論文，2009。
7. 吳秉勳，《魏晉氣化思想研究》，東海大學中國文學系碩士論文，2008。
8. 吳冠宏，《魏晉玄論與士風新探──以「情」為綰合及詮釋進路》，國立台灣大學中國文學系博士論文，1996。
9. 李丹歌，《論「象」範疇系統》，2012 年網路購得，未註校名，2001。
10. 李韶堯，《《黃帝內經》氣化宇宙論思想研究》，輔仁大學哲學研究所博士論文，2007。
11. 杜方立，《六朝美學與玄學的關聯》，中國文化大學中國文學研究所博士論文，2005。
12. 周靜佳，《六朝形神思想與審美觀念》，國立台灣大學中國文學研究所碩士論文，1988。
13. 林朝成，《魏晉玄學的自然觀與自然美學研究》，國立台灣大學哲學研究所博士論文，1991。
14. 孫婧，《氣韻與意境的共通性探析》，中南民族大學碩士論文，2009。
15. 孫寧，《文氣的生命內涵與美學意蘊》，西北大學碩士論文，2002。

16. 徐麗眞,《世說新語呈現之魏晉士人審美觀研究》,國立政治大學中國文學研究所博士論文,1994。

17. 徐麗眞,《嵇康「聲無哀樂論」之音樂美學研究》,國立臺灣師範大學中國文學研究所碩士論文,1990。

18. 張森富,《六朝文學與思想心靈境界之研究》,國立政治大學中國文學系博士論文,1998。

19. 張鈞莉,《魏晉美學趨勢之研究》,國立臺灣師範大學國文研究所博士論文,1996。

20. 張蓓蓓,《漢晉人物品鑒研究》,國立臺灣大學中國文學研究所博士論文,1982。

21. 張靜二,《中國文學批評上「氣」的研究》,國立臺灣大學中國文學研究所博士論文,1976。

22. 莊耀郎,《原氣》,國立臺灣師範大學中國文學研究所碩士論文,1985。

23. 郭國泰,《六朝美學中形神關係之研究》,南華大學文學研究所碩士論文,2000。

24. 陳俊宇,《愛的哲學——從柏拉圖的愛到亞里斯多德的友愛》,輔仁大學哲學研究所碩士論文,2005。

25. 黃雅淳,《魏晉士人之悲情意識研究》,國立高雄師範大學國文學系博士論文,2000。

26. 趙新林,《Image 與象——中國詩學中象論探源》,四川大學文藝學博士論文,2005。

27. 蔡幸芝,《康德美學中的構想力研究》,國立政治大學哲學研究所博士論文,2008。

28. 賴麗蓉,《魏晉「人物品鑑」研究——創造性審美活動的完成》,國立臺灣師範大學中國文學研究所博士論文,1995。

29. 鐘兆惠,《從「世說新語」看魏晉人的審美理想》,安徽大學碩士論文,2007。

肆、期刊論文

1. 丁玲,〈韓拙《山水純全集》中「氣」的思想〉,《安徽師範大學學報(人文社會科學版)》,1999 年 27 卷 4 期,頁 528～533。

2. 于民,〈文學美學的氣化論與《文心雕龍》〉,《長沙水電師院學報》,1991 年 6 卷 1 期,頁 106～111。

3. 于民,〈在不同的養生氣化中展示出不同的審美觀——論戰國時儒道對美和美感的認識〉,《長沙水電師院學報(社會科學版)》,1989 年 3 期,頁 46～5。

4. 于民，〈論中國美學思想的基礎——氣化論、諧和論的產生〉，《文藝研究》，1988 年 6 期，頁 4～11。

5. 于慧，〈談《文心雕龍》中「氣」〉，《山東文學文學自由談》，2007 年 2 期，頁 72～73。

6. 尤煌傑，〈荊浩《筆法記》之「六要」與謝赫「六法」之比較〉，《哲學與文化》，34 卷 3 期總號 394，2007，頁 117～130。

7. 尤煌傑，〈從郭熙「林泉之心」看中國山水畫的創作與鑑賞〉，《哲學論集》，38 期，2005，頁 1～24＋265～269。

8. 尤煌傑，〈顧愷之「傳神寫照」審美命題的意蘊及其托爾斯泰「傳達論」之比較〉，《輔仁學誌・人文藝術之部》，2003 年 30 期，頁 51～77。

9. 牛偉，〈人物品鑑風潮之美學意味初探——從《人物志》談起〉，《韶關學院學報（社會科學版）》，第 29 卷第 7 期，2008 年 7 月，頁 22～25。

10. 王兵，〈中庸和諧傳神風骨——談中國傳統藝術的美學特徵〉，《藝術研究》，2006 年 4 期，頁 47～48。

11. 王凱符，〈「文氣」說〉，《首都師範大學學報（社會科學版）》，1986 年 4 期。

12. 王衛東，〈「氣」：中國古典美學的基石——古典美學精神之二〉，《雲南藝術學院學報》，2003 年，頁 9～14。

13. 白少玉，〈「文氣」範疇的結構機制與內涵〉，《華中師範大學學報（人文社會科學版）》，1989 年 5 期，頁 31～38。

14. 何劍波，〈荊浩《筆法記》對山水畫「形神論」的發展〉，《國畫家》2 期，2006，頁 73～74。

15. 余開亮、蔡永海，〈古代氣論的三種型態及其美學意蘊〉，《北華大學學報（社會科學版）》，2001 年 2 卷 3 期，頁 69～72。

16. 吳曉青，〈從《世說新語》看魏晉的人倫鑒識活動〉，《台北科技大學報》第 31 之 2 期，頁 345～372。

17. 李旭，〈「文氣」的壯美風格及其根源〉，《五邑大學學報（社會科學版）》9 卷 2 期，頁 10～16。

18. 李欣復，〈「逸」美概念之源流、涵義及構成系統〉，《西北師大學報（社會科學版）》05 期，1990，頁 3～9 轉 84。

19. 李勝利，〈「氣」論與中國古典美學〉，《復旦學報（社會科學版）》，1994 年 4 期，頁 83～88。

20. 李喬，〈淺析魏晉人物畫心理之緣起〉，《美術界》，2007 年 12 期，頁 61。

21. 李嵐，〈中國審美主體理論的發軔與道家哲學——曹丕「文氣說」探源之一〉，《學術研究》，1988 年 2 期，頁 100～103。

22. 李禕，〈氣韻之流變初探〉，《科教文匯》上旬刊，2008，頁 185～186。

23. 李獻惠，〈氣論的當代美學價值〉，《武警學院學報》，2003 年 19 卷 6 期，頁 87～90。

24. 肖曉明，〈論殷璠「氣說」〉，《赤峰教育學院學報》，2001 年 2 期，頁 15～17。

25. 周浩然、田旭中，〈略論書藝美學中之「氣」說〉，《四川大學學報（哲學社會科學版）》，1989 年 2 期，頁 108～112。

26. 周耀威，〈淺論「氣韻」在中國畫創作中的意義〉，《華南師範大學學報（社會科學版）》，2004 年第 4 期，頁 122～124。

27. 林麗星，〈美的自覺——從世說新語看魏晉人物品評〉，《東南學報》第 19 期，1996 年 12 月，頁 243～249。

28. 胡建次，〈「氣」範疇在唐代文論中的展開〉，《佛山科學技術學院（社會科學版）》，2008 年 26 卷 3 期。

29. 韋德錦、徐一周，〈中國古代文論中「氣論」系統論思想〉，《遼寧行政學院學報》，2006 年 8 卷 3 期，頁 107～109。

30. 夏文仙，〈論中國藝術中的自然精神與「氣化」思想〉，《曲靖師範學院學報》，2006 年 25 卷 5 期，頁 127～128。

31. 孫曉波，〈繪畫藝術的覺醒——試析魏晉南北朝繪畫中的審美理想〉，《藝術研究》，2007 年 1 期，頁 131～132。

32. 孫鴻，〈文以氣為主——論曹丕「文氣說」的美學意義〉，《安康師專學報（社會科學版）》，2006 年 18 卷 5 期，頁 46～48。

33. 徐麗珍，〈《世說新語》才性之美析論〉，《哲學雜誌》第 22 期，1997 年 11 月，頁 140～174。

34. 袁濟喜，〈從古代文論的氣感說看文藝的生命激活〉，《中國人民大學學報》，2004 年 5 期，頁 118～126。

35. 袁麗萍，〈從玄學的興起到「氣韻生動」的提出〉，《美術界》，2009 年 7 期，頁 69。

36. 崔慧香，〈以形寫神以形暢神——論中國魏晉南北朝時期繪畫理論中的形神關係〉，《文教資料》，2007 年 21 期，頁 103～105。

37. 張公善，〈氣韻生動論新釋〉，《巢湖學院學報》，2003 年第 5 卷第 6 期，頁 62～66。

38. 張玉勤，〈宗炳「澄懷味象」論與審美靜觀理論〉，《徐州師範大學學報（社會科學版）》，2003 年 4 月，頁 49～51。

39. 張林，〈略論「氣」之美學概念的演變與發展〉，《東疆學刊哲學社會科學版》，1987 年 4 期，頁 47～51。

40. 張映輝,〈生命之「象」——論「象」的基本內涵和文化理念〉,《北京理工大學學報(社會科學版)》,2005 年 2 月,頁 12～14。

41. 張強,〈中國繪畫的重要美學範疇——「氣」的試探〉,《齊魯藝苑》,1985年,頁 21～24。

42. 張震,〈「象」的境界與「數」的真理〉,《玉溪師範學報》,2002 年第 6期,頁 65～69。

43. 張錫坤,〈氣韻範疇考辨〉,《中國社會科學》,2000 年第 2 期,頁 154～166。

44. 張鴻愷,〈從「才性四本」到「無累於情」——由《世說新語》看魏晉人士生活態度之轉變〉,哲學與文化。

45. 梅墨生,〈論畫之「氣」〉,《美術觀察》,1996 年 4 月,頁 52～53。

46. 許家竹,〈「文氣論」視野中的作家生命型態〉,《山西師範大學學報(社會科學版)》,2005 年 32 卷 3 期,頁 62。

47. 許家竹,〈氣化流行生生不息——重建中國的氣論美學〉,《山東師範大學學報(人文社會科學版)》,2005 年 50 卷 3 期,頁 89～94。

48. 許家竹、周緒杰,〈作家之氣的內涵新探〉,《青年思想家》,2002 年 2 期,頁 103～104。

49. 郭珂,〈論中國古代繪畫「氣韻生動」的演變〉,《河南師範大學學報(哲學社會科學版)》,2004 年第 31 卷第 5 期,頁 164～166。

50. 陳丹,〈試論中國古代畫論中「氣」範疇的審美意蘊〉,《中華文化論壇》,2009 年 2 期,頁 80～85。

51. 陳昌明,〈「形—氣—神」——中國人獨特的美學思維〉,《國文天地》,9卷 9 期總號 105,1994,頁 18～22。

52. 陳昌明,〈形、氣、神——中國人獨特的美學〉,《國文天地》,1994 年 2期,頁 18～22。

53. 陳果安,〈中國古代文論中的文氣說〉,《江漢論壇》,1984 年 4 月,頁 54～57。

54. 陳雅飛,〈中國古代書畫領域中「氣」論的邏輯演進〉,《藝術百家》,2002年 4 期,頁 90～92。

55. 陳鼓應,〈論道與物關係問題:中國哲學史上的一條主線〉,《台大文史哲學報》,62 期,2005 年,頁 93～117。

56. 陳德禮,〈氣論與中國傳統美學精神〉,《內蒙古社會科學》,1998 年 5 期,頁 56～62。

57. 喻雲濤、張麗娃,〈「氣」:哲學範疇與美學範疇的結合和轉化〉,《學術探索》,2001 年 5 月,頁 128～130。

58. 彭強民，〈文氣論的生成及其美學內涵〉，《玉林師專學報（哲學社會科學）》，1996 年 17 卷 4 期，頁 33～38。

59. 曾春海，〈「氣」在魏晉玄學與美學中的理論蘊義〉，《哲學與文化》，2006 年 387 期，頁 67～86。

60. 曾春海，〈王弼玄學與顧愷之的人物畫論〉，《輔仁學誌‧人文藝術之部》，30 期，2003，頁 33～49。

61. 曾春海，〈從儒道樂論析論嵇康的「聲無哀樂論」〉，《輔仁學誌‧文學院之部》，18 期，1989，頁 95～128。

62. 程小平，〈重釋《文心雕龍‧養氣》之「氣」──兼析魏晉六朝文學藝術中的「氣」〉，《北京青年政治學報》，2000 年 3 期，頁 63～67。

63. 程國安，〈論「氣」的轉化功能及其美學特徵〉，〈中南民族學報（人文社會科學版）〉，1985 年，1 期，頁 113～119。

64. 黃金櫸，〈從漢末人物品鑑至魏正始玄學之轉向──論劉劭《人物志》人才學思想〉，《嘉南學報》第 27 期，2001 年，頁 341～351。

65. 黃柏青、朱登武，〈莊子的氣論及其哲學、美學意義〉，《湖南工程學院學報》，2004 年 14 卷 2 期，頁 47～50。

66. 楊翃，〈文氣說考證〉，《唐都學刊》，1992 年 4 期，頁 45～48。

67. 楊梅英，〈心理學視域中的曹丕「文氣說」探析〉，《現代語文（文學研究版）》，2010 年 1 期，頁 16～18。

68. 楊慧鵬，〈論魏晉時期曹丕「文以氣為主」的美學思想〉，《鶴壁職業技術學院文化研究》，2009 年 5 月，頁 216。

69. 鄒安鋼，〈畫之「氣」說〉，《美術大觀》，2007 年 12 期，頁 13。

70. 趙建軍，〈論魏晉「氣」範疇的美學蘊函〉，《常熟理工學院學報》，2005 年 1 期，頁 78～82。。

71. 趙環，〈中國古代文論中形神論及其發展淺說〉，《平頂山學院學報》04 期，2006，頁 45～47。

72. 劉偉林，〈氣韻論〉，《華南師範大學學報（社會科學版）》，1998 年第 4 期，41～47。

73. 劉德燕，〈論宗炳「澄懷味象」之象〉，《濰坊教育學院學報》，2006 年 1 期，頁 77～81。

74. 劉燦群、周靜，〈關於「文氣說」研究的幾個問題〉，《邵陽學院學報（社會科學）》，1 卷 4 期，頁 48～50。

75. 慶飛、蔡萍，〈「氣」的審美意蘊〉，《青島科技大學學報（社會科學版）》，2004 年 20 卷 3 期，頁 31～34。

76. 蔡健，〈中國美學中「氣」的兩重涵義〉，《華南師範大學學報（社會科學版）》，1990 年 1 期，頁 15～17。

77. 魯克，〈論中國畫筆墨之氣〉，《浙江工藝美術》，2002 年 2 期，頁 21〜22。

78. 盧萬平，〈《文心雕龍》文氣說初探〉，《成都大學學報（社會科學版）》，2008 年 1 期，頁 50〜52。

伍、相關著作

1. Ronald de Sousa 著，《情感的理趣》（馬競松譯），台北：五南圖書出版有限公司，2006。

2. 方東美，《生生之德》，台北：黎明文化事業股份有限公司，1982。

3. 方東美，《科學哲學與人生》，台北：黎明文化事業股份有限公司，1982。

4. 王鼎鈞，《文學江湖》，台北：爾雅出版社有限公司，2009。

5. 田余慶，《東晉門閥政治》，北京：北京大學出版社，2006。

6. 朱光潛譯，《古希臘羅馬哲學》，北京：三聯書店，1957。

7. 牟宗三，《才性與玄理》，台北：學生書局，1975。

8. 牟宗三，《中國哲學十九講》，台北：學生書局，1975。

9. 伽達默爾（Hans Georg Gadamer）著，《哲學解釋學》（夏鎮平、宋建平譯），上海：上海譯文出版社，1998。

10. 何善蒙，《魏晉論情》，北京：光明日報出版社，2007。

11. 余敦康，《魏晉玄學史》，北京：北京大學出版社，2004。

12. 杜保瑞，《基本哲學問題》，北京：華文版社，2000。

13. 來知德注，《來注易經圖解》，台北：武陵出版有限公司，1997。

14. 宛小平，《方東美與中西哲學》，合肥：安徽大學出版社，2008。

15. 洪邁，《容齋隨筆／隨筆＋續筆》，台北：九角文化，2009。

16. 唐君毅，《中國哲學原論——原道篇卷一》，台北：學生書局，1986。

17. 唐翼明，《魏晉清談》，台北：東大圖書股份有限公司，2002。

18. 袁峰，《魏晉六朝美學與玄學思想》，西安：三秦出版社，1995。

19. 馬丁布伯著，《我與你》（許碧瑞譯），台北：基督教文藝出版社，1986。

20. 高誘，《淮南子注》，台北：世界書局，1991。

21. 張立文主編，《道》，北京：中國人民大學出版社，1996。

22. 章啟群，《伽達默爾傳》，石家莊：河北人民出版社，1998。

23. 陳鼓應，《老子今注今譯及評介》，台北：台灣商務印書館，1988。

24. 陳鼓應，《莊子今注今譯》，台北：台灣商務印書館，1989。

25. 陳鼓應，《管子十四篇註釋》，台北：三民書局，2003。

26. 陸維釗編注,《三國晉南北朝文選》,台北：中正書局,1991。

27. 傅偉勳,《西洋哲學史》,台北：三民書局,1994。

28. 曾春海,《竹林玄學的典範：嵇康》,台北新莊：輔仁大學出版社,1994。

29. 曾春海,《兩漢魏晉哲學史》,台北：五南圖書出版有限公司,2008。

30. 曾春海主編,《中國哲學概論》,台北：五南圖書出版股份有限公司,2005。

31. 湯一介,《郭象與魏晉玄學》,台北中和：古風出版社,1987。

32. 黃暉,《論衡校釋》,北京：中華書局,1990。

33. 葛曉音主編,《漢魏六朝文學與宗教》,上海：上海古籍出版社,2005。

34. 樓宇烈校釋,《王弼集校釋》,台北：華正書局,1992。

35. 鄭燮,《鄭板橋全集》,北京：中華書局,1962。

36. 蕭統,《昭明文選》,台北：文化圖書公司,1964。

37. 懷海德（Alfred North Whitehead）著,《過程與實在》（楊富斌譯）,北京：中國城市出版社,2003。

38. 懷德海著、何欣譯《科學與近代世界》,北京：商務印書館,1997。

39. 蘇輿,《春秋繁露義證》,台北：河洛圖書出版社,1974。